EDITION W

KERSTIN HERRNKIND

Den Drachen jagen

Die Geschichte
meines verlorenen Bruders

EDITION W

Mehr über unsere AutorInnen und Bücher:
www.edition-w.de

Die Deutsche Nationalbibliothek verzeichnet diese Publikation in der Deutschen Nationalbibliografie; detaillierte bibliografische Daten sind im Internet über http://dnb.d-nb.de abrufbar.

FSC
www.fsc.org
MIX
Papier aus verantwortungsvollen Quellen
FSC® C083411

ISBN 978-3-949671-01-2

Umschlaggestaltung: Michaela Spohn Design
Satz: Publikations Atelier, Dreieich
Druck und Bindung: CPI – Clausen & Bosse, Leck
Printed in Germany

»… alles ist wie ein Ozean,
alles fließt und grenzt aneinander;
rührst du an ein Ende der Welt,
so zuckt es am anderen …«

Fjodor Michailowitsch Dostojewski

Todesnachricht

Es war spät, gegen halb zehn, als es an der Tür klingelte. Ich lag im Bett und las. Draußen war es dunkel. Ich wunderte mich, legte das Buch zur Seite und stand auf. Durch das Fenster sah ich zwei Männer, die unten vor dem Haus standen. Einer blickte hoch. Das Licht der Fassadenlampe überstrahlte sein Gesicht. Wäre ich allein gewesen, hätte ich nicht geöffnet.

Mein Mann war schon zur Tür geeilt und hielt den Summer gedrückt.

Kurz darauf hallten Schritte durchs Haus. Die Männer, ein älterer und ein jüngerer, dunkel gekleidet, kamen die Treppe hoch. Die Jacke des Jüngeren rutschte über seine Schulter. POLIZEI las ich den silber gestickten Schriftzug auf seinem Pullover. Ein flaues Gefühl strich um meinen Magen.

»Frau Herrnkind?«, fragte der Polizist, während er die letzten Stufen nahm. Ich nickte.

»Polizei Lübeck.«

Hielt er mir seinen Ausweis hin? Oder spielt mir meine Erinnerung einen Streich?

»Wir müssen Ihnen leider sagen, dass Ihr Bruder verstorben ist. Dürfen wir reinkommen?« Ein Satz wie ein Hieb. Er sagte *verstorben*, nicht *gestorben*. Daran erinnere ich mich genau. Barfuß, im Jogginganzug, stand ich im Esszimmer und hörte die Worte des Polizisten.

Vor ein paar Stunden war Uwe tot in seiner Wohnung gefunden worden. Gestern gegen 17 Uhr hatten die Mitarbeiter des Wohnheims ihn das letzte Mal lebend gesehen. Die Kripo Berlin ermittelte.

Wohnung. An diesem Wort blieb ich hängen. Das, was der Polizist *Wohnung* nannte, war ein Zimmer in einem Berliner Obdachlosenheim gewesen. Dort, wo Uwe während seiner Drogensucht gestrandet war.

Vor zwei Tagen hatte Uwe Geburtstag gehabt. 52 war er geworden. Am Nachmittag hatte ich versucht, ihn zu erreichen. Der Hausmeister sagte mir, dass er weggegangen sei. Ich rief kein zweites Mal an. Ein Handy hatte Uwe nicht.

Der jüngere Polizist, der das Kommando übernommen hatte, zeigte mir das Fax der Berliner Polizei. »Bitte sofort vorlegen«, stand rechts unter dem Briefkopf des Polizeipräsidenten. »Zum Ausschluss einer Fremdschuld wird von hiesiger Dienststelle eine Obduktion angeregt. Es liegen jedoch KEINE KONKRETEN HINWEISE auf Fremdverschulden vor. Ermittlungen ergaben, dass Herr S. eine Schwester, Frau Kerstin Herrnkind, hat. Diese meldet sich wohl wöchentlich telefonisch bei ihrem Bruder … Es wird darum gebeten, Frau HERRNKIND über das Ableben ihres Bruders in Kenntnis zu setzen.«

Ich erzählte den Polizisten von Uwes Heroinsucht. Wie begabt er gewesen war, gut in Mathe. Und dass er nie etwas aus dieser Begabung gemacht hatte.

»Aber Sie müssen ja weiter«, sagte ich, erschrocken über meine Redseligkeit. »Wir haben Zeit«, antwortete der junge Beamte. Doch ich wusste, dass er log. Polizisten haben so gut wie nie Zeit.

Vor ein paar Wochen hatte ich Uwe noch besucht, er saß auf der roten, abgeschabten Couch in seinem Zimmer. Das Radio war bis zur Schmerzgrenze aufgedreht. Vielleicht stellte Uwe den Ton so laut, um die Fragen in seinem Kopf nicht hören zu müssen. Warum sein Leben so aus dem Ruder gelaufen war. Er in dieser Bude hauste, ohne Job, ohne Freundin, den Rausch als einzigen Lebensinhalt. Aber vielleicht hatte Uwe sich solche Fragen auch gar nicht gestellt. Oder nicht mehr.

In seinem Zimmer lag überall Unrat. Leere Bierdosen, zerknüllte Verpackungen, Klamotten, Kippen quollen aus Aschenbechern, schmutziges Geschirr stand auf der Anrichte. Durch das Fenster, es stand offen, zog kalte Luft.

Ich schlug vor, essen zu gehen, weil mich das Zimmer traurig machte. Uwe nickte, holte einen langen dunkelblauen Wollmantel aus dem Kleiderschrank. Es war ein klassischer Herrenmantel, den Männer tragen, wenn sie ins Büro gehen. Doch seine Eleganz war dahin, die Ellenbogen blank, Pilling unter den Armen. Vielleicht hatte Uwe sich diesen Mantel aus der Kleiderkammer geholt, weil er sich von ihm ein bisschen Würde erhoffte.

Meine Mutter und ich schickten ihm im Winter Hoodies mit Teddyfell gegen die Kälte, T-Shirts, wenn es wärmer wurde, Schuhe. Ich fragte nie, wo die Sachen geblieben waren. Uwe vertickte alles, um an Bargeld zu kommen, das er für Drogen und Alkohol brauchte.

Die Tür seines Kleiderschrankes, ein rot lackiertes Modell, war aus den Angeln gerissen, lehnte am Korpus. Das Wenige, das Uwe besaß, hatte er vom Sperrmüll und aus der Kleiderkammer.

Nachdem er den Mantel aus dem Schrank genommen hatte, stellte er die Tür zurück an den Rahmen. Wie ein verzweifelter Versuch, vor mir einen Rest Ordnung zu simulieren.

Uwe blickte an sich hinab, auf die orthopädischen Schuhe an seinen Füßen. Sein linkes Bein war drei Zentimeter kürzer als das rechte. Zugedröhnt war er vor einiger Zeit gestürzt und mit dem Kopf aufgeschlagen. Bewusstlos hatte er in seinem Zimmer auf dem linken Bein gelegen, sich Muskeln, Nerven und Adern abgeklemmt. Er war operiert worden, seitdem humpelte er.

Für seine Sucht hatte Uwe einen hohen Preis gezahlt. Er war chronisch lungenkrank, wahrscheinlich, weil er, nachdem er zu spritzen aufgehört hatte, Heroin auf Alufolie rauchte – den Drachen jagen, wie es in der Szene heißt. Es gilt als *gesünder.* Beim Rauchen merken Drachenjäger die drohende Überdosis schneller. Keine Infektionsgefahr durch Spritzen. Uwe hatte sich an einer verdreckten Spritze mit Hepatitis C infiziert. Epileptische Anfälle, die erst mit den Drogen gekommen waren, suchten ihn heim.

»Guck mal, wie das aussieht«, sagte Uwe. Er versuchte die orthopädischen Schuhe unter dem Schlag seiner Hose zu verstecken. Ich fand die Boots nicht schlecht. Sie waren aus grauem Wildleder, hatten einen silbrigen Schimmer, der sie fast wie coole Sneaker von einem Edeldesigner aussehen ließ. Doch Uwe klang, als sei jeder Schritt eine Demütigung.

Er war immer eitel gewesen, hatte enge Levis, Muscleshirts und Cowboystiefel getragen, sein dunkles Haar mit Gel nach hinten gestrichen. Unterwegs kontrollierte er in Schaufensterscheiben, ob seine Frisur noch saß.

Nun war sein Haar ungekämmt, als wäre er gerade aufgestanden. Seine Haut spannte sich über die Wangenknochen, zeichnete sich scharf über dem Kiefer ab. Seine Schultern hingen. Er war mager. Seine braunen Augen blickten traurig.

»Ach, Hauptsache, du kannst laufen«, versuchte ich ihn zu trösten. Wir gingen nach draußen über den Hinterhof. In der Dunkelheit standen zwei Männer. Als wir an ihnen vorbeigingen, schob sich der Größere vor den Kleineren. Ich hielt das für Zufall. Ein Irrtum, wie sich später herausstellen sollte.

Wir gingen um die Ecke, in ein indisches Restaurant. Als wir reinkamen, guckten die beiden Kellner sich an. Einen Moment lang fürchtete ich, sie würden uns die Tür weisen. Aber nachdem wir uns gesetzt hatten, brachte einer die Speisekarte und bediente uns höflich.

Uwe wirkte nüchtern, erzählte, dass er auf fünf Bier am Tag runter sei. Und dass er seine Zähne machen lassen wolle. Schon als Kind hatte er höllische Angst vorm Zahnarzt gehabt. Die harten Drogen hatten seinem Gebiss den Rest gegeben.

Im Nachhinein kommt es mir seltsam vor, dass wir an jenem Abend, der, ohne dass wir es ahnten, unser letzter sein sollte, über die Vergangenheit sprachen.

»Ob der Alte noch lebt?«, fragte Uwe. Er meinte unseren Vater. Wir hatten ihn Jahrzehnte nicht gesehen.

»Ich denke schon«, antwortete ich.

Wir sprachen so gut wie nie über unseren Vater und wenn, warfen wir uns Stichworte zu. »Weißt du noch? Die Sache mit dem Vogel … « Nicken. »Benidorm … ?« Nicken. »Strolchi …« »Oh ja …«

Vater hatte Strolchi umgebracht. Vor über 30 Jahren. Der Hund war ein Kollateralschaden der Scheidung unserer Eltern gewesen.

Unsere Mutter war damals ausgezogen. Uwe wollte bei seinem Vater bleiben. Ich war schon eine Weile weg. Mein Vater hatte mich rausgeschmissen, kaum dass ich aus den USA zurückgekehrt war, wo ich ein Jahr gelebt hatte. Das Haus, in dem Uwe und ich Kindheit und Jugend verbracht hatten, stand zum Verkauf.

Uwe, gerade 17 und noch in der Ausbildung zum Kfz-Mechaniker, war allein mit Strolchi geblieben.

Wir hatten ihn als Welpen bekommen. Zehn Wochen alt. Ewig hatten Uwe und ich gebettelt, weil wir einen Hund wollten. Unsere Eltern waren nicht abgeneigt gewesen, zögerten aber. Auf dem Campingplatz, wo wir die Wochenenden verbrachten, ging meine Mutter mit Uwe einkaufen. Unterwegs begegnete ihnen ein Mann, der einen kleinen braun-weißen Mischling an der Leine führte. Meine Mutter streichelte den Hund. »So einen hätte ich auch gerne«, sagte sie. »Sie können ihn gleich mitnehmen«, antwortete der Mann zur Verblüffung meiner Mutter und erzählte, dass das Ehepaar, dem der Hund gehöre, keine Zeit für ihn habe. Und er den ganzen Tag alleine in der Wohnung sei und überall hinmache. Er sollte ein neues Zuhause für Strolchi suchen. Das hatte er nun gefunden.

Ich weiß noch, wie Uwe angerannt kam. »Wir haben einen Hund«, lachte er. Ich dachte, mein kleiner Bruder würde mich verschaukeln. Doch hinter ihm kam meine Mutter mit einem Hundebaby auf dem Arm. Uwe war damals fünf, ich acht Jahre alt.

Strolchi war eine Mischung aus Rauhaardackel und Terrier. Er war klein, hatte krumme kurze Dackelbeine und das Jagdfieber eines Terriers.

Einmal, als wir mit ihm spazieren gingen, riss er sich los, jagte Hühnern hinterher, die auf dem Hof eines Nachbarn friedlich ihre Körner pickten. Gackernd stoben sie auseinander. Federn rieselten zu Boden. Strolchi bellte, hechtete über den Zaun hinterher. In diesem Moment öffnete sich die Scheunentür und der Bauer kam raus, ein Gewehr über der Schulter. Meine Mutter wurde blass, doch der Bauer war belustigt: »Der hat ja ein tolles Jagdfieber. Kann ich Ihnen den Hund abkaufen?« Meine Mutter schüttelte den Kopf, fing Strolchi ein, legte ihn an die Leine, verabschiedete sich höflich. Der Bauer winkte. »Wenn Sie es sich überlegen sollten, lassen Sie es mich wissen.«

Strolchi liebte Autofahren und sprang ins Schlauchboot, wenn Uwe und ich über den See in Stedebergen schipperten, wo unser Wohnwagen auf einer Landzunge am Wasser stand. Wenn fremde Leute unseren Hund abschätzig »Mischling«

nannten, behauptete mein Vater, Strolchi sei ein »englischer Rauhaardackel«. Mein Vater konnte witzig sein und liebevoll. Auf dem Campingplatz hatte er uns eine Art Nichtschwimmerbecken gebaut, damit wir in dem See, der an einigen Stellen fast zehn Meter tief war, nicht ertranken. Bei einem Sägewerk hatte er lange Holzbalken und kurze Pfähle bestellt, die auf einem Anhänger geliefert wurden. Uwe ging ins Wasser, zeigte Vater, bis wohin er stehen konnte. Einen halben Meter vor dieser Stelle rammte mein Vater angespitzte Holzpfähle mit einem riesigen Hammer in den Grund. Dann drehte er links und rechts Eisenhaken ins Holz, an denen er die Balken mit Ketten befestigte. Fertig war unser privates Nichtschwimmerbecken.

Geduldig brachte mein Vater uns das Schwimmen bei, zeigte uns, wie wir die Beine anwinkeln und mit den Händen das Wasser wegschaufeln mussten. Noch bevor wir eingeschult wurden, konnten Uwe und ich schwimmen.

Aber er hatte auch diese andere, unberechenbare Seite. Von einer Sekunde auf die nächste brach sein Jähzorn los wie ein Orkan. Einmal warf er beim Mittagessen seinen Teller mit Spargel und Schinken auf den Küchenboden, weil meine Mutter vergessen hatte, Butter einzukaufen, und den Spargel mit zerlassener Margarine servierte. Splitter flogen, Fett spritzte bis an die Decke. Wutentbrannt stürmte mein Vater aus der Küche. Mutter holte Handfeger und Schaufel. Uwe und ich wischten das Fett von den Fliesen. Es war still im Haus, nur ab und zu war das Schluchzen meiner Mutter zu hören. Uwe lief ins Badezimmer, holte ihr ein Taschentuch. Während mein Vater im Wohnzimmer saß und den Fernseher aufgedreht hatte. Wir räumten den Tisch ab; der Spargel war kalt geworden. Appetit hatten wir keinen mehr. Die Fettflecken an der Decke waren noch lange zu sehen, wie eine Mahnung vor dem Jähzorn meines Vaters.

»Auf dich hatte er es ja abgesehen«, sagte Uwe bei unserem letzten Treffen. Fast so, als hätte er mir einen Denkanstoß mit auf den Weg geben wollen. Uwe dagegen war sein Liebling gewesen, der Prinz, sein Thronfolger. Aber als sich unsere Familie auflöste, weil mein Vater sich kurz vor der Silberhochzeit in eine 17 Jahre jüngere Frau verliebt hatte, war das nichts mehr wert. Die Familie störte, musste weg, einer nach dem anderen.

Strolchi schlief damals am Kopfende in Uwes Bett. Zwei, die ihr Zuhause zu verlieren drohten, klammerten sich aneinander. Uwe, ein halbes Kind noch, und sein Hund.

Eines Tages wachte Uwe auf. Alleine. Er ging ins Wohnzimmer, wo Vater auf dem Sofa saß, dieser altdeutschen Couch mit Lehnen und Füßen aus massiver Eiche. Uwe fragte nach Strolchi. »Den habe ich zum Tierarzt gebracht. Einschläfern. Wegen der Scheidung wissen wir ja doch nicht, wohin mit ihm.«

Mein Vater bestritt nicht mal, dass er Strolchi hatte töten lassen. Stellte es hin wie ein notwendiges Übel, um dem Hund ein Leben im Tierheim zu ersparen. Redete sich damit raus, dass Strolchi alt war und an Hodenkrebs litt. Es sei so ziemlich das Schlimmste, was er je habe machen müssen, sagte mein Vater damals. Strolchi war ja sein »Hundesohn« gewesen, dem er morgens am Frühstückstisch ein Leberwurstbrot geschmiert hatte. Er bemitleidete sich selbst, schien keinen Gedanken daran zu verschwenden, was er seinem Sohn angetan hatte.

Als das Haus verkauft war, zog Uwe zu Vater. Es ging nicht anders. Die Wohnung, die meine Mutter in der Zwischenzeit gemietet hatte, war zu klein. Uwe arrangierte sich, wie er sich immer arrangiert hatte, was blieb ihm anderes übrig?

Vater sorgte dafür, dass sein Sohn gleich nach der Ausbildung zur Marine eingezogen wurde, rief bei der Bundeswehr an, machte Druck. Dabei taugte Uwe nicht zum Soldaten. Ohne Brille konnte er schlecht sehen, war eher klein und schmal. Doch Uwe, der bestimmt ein guter Sanitäter gewesen wäre, hätte nicht auf die Idee kommen dürfen, zu verweigern. Wehrdienstverweigerer waren für meinen Vater »Drückeberger«. Er hatte mal einem jungen Mann, der verweigert und sich bei ihm beworben hatte, eine Standpauke gehalten. »Sie haben sich der Gesellschaft verweigert. Jetzt verweigert sich die Gesellschaft Ihnen.« Er war stolz, es diesem »Drückeberger« so richtig gegeben zu haben.

Uwe war zu früh zur Welt gekommen, hatte drei Monate im Brutkasten gelegen. Dass er überlebt hatte, war fast ein Wunder. Nun, kaum erwachsen, wurde er wieder zu früh aus dem Nest geschmissen. Danach war er mal besser, meistens schlechter durchs Leben getaumelt. Bis er Halt im Heroin fand und abgestürzt war.

An unserem letzten Abend beim Inder aß Uwe kaum etwas. »Du weißt, dass du zu mir kommen kannst«, sagte ich. »Ich weiß. Wenn ich hier rausfliege, komme ich zu dir«, antwortete Uwe und schwieg einen Moment. »Aber du willst mich ja kontrollieren.« Er grinste. »Das würde dir vielleicht ganz guttun«, gab ich, halb im Scherz, zurück. »Das könnte dir so passen«, lachte Uwe. Es war ein Lachen ohne Fröhlichkeit. Es hatte nichts mehr von dieser Ausgelassenheit, mit der Uwe früher losprustete.

Als der Kellner die Rechnung brachte, gab ich ihm ein großzügiges Trinkgeld. »Du musst ja Geld haben«, sagte Uwe beim Rausgehen. Auf die Idee, dass das Trinkgeld ein Dankeschön dafür war, dass der Kellner uns nicht die Tür gewiesen hatte, kam er nicht. Darüber war ich froh.

Wir gingen zum Kiosk, kauften Tabak und Blättchen. »Das ist meine reiche Schwester«, stellte er mich dem Mann hinterm Tresen vor. Mir war das peinlich. »Red keinen Mist, ich muss für mein Geld arbeiten«, wiegelte ich ab. Doch wir lachten, waren bester Laune. Draußen auf der Straße hakte Uwe sich bei mir unter. »Wenn ich hier schon mal mit so ner schönen Frau unterwegs bin.« Arm in Arm gingen wir in der Dunkelheit zur U-Bahn.

Uwes Drogensucht hatte uns auseinandergetrieben, lange war Funkstille gewesen. Aber an diesem Abend waren wir so vertraut, als hätte nie etwas zwischen uns gestanden.

Uwe erzählte, dass seine Zimmernachbarin aus dem Wohnheim geflogen sei. Sie hatte einen Mitbewohner mit dem Messer bedroht, weil er das frisch geputzte Klo dreckig hinterlassen hatte. »Das ist doch eine angemessene Maßnahme. Männer lernen es sonst doch nie«, scherzte ich, um nicht darüber nachdenken zu müssen, in welch rauer Welt mein kleiner Bruder lebte. Seine Nachbarin sei Fotografin gewesen, erzählte Uwe weiter. Ihr Ex habe sie beim Hauskauf um viel Geld betrogen. So sei sie abgerutscht.

»Bist du in sie verliebt«, fragte ich indiskret. Uwe bewegte seinen Kopf sachte, ein verunglücktes Nicken, vielleicht. Wieder war da diese Traurigkeit, als würde er seine Tränen hinunterschlucken. »Sei keine Memme«, hatte mein Vater ihn früher zusammengestaucht, wenn er weinte.

Doch nur einen Moment später, als wir die Treppe zur U-Bahn hinuntergingen, klang seine Stimme wieder fest. »Immer schön in der Mitte gehen«, ermahnte er mich unten auf dem Bahnsteig. Er war mir einen Schritt voraus, lief in seinen orthopädischen Schuhen erstaunlich gut.

»Hier ist neulich einer vor die U-Bahn geschubst worden, den kannte ich.«

Wieder schwieg ich, hakte nicht nach, weil ich mir das Fragen vor langer Zeit abgewöhnt hatte. Uwe erzählte nicht gerne. Und wenn, konnte man nicht sicher sein, ob seine Geschichten stimmten.

Unten auf dem Bahnsteig öffnete ich mein Portemonnaie. Uwe grinste. Ich drückte ihm zwei Geldscheine in die Hand –

einen Fünfer und einen Zehner. Oft hatte ich mir geschworen, meinem Bruder kein Geld mehr zu geben. Und tat es doch immer wieder, hoffte, dass er sich vielleicht was zu Essen kaufen würde, obwohl ich nicht recht daran glaubte. Für zehn Euro kriegt man am Kottbusser Tor schon eine Kugel Heroin. Wahrscheinlich versuchte ich auch, mein Gewissen zu beruhigen.

Das Grollen im Tunnel kündigte die U8 an, angeblich »Deutschlands gefährlichste U-Bahn«. Wir umarmten uns, drückten uns, so meine ich mich zu erinnern, einen Moment länger und fester als sonst. Dann stieg ich ein. »Kerstin, wenn du mal ein Handy übrig hast«, rief Uwe. »Kerstin, ein Handy.«

Keine Ahnung, wie viele Handys meine Mutter und ich ihm schon geschenkt hatten. Uwe winkte, warf mir einen Handkuss zu. Ich küsste zurück. Es dröhnte drei Mal, dieser fiese Warnton. Krachend fielen die Türen zu.

»Haben wir Schnaps?«, fragte ich meinen Mann, als die Polizisten gegangen waren. Dann wählte ich Mutters Nummer in Spanien. »Mama«, zitterte meine Stimme. »Du musst jetzt tapfer sein.«

»Was ist?«

»Uwe ist tot. Die Polizei war gerade hier.«

»Oh, nein«. Ich hörte ihr Schluchzen, sagte ihr noch das Wenige, das ich von der Polizei erfahren hatte. Dann legten wir auf, weil unsere Stimmen versagten.

Kurz nach Mitternacht, ich hatte geweint, Fotos von Uwe aus der Schublade gekramt und fast eine Flasche Rotwein getrunken, wollte ich meinen Schmerz in die Welt hinausschreien. Um kurz nach Mitternacht postete ich auf Facebook: »*Gestern gegen 21.30 Uhr klingelte es an der Tür. Zwei Polizisten kamen die Treppe hoch. Ich ahnte Schlimmes. Und richtig. Mein Bruder*

Uwe war tot in seiner Berliner Wohnung gefunden worden. Ich bin unendlich traurig. Ich will, dass ihr das wisst. Für den Fall, dass ihr mich in den nächsten Tagen trefft und euch fragt, warum ich so verheult aussehe. FUCK YOU, DROGENDEALER DIESER ERDE. FUCK YOU.«

Trauerfeier

Als der Wecker am nächsten Morgen um Viertel vor sechs klingelte, hatte ich nicht geschlafen, war nur, benebelt vom Rotwein, kurz weggedöst. Wie elend ich mich fühlte, kann ich nicht beschreiben. Irgendwie schaffte ich es aus dem Bett und unter die Dusche. Griff in den Kleiderschrank, fuhr ins Büro und wunderte mich, dass ich ankam.

Die Facebook-Nachricht war eine gute Idee gewesen. Ich musste niemandem erklären, warum ich so schlecht aussah. Meine Kolleginnen und Kollegen umarmten mich auf dem Flur oder im Fahrstuhl. Das Angebot meiner Ressortleiterin, zu Hause zu bleiben, schlug ich aus. Was sollte ich dort? Rotwein trinken und heulen?

In den nächsten Tagen funktionierte ich wie ein Roboter, ging zur Arbeit, versuchte, mich zu konzentrieren, doch immer war da dieser Schmerz in der Brust. Draußen war es düster, kalt und grau. Februar halt. Als Norddeutsche ist man Demut in Sachen Wetter gewohnt. Doch in den Tagen nach Uwes Tod setzte mir die Dunkelheit zu.

Meine Mutter hatte sich sofort auf den Weg nach Deutschland gemacht. Am Telefon erzählte sie mir, dass Uwe sie einen Tag vor seinem Geburtstag angerufen habe. »Ich wollte nur mal deine Stimme hören«, hatte er gelallt. Seltsam. An seinem Geburtstag erreichte sie ihn gegen Mittag, gratulierte ihm. »Ich knall mir jetzt einen. Und wenn's vorbei ist, ist auch gut«, sagte er und lachte. Mein Mutter hielt es für einen schlechten Scherz.

Jetzt, da Uwe tot war, bekamen seine Worte eine Bedeutung. Hatte er sich umgebracht?

Meine Mutter war zu durcheinander, um die Bestattung zu organisieren. Mir dagegen tat es gut, es lenkte mich ab.

Ich wollte eine kleine Trauerfeier für Uwe ausrichten. Pepsi, Uwes alter Schrauberkumpel, der vor Jahren mit mir den letzten Versuch unternommen hatte, ihm ein cleanes Leben zu ermöglichen, wollte sich von Uwe verabschieden. Er hatte meinen Facebook-Post gelesen und sich gemeldet. Miriam, die Sozialarbeiterin aus dem Obdachlosenheim, schrieb mir: »Wir sind alle sehr betroffen, da wir Uwe im Laufe der Jahre doch sehr ins Herz geschlossen haben. Sein üblicher Spruch zu mir: ›Gaar nischt loos‹, wird mir, glaub ich, immer in Erinnerung bleiben«.

Trotz der Vorbereitungen, die ich traf, konnte ich noch immer nicht begreifen, dass Uwe tot war, fühlte mich wie im Film, sah, wie er mir an der U-Bahn einen Handkuss zuwarf. Ich wollte, ja ich musste ihn noch ein letztes Mal sehen.

Im Internet suchte ich nach alternativen Bestattern. Mit Unbehagen dachte ich an die Trauerfeier meiner Großmutter Helene vor über 20 Jahren. Der Pfarrer nutzte die Beerdigung als Bühne für seine göttliche Botschaft, die niemand hören wollte. Seine Rede hatte nichts mit Helene zu tun. Sie war über 90 geworden, hatte zwei Weltkriege überlebt, früh geheiratet, nachdem ihre große Liebe, ein Taucher, ertrunken war. Sie bekam vier Kinder, von denen drei überlebten, putzte auf der Werft und anderswo. Ihr Leben war Kampf. Mit einem Ehemann, der sie schlug und das Geld versoff. Ein beengtes Frauenleben.

Vielleicht interessierte sie sich deshalb so für Politik, wählte SPD und nie eine andere Partei, bekam Bauchschmerzen, als ich geboren wurde, zeigte meine Geburt als »Putzfrau« beim Standesamt an, was mein Vater Jahre später mit einem schwarzen

Edding vertuschte, weil er sich für den Beruf seiner Schwiegermutter schämte. Und verhindern wollte, dass ich als Enkelin einer Putzfrau Nachteile bekommen würde. Es war die Zeit, in der im Klassenbuch noch die Berufe der Väter notiert wurden.

Meine wunderbare Großmutter erzählte mir später vom Hunger und Todesangst im Luftschutzbunker. Dass es »nie wieder Krieg« geben dürfe, bleute sie mir ein, lange bevor ich wusste, wer Käthe Kollwitz war.

Kurz vor ihrem Tod hatte ich sie im Krankenhaus besucht. Da lag sie schon im Sterben, konnte nicht mehr sprechen, aber in ihren Augen lag eine seltsame, wissende Zuversicht. Ich hatte das Gefühl, dass sie mich erkannte. Und mir sagen wollte: »Ich gehe jetzt, das ist in Ordnung. Mach's gut.« Noch heute tröstet mich der Gedanke an diese letzte Begegnung.

Ihre Trauerfeier, ein paar Tage später, hatte dagegen nichts Tröstliches. Auch weil wir uns an ihre Anweisungen gehalten hatten. Keine Blumen. Die gehörten in die Erde. Und nur in die Vase, wenn sie abgeknickt waren. Diese Trauerfeier war so trist, obwohl überraschend viele Leute gekommen waren. Nur Uwe nicht, weil wir gerade mal wieder nicht wussten, wo er steckte, nicht mal eine Handynummer hatten. Vielleicht wäre er sogar gekommen; Helene hatte ihn mehrmals aufgenommen, als er in seiner Drogensucht nicht wusste, wohin. Bis sie ein Messer in seinem Zimmer gefunden und sich bald danach einen Platz im Altenheim gesucht hatte.

Ihre Urne wurde, weil sie es so gewollt hatte, anonym in einem Gräberfeld beigesetzt. Wenn ich mir vorstelle, wo sie liegen könnte, fällt mir die Zeile eines Gedichtes von Else Lasker-Schüler ein. »Seit du begraben liegst auf dem Hügel ist die Erde süß.« Sie wollte kein Aufhebens um sich machen. Das war es.

Ihre Trauerfeier hatte ich anderen überlassen. Bei Uwe wollte ich es besser machen.

»Lebensnah« – was für ein Name für ein Unternehmen, dessen Geschäftsmodell der Tod ist. Als ich die Seite anklickte, erinnerte ich mich an das Porträt über den Firmengründer in der »Süddeutschen Zeitung«, das ich vor einiger Zeit gelesen hatte. Eric Wrede war Musikmanager gewesen, bis er sich die Sinnfrage stellte und Bestatter wurde. Ein Anruf, eine Vollmacht per Mail, und ich musste mich um nichts mehr kümmern. Konnte es auch gar nicht. Der Schmerz war zum Nerv durchgedrungen. Uwe war tot. Mein kleiner Bruder. Ich würde ihn nie wieder sehen. Nie wieder mit ihm lachen. Würde ihn nicht mehr retten können. Es war zu spät.

Dass Uwe irgendwann an seiner Drogensucht sterben würde, hatten wir seit Jahren befürchtet, auch wenn es jetzt überraschend geschehen war und sehr weh tat.

»Bei BtM-Verdacht wird in Berlin grundsätzlich obduziert«, erklärte mir der Kripobeamte am Telefon nüchtern im Ton, wenn man überhaupt nüchtern berlinern kann.

Ich kaufte eine schwarze Jeans, einen schwarzen Hoodie, Wollsocken, ein T-Shirt und sogar Unterwäsche für Uwe.

In seinem Zimmer hatte Miriam außer ein paar Büchern »nichts wirklich Persönliches« gefunden. Auch den beigen Teddy nicht, den Uwe als Baby bekommen und ewig mit sich rumgeschleppt hatte. »Die Kleidung haben wir komplett entsorgen müssen. Da war nichts zu retten«, schrieb Miriam. Nichts Persönliches. Auch keine Fotos. Uwe hatte Bilder von sich im Heim herumgezeigt. Ein Foto, das ihn im Urlaub in Ungarn am Plattensee zeigte. Lange, bevor er drogensüchtig geworden war. Mit nacktem Oberkörper auf einem Tretboot, braungebrannt, das Haar bleich von der Sonne. Die Arme, muskulös von der Arbeit in der Werkstatt, lässig gekreuzt. Wo war dieses Bild, auf das Uwe so stolz war? Seltsam. Hatte er alles weggeworfen und sein Leben abgewickelt?

Als ich die Musik für die Trauerfeier aussuchte, verweinte ich einen Sonntagnachmittag. Früher, bevor er angefangen hatte, Drogen zu nehmen, war Uwe Sinatra-Fan gewesen. Anfang der 1990er Jahre war er mit seinem besten Freund Ingo zu einem der letzten Konzerte des Sängers gefahren. In dunkelblauem Anzug mit grüner Krawatte. Zu seinem Geburtstag hatte ich ihm mal eine CD mit Sinatras größten Hits geschenkt. Mir ist Sinatra zu schmalzig, aber der Text von *I did it my way* passt zu Uwes Leben. Ein Mann, der nicht alles richtig gemacht hat, aber seinen Weg gegangen ist. Sinatra nahm das Lied 1968 auf, das Jahr, in dem Uwe geboren wurde.

Unser Verhältnis war nicht immer so liebevoll gewesen wie an unserem letzten Abend. Vor Jahren war Uwe nach einem Entzug bei mir eingezogen. Es war nicht lange gut gegangen. Er wurde rückfällig, tauchte tagelang ab, hinterließ blutige Spritzen. Bis ich es nicht mehr aushielt und ihn rauswarf. Danach sahen wir uns kaum. Er rief nur noch an, wenn er Geld brauchte. Er den Tierarzt für seinen Husky Judy nicht bezahlen konnte. Wegen Schwarzfahrens im Gefängnis saß. Einen Anwalt brauchte, weil er beim Dealen erwischt worden war.

Einmal fanden Pepsi und ich ihn in seiner Wohnung. Sein Arm war dick wie ein Fußball. Vermutlich von einer verdreckten Spritze. Wir fuhren ihn ins Krankenhaus. »Das war knapp«, sagte der Arzt. Kaum war sein Arm abgeschwollen, legte Uwe wieder los.

Ich war ihn so leid gewesen, wollte nichts mehr von meinem kleinen Bruder wissen. Trotzdem konnte ich nie aufhören zu hoffen, dass er doch noch die Kurve kriegen würde.

Jetzt kamen mir Zweifel. Würde ich es schaffen, meinen toten Bruder anzusehen?

»Kann sein, dass ich zusammenbreche und Sie alleine weitermachen müssen, leider kann ich für nichts garantieren«, schrieb ich Birgit, der Bestatterin.

»Alles kann, nichts muss. Sie können mitmachen oder bei uns sein und zuschauen oder zwischendurch rausgehen – ganz wie Sie möchten. Sie schaffen das.«

Ich kaufte ein Tuch aus Samt, drei Meter lang, royalblau. Blau war Uwes Lieblingsfarbe. Das Tuch würde ich über seinen Sarg breiten. Und Teelichter draufstellen, die flackernd seinen Namen buchstabierten.

Meine Mutter war inzwischen in Deutschland. Ihr fehlte die Kraft für die Trauerfeier. »Ich würde am Sarg zusammenbrechen«, weinte sie ins Telefon. Sie wollte Uwes Asche mit nach Spanien nehmen und sie im Mittelmeer verstreuen, er war doch im Sternzeichen des Wassermanns geboren worden. Mir war es recht. Soll doch jeder trauern, wie er will.

Am Abend vor der Trauerfeier traf ich mich in Berlin mit Pepsi, Uwes altem Schrauberkumpel. Er war vor der Wende aus Ostberlin in den Westen gezogen, hatte einen Job bei Lada gefunden, wo er Uwe kennengelernt und sich mit ihm angefreundet hatte. Nach dem Mauerfall war er zurück nach Berlin gegangen. Uwes letzter cleaner Freund.

Wir gingen zum Inder. Pepsi konnte sich noch genau daran erinnern, wie es bei Uwe angefangen hatte mit den Drogen. Uwe hatte gekifft. Erst nur am Wochenende. Dann am Montag. Am Mittwoch. Und schließlich die ganze Woche. Er arbeitete damals in einer Autofabrik, montierte Vergaser. Fließbandarbeit. Tagaus, tagein. Vielleicht kiffte er, um die Eintönigkeit seines Jobs ertragen zu können.

Als wir später in der Hotellobby saßen, hinter einer Fassade aus Glas, hatte ich das Gefühl, dass Uwe gleich an die Scheibe klopfen würde. »Hey Leute, kleiner Irrtum, eine Verwechslung. Noch bin ich da. Habt Ihr mal n' Bier?«.

Am nächsten Morgen fuhr ich mit meinem Mann, der um vier mit dem Zug aus Lübeck gekommen war, und Pepsi nach

Neukölln-Rixdorf. Dort, auf einem alten Hof, war die Trauerhalle, in der wir uns von Uwe verabschieden wollten. Wir waren ein bisschen spät dran, fanden den Weg nicht gleich, mussten uns durchfragen. Ich wurde hektisch. »Uwe läuft uns jetzt nicht mehr weg«, scherzte Pepsi.

Kaum standen wir auf dem Hof, stürmten Journalisten auf uns zu. Eine Redakteurin und ihr Kameramann. Sie drehten für 37 Grad, die ZDF-Reportagesendung, einen Film über Eric Wrede und andere moderne Bestatter, die die Branche aufmischen wollten.

Ich war einverstanden gewesen, als Birgit mich gefragt hatte, ob das Team filmen dürfe, wenn ich mich von Uwe verabschiedete. Uwe, der in dem Film nicht zu erkennen sein sollte, hätte es sicher cool gefunden. »Hey Leute, warum kommt ihr denn jetzt erst? Bisschen spät, aber besser als nie«, hätte er gescherzt. Ich wollte, dass in dem Film zur Sprache käme, dass Uwe mit 52 an seiner Drogensucht gestorben war. Vielleicht würde sein Schicksal anderen eine Warnung sein.

Als Kollegin konnte ich die Journalisten verstehen. Sie brauchten Bilder für ihren Dreh, hatten wenig Zeit. Angehörige, die sich in so einer Situation filmen lassen, waren sicher schwer zu finden. Der Druck würde erst nachlassen, wenn der Film im Kasten war. Aber nun war ich überfordert, wusste nicht, ob ich es schaffen würde, mir die Leiche meines Bruders anzusehen, da standen schon die Journalisten vor mir und redeten auf mich ein. Interessant, das mal von der anderen Seite zu erleben.

Birgit und Eric kamen. Wir sahen uns das erste Mal, hatten bisher nur gemailt oder telefoniert. Dass wir uns duzten, war irgendwie klar. »Wie sieht mein Bruder aus«, wollte ich von Birgit wissen. »Das weiß ich nicht«, antwortete sie. »Er ist noch im Bodybag, ich gucke ihn mir gleich mal an.«

Was in mir vorging, kann ich nicht beschreiben. Ich stand so unter Spannung. »Ich muss mich davon überzeugen, dass er nicht mehr da ist«, sagte ich in die Kamera. Ich war blass, der Schmerz war mir anzusehen. »Mir fällt es ganz schwer, zu glauben, dass er tot ist, weil ich immer noch das Bild vor Augen habe, wie er mir zugewinkt hat, als ich in die U-Bahn gestiegen bin. Ich muss das jetzt machen.« Meine Stimme wurde dünner mit jedem Wort.

Birgit kam zurück. Mir war flau. »Also«, sagte sie vage, »er ist ja obduziert worden.« Klar, der Kripobeamte hatte mir das gesagt, aber es war mir gelungen, diesen Gedanken zu verdrängen. Nun würde ich es sehen. Wollte ich das? Wollte ich das wirklich? Sollte ich das? Würde Uwe wollen, dass ich ihn so sehe?

»Ich kann ja erstmal den Kopf freilegen, und dann guckst du, wie das für dich ist«, sagte Birgit in meine Gedanken hinein. Ich folgte ihr in die Halle. Ein karger unwirtlicher Raum, der etwas von einer Abstellkammer hatte. Grau gekachelter Boden, blassgelbe Wände. An der Wand standen graugepolsterte Stühle für die Trauergäste, unordentlich ineinandergestapelt. Topfpflanzen auf hohen, pyramidenförmigen Lautsprechern. Ein Paravent, der vor Neugierigen schützte.

Für all das hatte ich keinen Blick, es fiel mir erst später auf, als ich den Film sah. Damals hatte ich nur Augen für die Bahre, das weiße Tuch, die sachten Ausbuchtungen, die verrieten, dass da ein Mensch lag. Mein Bruder. In meiner Erinnerung ist es ganz still. In mir. Im Raum. Ich trat an die Bahre, streichelte das weiße Tuch, spürte etwas Hartes, Uwes Körper, die aufsteigende Kälte, die von ihm ausging. Er war eiskalt.

Ich hielt Abstand, als Birgit das Tuch zurückschlug. Da lag er. Uwe. Mein kleiner Bruder. Die Augen halb geschlossen. Den Mund einen Spalt geöffnet. »Ach, Mäusilein«, sagte ich, streichelte seine Wange, seine Hand. Er war so kalt, so unglaublich kalt. Birgit ließ mich einen Moment mit ihm alleine. Ich ging um die Bahre, flüsterte: »Uwe, wie gerne hätte ich dich beschützt. Aber du hast dich nicht beschützen lassen.« Was ich empfand? Liebe, einfach nur Liebe. Das war mein kleiner Bruder. Und ich würde ihn nun herrichten für seine letzte Reise. Wer, wenn nicht ich, sollte es tun? Und noch etwas begriff ich. Uwe war weg. Seinem geschundenen Körper entkommen. Ausgeflogen.

»Du verabschiedest dich ja nicht von einer Leiche, sondern du verabschiedest dich von jemandem, der eine Geschichte hat. Das ist das, was da vor mir liegt. Das ist ein Wesen, es hat eine Geschichte. Ich glaube auch nicht, dass da eine Seele ist, aber ganz viele Geschichten sind an diesen Körper gebunden. Und von diesem Körper verabschiede ich mich«, sagte Eric in die Kamera. Birgit schob das weiße Tuch über Uwes Unterleib zusammen. Die Obduktionsnarbe zog sich vom Hals zum Becken, war sauber vernäht und weniger schrecklich, als ich sie mir vorgestellt hatte. Ich wusch Uwes Haar, föhnte es trocken, vorsichtig, weil die Haare schon ausfielen. Als Kind hatte Uwe weißblonde Locken gehabt und braune Augen. Später war sein Haar immer dunkler geworden, fast schwarz am Ende.

Wie sehr hatte ich mir einen Bruder gewünscht, allerdings einen großen. Ich war drei Jahre alt und glaubte, dass meine Mutter meinen Bruder im Katalog bestellt hätte. Und dass der Postbote ihn liefern würde. Dann ging alles ganz schnell. Über Nacht hatten die Wehen eingesetzt, zehn Wochen zu früh. Uwe war winzig, wog nur 1 000 Gramm. Die Ärzte rechneten damit, dass er nicht überleben würde. Eine Nonne namens Zilliana saß an Uwes Brutkasten, stupste meinen winzigen Bruder an, wenn er aufhörte zu atmen, stieß ihn ins Leben.

Als Uwe endlich nach Hause kam, wurde er schnell der Liebling aller. Meine Eltern, die Nachbarn, alle liebten Uwe.

Bruchstücke von Erinnerungen gingen mir durch den Kopf, als eine Stimme den intimen Moment störte. »Was bedeutet das jetzt für dich?« Die Journalistin stellte die Frage, die ich an ihrer Stelle auch hätte. Aber nun war mir das zu viel. Ich schüttelte den Kopf. Die Reporterin verschwand.

Birgit und ich wuschen Uwes Gesicht, seinen Oberkörper, die Arme. Es fühlte sich an wie die selbstverständlichste Sache der Welt. »Du wirst sehen, wenn er angezogen ist, sieht er schon ganz anders aus«, sagte Birgit. Seine kalte Haut sträubte sich gegen den Stoff. Mit Haargel strich ich sein Haar zurück, sprühte ihm Aftershave auf die Wangen.

Als Birgit, Eric und ich Uwe in den Sarg hoben, fiel sein linker Fuß auf den rechten. Er war schwer, aber es war auch gut, das Gewicht zu spüren. Dann lag Uwe im Sarg, sah aus, als würde er ein Nickerchen halten, ganz bequem mit übereinandergeschlagenen Beinen. »Wenn ich dir gesagt hätte, guck ihn dir nicht an, wäre doch die Fantasie mit dir durchgegangen«, sagte Eric. Es stimmte.

Zu Dritt standen wir am offenen Sarg. Pepsi, mein Mann und ich. »Ich hätte ihn nicht wiedererkannt«, sagte Pepsi, der Uwe so viele Jahre nicht gesehen hatte.

Mit Birgit hob ich den Deckel auf den Sarg, breitete das Samttuch aus, stellte die Teelichter darauf, die seinen Namen buchstabierten: UWE. Und das Foto von seiner Einschulung. Ein blonder Junge, der fröhlich in die Zukunft blickt.

Die anderen Trauergäste kamen. Miriam, die Sozialarbeiterin, legte Uwe einen Strauß mit violetten und weißen Blüten, ich glaube, es waren Rosen, auf den Sarg. Seine Freunde aus dem Obdachlosenheim waren gekommen: Klaus, ein Mann wie ein knorriger Baum, und Zottel, ein hagerer Typ mit Bart, der ein bisschen aussah, wie ich mir als Kind den Berggeist Rübezahl vorgestellt hatte. Sie klopften auf Uwes Sarg, weinten.

Mit Prosecco in Dosen stießen wir auf Uwe an. Ein bisschen stillos, aber eine Feier ohne Alkohol hätte Uwe nicht gefallen. Im Hintergrund sang Frank Sinatra.

»Du musst Ingo finden«, flüsterte Pepsi mir zu. Klar, Ingo, Uwes ältester Freund. Er hatte im Dorf in der Nachbarschaft gewohnt. Uwe und er hatten sich als Kinder kennengelernt, waren noch als Erwachsene Freunde gewesen. Ich ärgerte mich über mich selbst. Warum war ich nicht auf die Idee gekommen, ihn zu informieren? Ich nickte.

Mir fehlte die Kraft, die Trauerrede zu halten, die ich vorbereitet hatte.

Lieber Uwe, du bist nun weg. Ausgeflogen. Hast dich vom Acker gemacht, mal wieder. Ich weiß nicht, wohin du diesmal gegangen bist, ahne nur, dass du genau da hin wolltest. »Der Tod ist das Tor zum Licht am Ende eines mühsam gewordenen Lebens«, soll Ordensbruder Franz von Assisi gesagt haben. Vielleicht war es das.

Eines muss man dir lassen: Langweilig war es mit dir nie. Keine Sekunde. Schon deine Ankunft war dramatisch. Zu früh geboren. Monate im Brutkasten. Du wolltest nicht so recht ins Leben. Ohne Nonne Zilliana hättest du die Nacht nicht überlebt.

Als du nach Hause durftest, endlich, warst du oft krank. Musstest wieder in die Klinik. Lagst auf der Kinderstation, wo ich dich nicht besuchen durfte, weil ich noch zu jung war. Was habe ich geweint.

So sehr hatte ich mir einen großen Bruder gewünscht, der mich auf dem Spielplatz beschützen würde. Und dann kam da so ein kleiner Knirps. Ich kann nicht leugnen, dass ich enttäuscht war. Alle liebten dich und ich war die entthronte Prinzessin. Ein Wechselbad der Gefühle war das für mich. Ich liebte dich, war eifersüchtig. So blieb es. Ich liebte dich, war wütend auf dich.

Im Urlaub in Spanien habe ich dich einmal, als wir Teenager waren, am Strand eingebuddelt und dein ›Grab‹ mit Sträuchern geschmückt. Dein Kopf guckte aus dem Sand. Auf dem Foto, über das ich immer so lachen musste, grinst du frech in die Kamera. Wir hatten so viel Spaß.

Ich hoffe sehr, dass du nun irgendwo bist, wo du so munter und vergnügt sein kannst wie auf dem Foto.

»Ledig«, steht in deiner Sterbeurkunde. Du warst verheiratet. Verheiratet mit einer miesen Braut namens Heroin. Verfallen warst du ihr. Fast 25 Jahre. Deine Kinder waren die Träume, die Heroin dir schenkte. Sie war eine böse Gefährtin, die dich hingerichtet hat.

Dass du deiner Mutter und mir viel Kummer bereitet hast, weißt du sicher. Aber wir sind dir nicht böse und haben nie aufgehört dich zu lieben. Ich hoffe, dass du das gewusst hast.

Du weißt, ich bin nicht gläubig. Gott, Jesus, Maria, ein Leben nach dem Tod – alles nichts, woran ich glaube. Aber ich begreife nun, warum Menschen hoffen, dass der Tod nicht das Ende ist. Dass sie an den Himmel glauben und dass die Toten dort glücklich sind. Dass sie herabschauen auf die Lebenden und den Kopf schütteln.

»Ihr wisst gar nicht, wie schön es ist, Drogen zu nehmen«, hast du zu mir und Mama gesagt. Ich hoffe, dass du jetzt sagen kannst: »Ihr wisst gar nicht, wie schön es ist, tot zu sein. Alles hinter sich gelassen zu haben. Zu schweben im reinen Glück. Das ist noch besser als all die Drogen, die ich je genommen habe. Hört auf zu weinen.«

Nun gut, wenn das so ist, hoffe ich sehr, dass wir uns eines Tages wiedersehen. Dass du mich abholst am großen Tor, wenn es soweit ist bei mir. Und bei Mama. Und dass du so lange ein Auge auf uns wirfst, so zuverlässig wie damals in Spanien, wenn ich dich mitnehmen musste, weil ich nicht alleine in die Disco durfte. Es fällt mir schwer, das zu glauben, aber es tröstet mich. Ein bisschen wenigstens. Mach's gut, Kleiner! Deine tieftraurige Schwester.

Eigentlich hatte ich Uwe mit ins Krematorium fahren wollen. Ihn begleiten bis zuletzt. Aber nun war es mir wichtiger, mit Zottel, Klaus, Miriam, Pepsi und meinem Mann Zeit zu verbringen. »Pass gut auf meinen Bruder auf«, sagte ich zu der

Fahrerin des Leichenwagens. Sie nickte. Ich umarmte Birgit, verabschiedete mich von Eric. Zottel und Klaus halfen, Uwes Sarg in den Leichenwagen zu schieben. Eine rührende Szene.

Es waren die letzten Tage vor dem ersten Lockdown im März 2020. Ein paar Wochen später hätten wir uns so nicht von Uwe verabschieden dürfen, unsere kleine Trauergemeinde wäre zu groß gewesen.

Wir gingen rüber ins Café »Zuckerbaby«, fanden einen freien Tisch, obwohl wir nicht reserviert hatten.

»Uwe hat immer gesagt, ich gehe zu meiner Schwester«, sagte Klaus. Er war schwer zu verstehen. »Zu mir hat er gesagt, ihr seid jetzt seine Familie.«

Zottel erzählte, dass er Uwe schon vor Jahren in Hamburg kennengelernt hatte. Er sei mit 17 von zuhause abgehauen. Auf St. Pauli sei ihm Uwe begegnet. Er habe ihm gezeigt, wie man auf der Straße lebt. Zottel war der, der sich bei meinem letzten Besuch vor den Typen im Hinterhof geschoben hatte und verhindern wollte, dass es Stress wegen Geld und Drogen gab.

»Grüß Kai Hermann schön«, sagte Zottel. Ich stutzte. Kai Hermann hat das Buch »Wir Kinder vom Bahnhof Zoo« geschrieben. War Zottel nicht zu jung, um damals von ihm interviewt worden zu sein? »Der hat auch mal über mich geschrieben. Hexe und Zottel. Eine Liebe in Berlin.« Zottel schien stolz, als sei dieser Text eine Art Lebenswerk für ihn. Jetzt erinnerte ich mich. Der Artikel über die Punkerliebe am Berliner Alexanderplatz war mit dem Kisch-Preis ausgezeichnet, als Jugendbuch veröffentlicht und verfilmt worden. Ob ich ihm die alten Artikel aus dem Stern schicken könne, fragte Zottel. »Aber klar.«

»Du hattest einen coolen Bruder«, sagte er zum Abschied. Ich musste lachen, ein Lachen, das sich mit Tränen mischte. Cool?

Fast 25 Jahre mussten meine Mutter und ich zusehen, wie Uwe tiefer und tiefer rutschte. Alle Versuche, ihm zu helfen, schlugen fehl. Er entfernte sich mehr und mehr von dem Menschen, den wir gekannt hatten, war nicht mehr er selbst, verwahrloste. Wir hatten viel versucht, ihm zu helfen. Und waren gescheitert. Nie habe ich mich hilfloser gefühlt. Keine Niederlage hat mir je so weh getan.

Es ist halb fünf Uhr morgens, da ich diese Zeilen schreibe. Seit Uwes Tod wache ich nachts oft auf. Draußen ist es dunkel und still. In mir toben Trauer und Wut. Und die Frage nach dem Warum?

In der Dorfstraße, in der wir den Großteil unserer Kindheit und Jugend verbrachten, lebten 13 Kinder. Vier sind tot. Gestorben an Alkohol oder Drogen. Vier von 13, fast ein Drittel. Und das sind nur die, von denen ich weiß. Zufall?

Je länger ich grüble, desto überzeugter bin ich, dass Sucht ihren Ursprung nicht nur in Kindheit und Jugend hat. Sie beginnt Generationen vorher. Nicht, weil Sucht in den Genen steckt oder Traumata sich vererben, sondern weil seelische Verletzungen und soziale Verhältnisse ihre Schatten auf die nächste Generation werfen. So wie in unserer Familie.

Kindheit in Alarmstimmung – Generation III

Ein Nachbar sagte später einmal zu mir, wir seien für ihn »eine Bilderbuchfamilie« gewesen. Die Fassade war offenbar tadellos. Wenn mein Vater aus dem Büro kam, schritt er im weißen Hemd sein Reich ab (er trug im Büro immer weiße Hemden, die meine Mutter wusch und bügelte). Und machte seinen Kontrollgang ums Haus. Hatte meine Mutter den Rasen gemäht, waren die Blumenbeete geharkt, die Fenster geputzt? Alles war picobello. Wie immer. Meine Mutter kämmte sogar die Flusen der Perserteppiche, die im Wohnzimmer unter dem Kronleuchter lagen. Auf dem Türschild aus Messing stand nur der Name meines Vaters. Als würde er alleine in dem rot geklinkerten Winkelbungalow wohnen, ohne Frau, ohne Sohn, ohne Tochter. Das Haus, der Garten, das Schlachtschiff von einem 7er-BMW. Mein Vater hatte es geschafft. Darauf war er stolz. Zurecht.

Wenn ich in meinen alten Tagebüchern blättere, stoße ich auf lauter Geschichten, die ich längst vergessen oder verdrängt habe. Sie sind voller Gift. Sie erzählen von seelischer Misshandlung. Sie hinterlässt keine blauen Flecken, aber tiefe Wunden in der Seele. Kinder und Jugendliche, die geschlagen werden, haben eine Chance, dass jemand ihre Verletzungen entdeckt und ihnen hilft. Seelische Gewalt bleibt für die Außenwelt unsichtbar, ihre Opfer können nicht auf Hilfe hoffen.

All das geschah hinter gestärkten Gardinen, in einem Elternhaus, das jedes Jugendamt für ideal befunden hätte. Ein großes

Haus mit Garten, ein Zimmer für jedes Kind, ein Hobbykeller mit Tischtennisplatte, ein geregeltes überdurchschnittliches Einkommen, sogenannte gut situierte Verhältnisse, die Mutter arbeitet zwar, aber nur ein paar Stunden die Woche. Im Garten tollt der Hund um den Goldfischteich. »Natürlich ist es immer die Kindheit, wo der Hund begraben liegt«, schrieb Max Frisch. Wohl wahr.

Der Vogel, der aus dem Nest gefallen war

Einmal hatte Uwe einen Vogel gefunden; er war aus dem Nest gefallen. Ein winziges Etwas, die Haut schimmerte rosa unter dem Flaum. Meine Mutter holte einen ausrangierten Käfig aus dem Keller. Uwe setzte den Vogel hinein, füllte Wasser in eine Untertasse. Wie würden wir den Vogel füttern können? Mit Regenwürmern aus dem Garten? Oder war er dafür noch zu klein? Während wir beratschlagten, hörten wir das Klappen der Tür. Mein Vater war nach Hause gekommen. Aufgeregt lief Uwe zu ihm, holte ihn in sein Zimmer, zeigte ihm den Vogel.

»Der ist aus dem Nest gefallen«, sagte mein Vater. »Der stirbt sowieso, besser, man beendet sein Leiden gleich.« Sowas in der Art. Nach all den Jahren erinnere ich noch, dass es mit einem Mal still war. Wir Kinder hatten erwartet, dass unser Vater den Vogel niedlich finden und sich an unseren Rettungsplänen beteiligen würde. Wortlos ging mein Vater ins Schlafzimmer. Dort stand hinter der Tür sein Gewehr. Aus seiner Zeit bei den Sportschützen. Vater kam zurück, nahm den Vogelkäfig. Wir Kinder schrien. »Nein, nein, Papa, bitte nicht!« Und meine Mutter? Sie war geschockt, lehnte sich aber nicht gegen ihn auf. Uwe und ich hielten uns die Ohren zu. Es knallte. Mehrmals, kurz hintereinander. Dann war es still. Keiner der Nachbarn holte die Polizei. Doch nicht, weil jemand am Mittag in einer Wohngegend herumballerte. Passierte doch ab und zu. Waren doch so viele im Schützenverein.

Uwe weinte. »Heul nicht«, fuhr mein Vater ihn an. »Männer weinen nicht«. Er nannte ihn eine »Memme«.

Am nächsten Tag fand ich blutige Fetzen, sie hingen an einem Tannenzweig. Vater musste den Vogel also aus dem Käfig gelassen und im Garten Jagd auf ihn gemacht haben.

Uwe und ich sprachen nie darüber, was wir empfanden. Wir machten weiter, einfach weiter, als könnten wir das, was passiert war, durch unser Schweigen ungeschehen machen.

Wenn Du sterben würdest …

Als ich zwölf, vielleicht 13 Jahre alt war, verunglückte ein Junge, den ich vom Sehen her kannte, mit seinem Mofa. Er war 15 Jahre alt geworden. Seine Tante, die Friseurin, hatte ihm kurz vor dem Unfall die Haare geschnitten. Um seine Frisur nicht zu zerstören, war er ohne Helm gefahren. So erzählten es die Leute. Ich las die Todesanzeige und sagte zu meinem Vater: »Das wird für die Eltern sicher traurig sein.« Mein Vater antwortete: »Das kommt darauf an, ob es ein guter Sohn oder ein schlechter Sohn war. Wenn du sterben würdest, würde es keine Woche dauern, und wir hätten dich vergessen.«

Ihm schien jegliches Gespür dafür zu fehlen, wie verletzend seine Worte waren. »Hatte der Vater einen auf dem Kieker, bestand kaum eine Chance, irgendwo Zuflucht zu finden. Die Mutter, still und duldsam in der Küche am Werkeln, versuchte vielleicht das Eine oder Andere auszugleichen, meist aber mit wenig Erfolg«, lese ich beim Psychiater Peter Teuschel. Ja, so war es.

Was ich fühlte? Ich weiß es nicht mehr. Ging ich schweigend in mein Zimmer? Warf ich mich aufs Bett? Weinte ich? Vielleicht. Vergessen. Verdrängt. Auch im Tagebuch finde ich keine Zeile darüber. Erst jetzt, nach Uwes Tod, kommt alles wieder hoch, gegen Morgengrauen, wenn ich nicht schlafen kann und mich frage, wie alles gekommen ist.

Meine Mutter begehrte nie auf. »Der Vater als Herrscher über Frau und Kinder, mal wohlwollender Monarch, mal übler Despot, aber immer mit uneingeschränkter Macht. Richter und Vollstrecker in einer Person, sind ihm alle unterworfen ... Insbesondere Frauen und Männer, die heute über 50 sind, berichten häufig von dieser Asymmetrie zwischen den Eltern«, schreibt Peter Teuschel.

Wenn mein Vater abends vor dem Fernseher saß und noch Hunger hatte, stand meine Mutter auf, ging in die Küche und schmierte ihm ein Schinkenbrot.

Mein Vater suchte ihr im Kaufhaus die Kleider aus. Er mochte Kostüme. Mutter verschwand in der Umkleidekabine, führte die Kostüme vor wie ein Model. Vater nickte oder schüttelte den Kopf.

»Mama und Papa haben sich gestritten. Ich habe Mama gefragt, ob sie Papa noch liebt. Sie sagt, sie weiß es nicht. Wenn sie 10 000 Mark hätte, wäre sie schon weg. Auf der anderen Seite würde sie nicht wegwollen. Sie wüsste nicht, ob sie alleine zurechtkäme, stünde ohne alles da, wenn sie sich scheiden ließe«, notierte ich in mein Tagebuch. Da war ich 15. Sie stieg erst kurz vor der Silberhochzeit aus, als es diese andere Frau gab und es nun wirklich reichte.

Warum hielt sie so lange aus?

Kindheit in Alarmstimmung – Generation II

Meine Mutter wurde im Krieg geboren. Vielleicht fing damit alles an. Hochschwanger war meine Großmutter Helene mit ihren beiden Söhnen, fünf und neun Jahre alt, vor den Bomben nach Konstanz an den Bodensee geflohen. Bremen war ein bevorzugtes Ziel alliierter Bomber, weil Hitler auf der AG Weser Kriegsschiffe, U-Boote und Flugzeuge bauen ließ. Mit Zwangsarbeitern aus dem KZ Neuengamme.

In Konstanz war Helene mit ihren Kindern sicher. Auf die Stadt fielen keine Bomben – die Nähe zur Schweiz rettete sie.

Am Bodensee brachte sie ihre Tochter zur Welt. Alleine. Artur, ihr Mann, war knapp drei Monate vorher, im Mai 1943, in Tunesien gefangen genommen worden, als das Deutsche Afrikakorps kapitulierte. Helene wusste lange nicht, wo ihr Mann steckte.

Nach Kriegsende zog sie 1945 von Konstanz nach Delmenhorst, wo ihre Familie lebte. Artur war in Texas – im Kriegsgefangenenlager Camp Hearne. Über zwei Jahre schon. Helene wohnte mit ihren drei Kindern in einer Baracke, brachte die Familie durch, irgendwie. Bekam »Care-Pakete« aus Amerika. Ihre kleine Tochter, die ihren Vater noch nie gesehen hatte, konnte schon laufen und sprechen. »Merka fahren, Papa holen«, sang sie, hüpfte durch die Küche, rutschte aus, knallte auf den heißen Herd und verbrannte sich das Gesicht. Das Geschrei war groß, Brandsalbe gab es nicht. Helene lief mit ihr durch den Schnee, um den Schmerz zu lindern, vielleicht sah man die Wunde deshalb später kaum noch.

Als Artur Anfang 1947 nach knapp vier Jahren aus der Kriegsgefangenschaft entlassen wurde, war seine Tochter knapp vier Jahre alt. Sie freute sich auf ihren Papa, der aus »Merka« zurückgekehrt war, wollte auf seinen Schoß klettern. Er stieß sie weg und sagte: »Du bist nicht mein Kind«.

Mit einem Handwagen, auf den das Wenige passte, was Helene besaß, zog die Familie von Delmenhorst nach Bremen-Grolland.

Um die Wohnungsnot nach dem Krieg zu lindern, hatte Bürgermeister Wilhelm Kaisen dafür gesorgt, dass in städtischen Kleingärten Behelfshäuser gebaut werden durften – unter anderem in Grolland. Dort standen nun Parzellen in kaum berührter Natur, durch die die Ochtum floss.

Artur hatte aus dem, was er im Kriegsschutt fand, eine Bretterbude als »Notwohnung« für seine Frau und die drei Kinder zusammengenagelt. Eine windschiefe Baracke mit drei Fenstern, die der Wind ständig aufstieß. Die Haustür hing schief in den Angeln, ließ sich nicht abschließen. Es zog kalt durch alle Ritzen. Der Ofen wärmte kaum. Es gab Strom, aber kein fließend Wasser. Meine Mutter und ihre beiden Brüder holten Wasser im Eimer aus einem öffentlichen Hahn. Auf dem Feuer stand immer ein Topf mit heißem Wasser. Meine Mutter schlief in der Wohnküche auf einer ausziehbaren Couch, so wie ihre Eltern nebenan. Keine Tür, keine Privatsphäre. Hinterm Haus das Plumpsklo, ein Bretterverschlag, der nachts unerreichbar schien, dahinter ein Graben, in dem Wäsche gewaschen wurde. Bahnschienen, lärmende Züge. Tag und Nacht.

Artur, der kurz nach seiner Heimkehr 40 Jahre alt geworden war, fand Arbeit in der Fassfabrik Mundhenke in Bremen-Neustadt, später auf der Neptun-Werft, die auf die Reparatur von Schiffen spezialisiert war. Nach dem Krieg hatten die Alliierten die Werften in Bremen eigentlich dichtmachen und die Maschinen als Wiedergutmachung nach Russland abtransportieren lassen wollen. Bürgermeister Kaisen hatte aber dafür gesorgt, dass in Bremen nach dem Krieg wieder Schiffe gebaut werden durften.

1946 erlaubten die Amerikaner dem Schiffszimmermann Theodor Bartels, auf seiner Neptun-Werft Schiffe zu reparieren. Zwar war er Mitglied der NSDAP gewesen, konnte die Spruchkammer aber von seiner »nazifeindlichen Einstellung« überzeugen, sodass er mit einer »Geldsühne von 2000 RM« davonkam. 26 Arbeiter und vier Angestellte beschäftigte Bartels auf seiner Werft. Einer davon war Artur. Und auch Helene arbeitete für ihn, putzte die Büros auf der Werft. Weil das Geld trotzdem nie reichte, machte sie zusätzlich in der Villa eines Fabrikanten sauber, verkaufte gehäkelte Pudel und andere Handarbeiten. Artur züchtete Brieftauben, baute dafür den Dachboden des Parzellenhäuschens aus und handelte mit den Vögeln. Ein Prachtexemplar, das er »Duffer« nannte, verkaufte er, wohl wissend, dass der Vogel zu ihm zurückfliegen würde. Wenn die Käufer sich beschwerten, beteuerte Artur, dass er keine Ahnung habe, wo der Täuberich sei, zeigte bereitwillig seinen Verschlag. Während »Duffer« in seinem Versteck leise vor sich hin gurrte. Und auf den nächsten Käufer wartete.

Es hätte aufwärts gehen können.

Doch nach der Arbeit zog es Artur und Helene ins »Storchennest«, ein ehemaliges Zollhaus mit Garten an der Ochtum. Sie bestellten Kotelett mit Kartoffelsalat, tranken Haake-Beck-Bier und Korn, überließen ihre Kinder sich selbst.

Spätabends, wenn sie nach Hause kamen, hörte meine Mutter im Bett das Gezänk, das ihre Eltern, nicht mehr nüchtern, auf der Straße austrugen. Zu Hause verprügelte Artur Helene, fiel dann über sie her. Dass die Kinder all das mitbekamen, scherte ihn nicht.

Meine Mutter floh nach draußen in die Hütte zu Harras, ihrem Schäferhund. »Mein Hund war mein Vater, meine Mutter, mein Freund, mein Beschützer«, sagt sie heute. Und ich weiß nicht, was ich sagen soll. Kann sie nicht mal in den Arm nehmen, weil Corona uns trennt und wir telefonieren.

Sie hatte nur ihren Hund, war oft alleine. Wenn sie von der Schule nach Hause kam, war da niemand, kein Essen stand auf dem Tisch. Sie ging zum Bäcker, ließ anschreiben, holte einen Laib Brot, aß es mit dem Gemüse aus dem Garten. Helene kochte nur am Wochenende. Artur schlachtete hinten im Garten ein Huhn oder ein Kaninchen. Schlug dem Tier mit dem Beil vor seinen Kindern den Kopf auf einem Holzklotz ab, Blut spritzte. Der Kopf fiel zu Boden, der Rumpf zuckte. Mutter träumte noch Jahrzehnte später davon.

Wenn Artur seine Lohntüte bekam, wurden erstmal die Schulden im »Storchennest« bezahlt. Er genehmigte sich ein Taschengeld. Helene übernahm die Schulden beim Bäcker. Viel blieb nicht zum Leben.

In den 1950er Jahren wurde Artur immer mal wieder arbeitslos. Ein Auf und Ab, je nach Auftragslage. 59,30 Mark Unterstützung kriegte er wöchentlich. Ein Arbeitnehmer verdiente damals im Schnitt 367 Mark im Monat. Eine Familie mit zwei Kindern gab etwa 180 Mark für Lebensmittel aus. Vielleicht hätte es gerade so gereicht, wenn der Alkohol nicht gewesen wäre.

War die Droge Alkohol für Artur »Fluchthelfer« und »Seelentröster gegen seine unmenschlichen Lebensbedingungen«, wie Friedrich Engels es bei Arbeitern in England beobachtet hatte? Trank er, um die Eintönigkeit seines Jobs ertragen zu können? Und Helene mit ihm, um ihren Mann nicht zu verärgern?

Um fünf Uhr in der Frühe musste meine Mutter aufstehen, Helene helfen, den »Weser Kurier« auszutragen. Todmüde ging sie dann zur Schule, schlief im Unterricht ein. Der Pastor, der Mitleid mit ihr hatte, weil sie so ärmlich angezogen war in ihren selbst gestrickten Wollstrümpfen, die bis über die Knie reichten und kratzten, schenkte ihr Kleider. Stolz ging sie in die Schule, fühlte sich wohl, weil sie nicht mehr auffiel. Bis die Tochter des Apothekers zu ihr kam: »Das sind meine Sachen, die habe ich dem Pastor gegeben, damit er sie armen Leuten schenkt.«

Einmal, es war Winter, klaute meine Mutter im Kaufhaus einen Schal, Mütze und Handschuhe, weil sie fror. Die Polizei kam zu ihr nach Hause. Als die Beamten sahen, wie sie wohnte, ließen sie sich das Diebesgut bezahlen und zogen wieder ab. Zur Konfirmation wollte meine Mutter sich ein Fahrrad kaufen. Das Geld, das Nachbarn und Verwandte ihr geschenkt hatten, behielten ihre Eltern ein und gaben ihr fünf Mark.

Wenn es zu Weihnachten Geschenke gab, lagen ausrangierte Sachen, die Artur und Helene irgendwo abgestaubt hatten, unterm Tannenbaum. Die Kinder kriegten einen bunten Teller mit Schokolade und Marzipan. Artur wartete, bis seine Kinder alles aufgegessen hatten. Dann setzte er sich an den Tisch, schnitt Scheibe für Scheibe von seinem Marzipanbrot ab, führte jede einzelne zum Mund, aß sie vor seinen Kindern. Wenn sie es wagten, nach dem Marzipan zu greifen, schlug er mit dem Messer nach ihren Händen. Er verletzte sie nie, aber die Warnung reichte. Wäre er doch bloß in Amerika geblieben.

Er verdrosch Frau und Kinder mit dem Ledergürtel. Für Nichtigkeiten. Oder einfach so.

Einmal gab Artur seiner Tochter seinen Arbeitszettel, den sie für ihn ausfüllen sollte. Helene, die derlei sonst übernahm, war im Krankenhaus. Meine Mutter kritzelte irgendwas in die Zeilen, stolz, dass ihr Vater sie gefragt hatte, wollte nicht zugeben, dass sie noch gar nicht richtig schreiben konnte. Sie war doch noch in der Grundschule. Artur erkannte nicht, dass das Gekrakel keinen Sinn ergab, reichte den Zettel im Lohnbüro ein, wo es aufflog und er blamiert war, entlarvt als einer, der die neue Schrift nicht beherrschte. Die Nazis hatten Sütterlin, die Schrift seiner Schulzeit, 1941 abgeschafft. Seine mühsam konstruierte Tarnung war dahin, vielleicht fürchtete er, rausgeschmissen zu werden, sicher schämte er sich. Als Artur von der Arbeit kam, brüllte er nach seiner Tochter. Sie lief vor ihm weg, drückte sich in eine Ecke. Artur zog seinen Gürtel aus der Hose und schlug, blind vor Wut, auf seine Tochter ein, sodass sie blutunterlaufene Striemen am ganzen Körper hatte.

Hilfe fand sie bei ihrem großen Bruder, der bald auszog, mit Frau und kleinem Kind, ein paar Straßen weiter wohnte. Zu ihm floh sie, wenn es zu Hause mal wieder nicht auszuhalten war. Er war es auch, der sie zum Arzt schickte, als sie sich vor Bauchschmerzen krümmte. Darmverschlingung. Lebensgefahr. Mit Blaulicht wurde sie ins Krankenhaus gefahren. Die Polizei suchte Artur und Helene nachts, weil die Ärzte die Einwilligung für die Operation brauchten, schließlich operierten sie ohne Einwilligung. Als meine Mutter aufwachte, stand niemand an ihrem Krankenbett.

Heute nennt man solche Familien »sozial schwach« oder »bildungsfern«. Damals waren sie »asozial«, ein Begriff aus der Nazizeit. Meine Mutter war ein »Rottenkind«. Die Nachbarn verboten ihren Kindern, mit ihr zu spielen. Sie war viel allein, fing Salamander in der Ochtum, hatte keine Bücher. Dass Astrid Lindgren 1953 in Bremen-Walle Kindern aus ihrem Buch »Pipi Langstrumpf« vorlas, bekam sie nicht mit. Auch die Eisbahn im Weserstadion und das große Seifenkistenrennen auf dem Osterdeich waren für sie unerreichbar. In Delmenhorst, wo sie bei ihrer Oma Marie, der Mutter von Helene, einer runden Frau mit schwarzem Dutt, die Ferien verbrachte, fühlte sie sich geborgen. Dort wohnte auch ihre Tante Gusti, die einen Sohn verloren hatte und sie gerne zu sich genommen hätte. Das aber wollte Helene nicht.

Ein paar Jahre Schule mussten reichen, dann lernte sie bei Nonnen, wie man kocht und einen Haushalt führt, eine typische Ausbildung für Mädchen, die heiraten und Kinder gebären sollten. Zu Fuß ging sie zur Arbeit. Anderthalb Stunden in die Stadt, anderthalb Stunden zurück. Ihr Traum, Ärztin zu werden – unerreichbar. Und als Frau hatte sie ohnehin kaum Aussicht auf ein selbstbestimmtes Leben.

Ich kann mir Artur und Helene, die immer gut zu mir waren, nicht als Rabeneltern vorstellen, obwohl ich meiner Mutter glaube und auch meine Großtante Emma es mir so erzählt hat. Trotzdem gehen deren Schilderungen nicht zusammen mit den Erinnerungen an meine wunderbare Oma Helene, die weinte, als ich in die USA ging, weil sie fürchtete, mich nicht wiederzusehen. Die mir Kekse buk, die sie im Paket nach Dallas schickte, wo sie völlig zerbröselt ankamen, aber schmeckten, wie mir nie wieder Kekse geschmeckt haben. Die mir regelmäßig schrieb, wie sehr sie mich vermisste.

Auch an meinen kuriosen Großvater Artur erinnere ich mich gern, der barfuß, im weißen Unterhemd und Hosenträgern im Wohnzimmer am Tisch saß, rauchte, Bier trank und Karten drosch. Sein Lachen klang wie ein verunglücktes Gurgeln. Er war immer braungebrannt, vermutlich, weil er so viel Zeit im Kleingarten verbrachte. Er hatte den kleinen Finger an der linken Hand verloren, eine Maschine hatte ihn bei der Arbeit abgesägt. Der fehlende Finger verlieh ihm aber etwas Verwegenes.

Als ich klein war, saß ich im Garten meiner Großeltern, stopfte mir Erdbeeren in den Mund, die ich für »Bonbons« hielt. Großvater schenkte mir später einen Apfelbaum. Ich war sehr stolz auf den Baum, obwohl die Äpfel zu sauer waren, um sie zu essen, und nur fürs Marmeladeeinkochen taugten. Einmal wollten Uwe und ich Schiffe bauen. Artur hatte uns Hämmer, Nägel und Holzbretter gegeben. Wir schlugen Nägel ins Holz – die Segelmasten. Ich ging zu Großmutter, Zwirn holen – den ich als Leinen zwischen die Nägel spannen wollte, um die Segel, alte, zerschnittene Taschentücher, daran zu befestigen. Als ich zurückkam, hatte Uwe sich mein Brett geklaut, weil die Nägel aufrechter im Holz steckten als seine. Großvater gab ihm einen Klaps auf den Po und bekam deshalb mächtig Ärger mit meinen Eltern.

Uwe und ich übernachteten bei unseren Großeltern, als wir klein waren, schliefen zwischen ihnen im Ehebett, es war kuschelig und warm. Mitten in der Nacht fing Uwe an zu weinen, wollte nach Hause, sodass Helene unsere Eltern anrief, die kamen und uns holten. Ich schwatzte meinem Großvater seine eleganten Herrenhüte ab, die er sonntags trug, obwohl sie mir viel zu groß waren. Sie gefielen mir und ich versprach ihm, nach seinem Tod Blumen auf sein Grab zu legen, was ich nie tat, weil wir nie zu ihm auf den Friedhof gingen und ich mein Versprechen vergaß.

Aber er hatte auch diese andere, dunkle Seite, verlangte Geld von meinen Eltern, wenn er auf uns, seine Enkelkinder, aufpassen sollte. Ich habe meine Großmutter gesehen, mit blauem Auge, wenn sie bei uns unterschlüpfte, was mich tief verstörte.

Was hatte dieser Mensch, der trank, Frau und Kinder quälte, erlebt?

Kindheit in Alarmstimmung – Generation I

Die nüchternen Daten aus dem Familienbuch lassen das Drama seiner Kindheit nur erahnen. Arturs Vater Heinrich, Arbeiter, heiratete 1904 in Bremen die vier Jahre jüngere Schneiderin Alma. Im Jahr darauf kam ihr erstes Kind zur Welt. Ein Junge, Joseph. Die Familie wohnte in Bremen-Neustadt, dort, wo die Menschen in »baulich minderwertigsten« Häusern auf engstem Raum lebten. Die Gewerbeinspektion zählte 1896 in den zweistöckigen Häusern »nicht selten fünf Partien mit insgesamt etwa 40 Personen, darunter fünfzehn Kinder und fünfzehn Einlogierte. Häufig hausten sechsköpfige Familien in einem einzigen winzigen Zimmer.«

Männer und Frauen mit müden Gesichtern, gezeichnet von Not und Hoffnungslosigkeit. Kinder, dürr und schmuddelig. Die Häuser dunkel und feucht. Tuberkulose und etliche andere Krankheiten grassierten. Wohnungen und Arbeit waren in Bremen knapp. Trotzdem galt Armut als selbstverschuldetes Schicksal. Unterstützung bekam nur, wer arbeitsunfähig war.

Alma und Heinrich bekamen acht Kinder. Fünf starben, vier im Kindesalter. Was mochte das für sie bedeutet haben?

»Obwohl ›Liebe‹ historisch schwer zu messen ist, gibt es genügend Quellen, aus denen wir erkennen können, dass Eltern sich zu allen Zeiten um ihre Kinder sorgten und um sie trauerten«, schreibt die Historikerin Martina Winkler und widerspricht der oft geäußerten These, dass Eltern den Tod ihrer Kinder in früheren Jahrhunderten gleichmütig hinnahmen, weil sie froh waren, einen Esser weniger ernähren zu müssen. Es ist dies in der Tat eine hochmütige Sichtweise, weil sie armen Leuten Gefühlsarmut unterstellt.

Im Sommer 1906 gebar Alma ihr zweites Kind. Albert Karl Anton. Alma und Heinrich suchten für jedes ihrer Kinder drei Namen aus, die klangen, als seien sie liebevoll gewählt. Alle Kinder wurden evangelisch getauft. So auch der kleine Karl. Er lebte nicht lange, starb im September 1907 mit einem Jahr und zwei Monaten. Seine Todesursache verrät das Leichenbuch nicht. Bei den vielen toten Kindern – um 1900 starb im Deutschen Reich jeder fünfte Säugling – blieb die Bürokratie oft auf der Strecke. Kinder starben an Mangelernährung, Krankheiten wie Masern, Pocken, Diphtherie, Tuberkulose, gegen die heute geimpft wird.

Albert Karl Anton bekam keinen Sarg, kein eigenes Grab. Er wurde »beigelegt bei Hornburg«, wie der Standesbeamte notierte. Damals war es üblich, die Leichen von Kindern, die nicht älter als drei Jahre alt geworden waren, zu anderen Verstorbenen in den Sarg zu legen, wenn die Eltern kein Geld hatten. Die »Beilegung« kostete fünf Mark, war die billigste Art der Bestattung. Als ihr Sohn starb, war Alma wieder schwanger. Wie mag sie sich gefühlt haben? Konnte sie sich überhaupt freuen? Oder war die Trauer zu groß? Hatte sie Angst, weil sie nicht wusste, wie sie ihre Kinder ernähren sollte? War sie panisch, dass ihr auch das nächste Kind sterben könnte?

Im Februar 1908, fünf Monate nach Antons Tod, wurde Artur Friedrich Ernst geboren. Mein Großvater. Der Tod würde ihn begleiten. In seiner Kindheit, in seiner Jugend, lebenslang.

1910 wurde seine Schwester Henriette geboren. Sie starb kurz vor Weihnachten im Alter von sechs Monaten. Sie wurde »beigelegt bei Dreyer«, wie es lapidar im Leichenbuch heißt.

Vielleicht begriff Artur das erste Mal, dass ein Familienmitglied plötzlich fehlte, als seine Schwester Ernestine 1913 starb. Sie war im Februar geboren worden, so wie er. Im November des gleichen Jahres war sie tot. Neun Monate alt. Sie kam zu einem Säugling in den Sarg, der vier Tage nach seiner Geburt gestorben war.

Es ist durchaus möglich, dass seine Eltern dem fünfjährigen Artur, vielleicht zusammen mit seinem drei Jahre älteren Bruder Joseph, eine Aufgabe übertrugen, die heute befremdet, Kindern armer Leute damals aber ganz selbstverständlich zugemutet wurde. Sie bekamen den Auftrag, »das tote, in Tüchern gewickelte Geschwisterkind in ein Haus zu tragen, wo es ebenfalls einen Verstorbenen gab. Im Einverständnis mit dessen Verwandten, konnte das Geschwisterchen dem Verstorbenen im Sarg beigelegt werden«, wie Ulrike Dahms schreibt. Die Eltern mussten schließlich arbeiten, hatten wenig Zeit, also wurden die Kinder vorgeschickt – selbst wenn sie noch sehr jung waren. Sie mussten den toten Bruder, die tote Schwester wegbringen – als »Liekendrägers«.

»Abends haben wir das Kind in unseren großen Einholkorb gelegt, ein frisches Handtuch darüber, und sind losgegangen. Es war kalt und stürmisch. Einmal hat der Wind das Handtuch weggeweht ... Einmal ist Hermann mit dem Korb beinahe hingeschlagen ... ich hab geweint vor Angst.« So beschreibt der Lehrer Carl Dantz in seinem Roman »Peter Stoll«, wie zwei Jungen ihren toten Bruder als »Liekendrägers« wegbringen müssen. Kinder wie Artur waren mit dem Tod vertraut, wurden »mit ihren Gefühlen jedoch absolut alleingelassen«, schreibt Dahms.

Zu Stahl werden

1914 brach der Erste Weltkrieg aus. Artur hätte jetzt eingeschult werden müssen. Doch die Lehrer waren an der Front. Die Kinder saßen nur ein paar Stunden pro Woche im Klassenraum, wenn überhaupt.

Im Herbst wurde Petroleum knapp. »Spart das Feuer und das Licht«, mahnten Bremens Zeitungen. Es war kalt und dunkel in den Häusern. Lebensmittel wurden knapp. 100 Bäckereien in Bremen mussten schließen, die Bäcker zogen an die Front. Milch wurde mit Wasser gestreckt, bis es keine mehr gab. Besonders für Kinder war die Mangelernährung gefährlich. Ihnen fehlte Vitamin D, fast 40 Prozent erkrankten an Rachitis. Kinder waren blass, konnten nicht aufrecht stehen, weil ihre Knochen verformt waren. Der Krieg ließ Kinder im wahrsten Sinne des Wortes schrumpfen. Sie waren mehrere Zentimeter kleiner und ein paar Kilo leichter als die Kinder vor dem Krieg. Auch Artur war Zeit seines Lebens klein und eher dürr.

In den Zeitungen waren Meldungen von Menschen zu lesen, die wegen »Nahrungssorgen« Selbstmord begingen.

Den Reichen ging es offensichtlich deutlich besser. Frau Senator Nielsen inserierte, weil sie eine Köchin für ihren privaten Haushalt brauchte. Die Kirche predigte Durchhalteparolen statt Trost. »Wir haben jetzt Nötigeres und Wichtigeres zu tun, als von Frieden zu reden. Das Gebot der Stunde lautet für die an der Front und für uns in der Heimat: ›Ihr müsst zu Stahl werden‹«, rief ein Pastor in der Stephani-Kirche von der Kanzel.

Kinder hungerten, waren krank und liefen barfuß, weil die »Reichsbekleidungsstelle« das »zur vaterländischen Pflicht« erklärt hatte: »Wir müssen sparen! Das Leder ist knapp. Die schulpflichtige Jugend kann hier den Erwachsenen mit gutem Beispiele vorangehen und auch die Schüler höherer Lehranstalten sollten sich nicht aus Scham von dieser Bewegung ausschließen. Ihnen allen ist hier die Gelegenheit gegeben, dem Vaterlande einen Dienst zu erweisen.«

Das Rote Kreuz ging von Haus zu Haus, sammelte Geld und Haushaltsgegenstände für den Krieg, schröpfte die Menschen zusätzlich.

Ende 1916, im sogenannten »Steckrübenwinter«, brach eine Hungersnot über Deutschland herein. Die Seeblockade der Alliierten schnitt den Weg zu wichtigen Rohstoffen ab. Fleisch, Fett, Mehl, Kartoffeln – alles Mangelware. Es gab kaum noch etwas anderes zu essen als Steckrüben.

Im »Steckrübenwinter« holte sich der Tod das nächste Kind. Arturs Bruder Johann war vier, als er starb, wahrscheinlich an Mangelernährung. Während des Krieges starben im Deutschen Reich insgesamt 750 000 Menschen an Unterernährung. Die Kindersterblichkeit stieg rasant.

Johann war das erste Kind der Familie, das einen eigenen Sarg bekam. Er war zu alt, um ihn in den Sarg eines anderen Toten zu legen.

Artur war acht, kannte den Tod, hungerte, fror, spürte vermutlich die Sorgen und Ängste seiner Eltern, verbrachte seine Kindheit in Alarmstimmung.

Verwandte, die auch in Bremen lebten, erlitten das gleiche Schicksal. Es war wie ein Fluch, der dieser Familie die Kinder nahm.

Johann, zwei Jahre, drei Monate, gestorben im Januar 1901. August, ein Jahr, drei Monate, gestorben im Februar 1901. Fritz, vier Monate, 20 Tage, gestorben im September 1906. Auguste, zwei Jahre, zwölf Tage, gestorben am 21. Dezember 1906. Beta, ein Jahr, sieben Monate, gestorben im Mai 1913. Elise überlebte ihre Geburt im August 1913 um zwei Stunden. Alfred wurde zwei Jahre und neun Monate alt, starb im November 1916. Vermutlich war auch er ein Opfer der Mangelernährung.

Das waren Nichten und Neffen von Artur. Alle tot.

Er blieb allein mit seinem großen Bruder Joseph. Es ist sehr wahrscheinlich, dass die beiden arbeiten mussten, um zum Lebensunterhalt der Familie beizutragen, wie es für Kinder armer Leute schon vor dem Krieg üblich war. Sie rollten in Heimarbeit Zigaretten für die Tabakindustrie. Zwar war Kinderarbeit verboten, wurde aber nur in den Fabriken kontrolliert. Dass Artur schon als Kind mit Tabak in Berührung kam, ist wahrscheinlich, schließlich wohnte er im Viertel der Zigarettenarbeiter, später paffte er Zigarren, rauchte Zigaretten. Denkbar ist auch, dass er schon als Baby mit Alkohol beruhigt wurde. Damals steckten Eltern ihren Kindern kleine, in Alkohol getränkte Stoffbälle in den Mund.

Schwangere tranken ganz selbstverständlich Bier gegen Übelkeit und Schmerzen. Und dass Kinder verprügelt wurden von ihren Eltern, von Lehrern »die Stocksprache« lernten, war selbstverständlich. Schläge erschüttern das Urvertrauen und Mitgefühl für andere. Geschlagene Kinder zahlen es andern heim: Schwächeren, wenn sie erwachsen sind, ihren eigenen Kindern, dem Ehepartner. Vielleicht hatte Artur die Gewalt, die er später seiner Frau und seinen Kindern gegenüber ausübte, selbst erlebt, war zu Stahl geworden.

Im Februar 1917 brach ein eisiger Winter über das Land herein, die Temperaturen fielen unter minus 15 Grad. Es gab keine Kohlen und auch sonst nichts zum Heizen. Die Menschen froren. Schulen wurden geschlossen. Im März starb Sophie, Arturs

Großmutter mütterlicherseits. Die Großmutter hatte mit im Haus gelebt, sodass Artur seine Oma hatte sterben sehen. Er war neun Jahre alt.

Im Jahr darauf, im April 1918, wurde seine Tante Catharine tot im »Kahrwegs Asyl für arme Sieche« aufgefunden. Mit 48 Jahren – vermutlich war sie an der Spanischen Grippe gestorben, die seit Frühjahr grassierte und weltweit geschätzte 50 Millionen Opfer forderte.

Der Krieg war vorbei, Kaiser Wilhelm II. dankte ab. Etwa 17 Millionen Menschen waren im Ersten Weltkrieg gestorben. Artur war jetzt zehn Jahre alt.

Die Weimarer Verfassung versprach 1919 Demokratie. Alles sollte besser werden in Deutschland. Doch es wurde schlimmer.

1923 suchte die Hyperinflation das Land heim – die Nachwehen der Kriegskosten von geschätzten 160 Milliarden Mark. Preise explodierten. Ein Brot kostete 105 Milliarden Reichsmark, ein Pfund Fleisch 900 Milliarden. Deutschland war ein Land bettelarmer Milliardäre. Erspartes war über Nacht nichts mehr wert. Die Reichen wurden reicher, konnten Kredite aufnehmen, Grundstücke und Häuser kaufen und sie mit wertlos gewordenem Geld zurückzahlen. Wer vor der Inflation ein Haus gekauft und sich dafür verschuldet hatte, war mit der Inflation schuldenfrei. Bestraft war, wer auf Lohnarbeit angewiesen war, weil er seinen Lebensunterhalt nicht mehr bestreiten konnte. Wer täglich entlohnt wurde, musste sein Geld sofort ausgeben. Wer seinen Lohn am Monatsende bekam, hatte umsonst gearbeitet.

Meine Großmutter sprach nie über diese Zeit. Nur wenn Uwe und ich über die alten Geldscheine in Milliardenhöhe, die wir in irgendeiner Kiste gefunden hatten, lachten, schüttelte sie den Kopf und sagte: »Das kann man sich nicht vorstellen, was das für eine Zeit war. Ihr wisst gar nicht, wie gut ihr es heute habt.«

Mit Hilfe amerikanischer Anleihen wurden die Finanzen Deutschlands stabilisiert. Langsam erholte sich die Wirtschaft wieder. 1924 trat Artur in die Gewerkschaft »Holz« ein, wie sein DGB-Mitgliedsbuch belegt. Er war 16. Im Jahr davor hatte Reichsarbeitsminister Brauns den Acht-Stunden-Tag, eine Errungenschaft der Revolution von 1918, abgeschafft.

Artur lernte, wie man Fässer band, wurde Böttcher. 1925 traf ihn der nächste Schicksalsschlag. Sein Bruder Joseph starb im Juni bei einem Arbeitsunfall. Er war, wenn ich mich recht an die Erzählung meiner Großmutter erinnere, mit Teer überschüttet worden. Der Zeitung war dieser Unfall keine Zeile wert. Arbeitsunfälle gehörten damals zum Alltag.

Joseph bekam ein Begräbnis zweiter Klasse, was 120 Mark kostete und vermutlich das pompöseste war, das es bisher für ein Familienmitglied gegeben hatte: Der Sarg wurde auf einem Wagen von zwei Pferden gezogen. Dahinter, im Trauerzug, ging Artur im schwarzen Anzug, den Blick gesenkt, seine Tränen herunterschluckend, weil Männer doch nicht weinen dürfen und zu Stahl werden müssen.

Artur war 17. Wie verlassen muss er sich gefühlt haben? Dunkel meine ich mich zu erinnern, dass meine Großmutter mir erzählt hat, Artur sei dabei gewesen, als sein Bruder verunglückte. Doch selbst wenn meine Erinnerung an dieser Stelle dramatisiert – was bedeutet es für einen Teenager, einen Bruder zu verlieren, der vielleicht Vorbild, sogar Freund war? Wie groß muss sein Schmerz gewesen sein? Der Tod hatte ihm fünf Geschwister geraubt.

Nun war er alleine mit seinen beiden Schwestern Agnes und Frieda, sechs und vier Jahre alt, zwei Nachzüglerinnen, 1920 und 1921 geboren.

Armut, Hunger, Tod. Das war Arturs Kindheit und Jugend.

1925 gab es vier Millionen Arbeitslose, viele Beschäftigte waren in Kurzarbeit, verdienten gerade das Nötigste zum Leben. Trotzdem wurden die Steuern erhöht, die Menschen konnten sich keine Lebensmittel mehr leisten. »Das Volk hat den Wucher satt«, schrieb die »Bremer Arbeiterzeitung« im Juni 1925. Auf dem Marktplatz rotteten sich Menschen zusammen, warfen Stände um, nötigten Händler mit ihren Preisen runterzugehen, plünderten Geschäfte. Auch in anderen Städten lehnten sich die Menschen auf. Im Oktober 1929 stürzte die New Yorker Börse ab und die Weltwirtschaft ins Bodenlose.

Artur fiel Helene auf, als er in das Geschäft des Schlachters kam, bei dem sie arbeitete, weil er so dünn war und hungrig aussah. So geht die überlieferte Geschichte. Also heiratete Leni Artur, als er sie fragte. Sie kamen beide aus ähnlichen Verhältnissen. Ihr Vater war Heizer auf einer Dampflok gewesen, das Geld für neun Kinder knapp. Als Kind hatte Helene einen Unfall gehabt, sich das Bein gebrochen, das sie seither leicht nachzog. »Hinke-Pinke« hatten die Kinder sie gehänselt, auf der Straße, in der Schule. Auch sie kannte den Tod. Ihre erste Liebe, ein Taucher, den sie hatte heiraten wollen, war ertrunken.

Da standen also 1932, mitten in der Weltwirtschaftskrise, zwei Menschen vor dem Standesamt, die mit ihren 24 Jahren viel mitgemacht hatten. Das Gepäck, das sie mit sich herumschleppten, wog schwer.

Im Jahr darauf wurde Hitler Reichskanzler. In Bremen hatte knapp ein Drittel der Wähler, 32,6 Prozent, die NSDAP gewählt. Das lag deutlich unter dem Reichsdurchschnitt von 44,5 Prozent. Die SPD war mit 30,4 Prozent zweitstärkste Kraft. Ein Jahr nach seiner Machtübernahme besuchte Hitler Bremen, sah sich auf der AG Weser den Stapellauf des Frachters »Scharnhorst« an. Als das Horst-Wessel-Lied angestimmt wurde, blieben die meisten Arbeiter stumm. Später, auf den Straßen, jubelte Bremens Bevölkerung dem Diktator zu.

Helene hat mir immer versichert, Hitler nicht gewählt zu haben. Schon sein Geschrei sei ihr »unheimlich« gewesen. Und Artur? »Der auch nicht. Wir waren Sozen.« Meine Mutter erinnert sich, dass ihr Vater nach dem Krieg oft gesagt habe: »So einer wie der Hitler müsste wieder kommen.«

Mich plagt ein bisschen das schlechte Gewissen, meinen Großeltern in Archiven hinterherzuspionieren. Artur war nicht in der NSDAP und auch sonst in keiner NS-Organisation, wie seine Entnazifizierungsakte verrät. Er wurde als »vom Gesetz nicht betroffen« entlastet. Weiße Weste. Die aber bekam in Bremen so gut wieder jeder. Bürgermeister Theodor Spitta hatte dafür gesorgt, dass Täter als Mitläufer eingestuft wurden. Doch auch im Bundesarchiv verlaufen die Nachforschungen zu Artur und Helene in den Beständen zur NS-Zeit »gänzlich negativ«.

Artur und Helene bekamen vier Kinder. Drei Söhne, eine Tochter. Walter starb 1936, zwei Monate und acht Tage alt. Wieder reichte das Geld nicht für Sarg und Begräbnis. Walter wurde Henriette Weber »beigelegt«. Sie war mit 63 Jahren im Diakonissenkrankenhaus gestorben. So bekam der kleine Walter ein Begräbnis zweiter Klasse mit Pferden und Sargträgern. Wie demütigend muss es für Artur und Helene gewesen sein, ganz am Ende des Trauerzuges hinter fremden Menschen hergehen zu müssen, einer Trauerrede lauschen zu müssen, die kein Wort für ihr Kind übrig hatte, als sei es nie geboren worden?

1939 überfiel Hitler Polen, zettelte den Zweiten Weltkrieg an, Helene floh vor den Bomben, Artur zog in den Krieg nach Afrika, geriet in Gefangenschaft.

Der »Afrikafeldzug« unter dem Kommando von »Wüstenfuchs« Erwin Rommel wird noch heute als fairer Kampf unter

Männern verklärt. Doch auch in Nordafrika gab es ein Sonderkommando, geführt von SS-Obersturmbannführer Walther Rauff, das Juden in mobilen Gaswagen ermordete. Deutsche und Briten sollen das Wasser in Brunnen vergiftet haben, um der Zivilbevölkerung die Lebensgrundlage zu rauben. Artur war Schütze im Afrikakorps. Dass er im Krieg zum Mörder wurde, ist wahrscheinlich. Jetzt war er zu Stahl geworden.

Artur war 35 Jahre alt, als er mit rund 140 000 Kriegsgefangenen in die USA verschifft wurde. Er kam ins texanische Hearne, eine Kleinstadt im Dreieck zwischen Dallas, Austin und Houston. Auf dem Foto, dass das »War Department« nach seiner Ankunft von ihm schoss, wirkte Artur nicht wie ein Gepeinigter. Seine körperliche Verfassung war »good«. Die Amerikaner nahmen seine Fingerabdrücke. »Little Finger left Hand amputated«, übermittelte das »War Department« dem FBI. Artur war mager, wog kaum mehr als 50 Kilo.

Im »Camp Hearne« wurden die Gefangenen in graugestrichenen Holzbaracken untergebracht. Kieswege zwischen den Baracken, ein Krankenhaus-Komplex mit 14 Gebäuden, eigenem OP-Saal und sogar einer Zahnklinik. Camp Hearne war eine kleine Stadt. Die Schulkinder kamen angerannt, um sich ihre neuen Nachbarn anzusehen: Soldaten, direkt vom Schlachtfeld gekommen. Die Kriegsgefangenen wählten »Spokesmen«, die ihre Interessen gegenüber der Lagerleitung vertraten. In Hearne spielte ein Gefangenen-Orchester und in einem Theater führten Häftlinge Stücke auf. Die Gefangenen arbeiteten auf den Feldern, ernteten Baumwolle oder pflanzten Zwiebeln. Dafür wurden sie bezahlt. Die Prisoners of War konnten bei amerikanischen Versandhäusern bestellen. In den Lagerkantinen wurde Bier ausgeschenkt. Vermutlich hatte Artur es bis dahin nie so gut in seinem Leben gehabt wie in Texas. Genug zu essen, Arbeit, Freizeit, Kultur, Unterricht.

Unterdessen starben in den Händen der Deutschen über drei Millionen russische Kriegsgefangene. Die Wehrmacht ließ sie verhungern, quälte sie mit unmenschlicher Zwangsarbeit zu Tode oder richtete sie durch Genickschüsse hin. Rotarmisten waren auch die Ersten, an denen die Deutschen die mörderische Wirkung von Zyklon B ausprobierten.

Die Amerikaner setzten auf Menschlichkeit und Politikunterricht, um die Gefangenen zur Abkehr von Hitler zu bewegen. Trotzdem gab es im »Camp Hearne« unbelehrbare Nazis. In der Nacht zum 17. Dezember 1943, Artur war gerade ein gutes halbes Jahr im Camp, fielen sieben Gefangene über Hugo Krauss her, als er schlief. Krauss hatte bezweifelt, dass die Deutschen den Krieg gewinnen würden. Die Männer traktierten ihn mit Nagelbrettern, schlugen ihm den Schädel ein. Krauss starb ein paar Tage nach dem Überfall. »Riots« zwischen Nazis und Anti-Nazis waren im Camp an der Tagesordnung. Artur musste also auch hier auf der Hut sein, fürchtete womöglich um sein Leben, war in Alarmstimmung, wie zuvor im Krieg, in seiner Jugend, in seiner Kindheit.

Im Mai 1945 kapitulierte endlich die Wehrmacht. Artur kehrte zurück aus dem Krieg.

Als er und Helene sich in den nächsten Jahren einrichteten im Wirtschaftswunder, mehr schlecht als recht, in ihrer windschiefen Parzelle, auf der Neptun-Werft und dem Feierabend im Rausch, vielleicht, um zu vergessen, was hinter ihnen lag: Hunger, Armut, Krieg, Bomben, die Geister der Toten zu vertreiben suchten, brach die nächste Katastrophe über sie herein.

Sturmflut

Am 16. Februar 1962 raste ein Orkan vom südlichen Polarmeer auf Norddeutschland zu. Die Nordsee tobte, Wellen bis zu acht Meter hoch, rissen Schiffe von Ankerketten aus Stahl. An Land fegte der Sturm Ziegel von Dächern. Hagel prasselte vom Himmel. Sirenen heulten. Männer und Frauen schleppten Sandsäcke auf die Deiche, die zwar hielten, aber nicht hoch genug waren. Wasser, schlammig-grau und eiskalt, schwappte über die Deiche.

Meine Mutter, 19 Jahre alt, sah, wie das Wasser die Straße hinunter auf sie zulief. Sie schrie nach ihrem Bruder. Beide versuchten, mit seinem Auto zu fliehen. Der Motor sprang nicht an. Bis zu den Knien standen sie im Wasser. Artur und Helene kamen aus der Kneipe. Sie kletterten auf den Apfelbaum neben der Parzelle. Einer nach dem anderen. Die Strömung war jetzt so stark, dass sie die Leiter wegriss. Von der Baumkrone hangelten sie sich rüber auf den Dachboden zu den Tauben. Nur Helene blieb auf den Ästen sitzen, schaffte es nicht rüber aufs Dach. So harrten sie aus, hörten die Schreie der Nachbarn, das Jaulen der Tiere, das Rotieren von Hubschraubern. Es war dunkel. Und kalt. Es dauerte nicht lange, bis sich Bundeswehrsoldaten im Schlauchboot zu ihnen durchgekämpft hatten. Sie gehörten zu den Ersten, die gerettet wurden, hatten Glück im Unglück, kamen in einer Turnhalle unter.

Das Parzellengebiet am Wardamm, dort, wo meine Mutter mit ihrer Familie gelebt hatte, war untergegangen. Dächer und kahle Baumkronen ragten aus dem Wasser. Möbel, tote Tiere – Schweine, Hühner, Katzen, Kühe – schwammen in der Brühe.

Sieben Menschen waren ertrunken, mehr als 1000 hatten ihr Zuhause verloren.

So schlimm die Sturmflut gewesen war, vieles wendete sich zum Guten. Artur und Helene zogen in eine Neubauwohnung. Drei Zimmer mit Balkon und Wannenbad. Im Wohnzimmerschrank standen Sammeltassen mit Goldrand hinter Glas. Später gesellten sich Hummelfiguren dazu, die meine Großmutter sammelte, vielleicht, weil sie eine heile Welt verkörperten, nach der sie sich immer gesehnt hatte. Artur und Helene arbeiteten noch ein paar Jahre, profitierten von Adenauers Rentenreform, die verhinderte, dass sie auch noch ihr Alter in Armut verbringen mussten.

Artur konnte keine Tauben mehr züchten, schaffte sich einen Nymphensittich und einen Kanarienvogel an. Den Nymphensittich nannte er Peter, den Kanarienvogel Hansi. Wenn die Vögel starben, kaufte er neue im Zoogeschäft, die genauso aussahen wie die alten und auch so hießen: Peter und Hansi. Vielleicht war es Gleichgültigkeit den Tieren gegenüber. Oder Arturs Strategie mit dem Tod umzugehen, der ihm so viel genommen hatte. Er nahm ihn einfach nicht mehr zur Kenntnis.

Statt ins »Storchennest« zog es ihn nun in die »Residenz«. Er wusste, wie wichtig Arbeit war. Ohne Arbeit kein Geld, nichts zum Essen. Hunger. Elend. Vielleicht war er deshalb so knauserig, verlangte Geld, wenn er auf uns aufpassen sollte, konnte nicht aus seiner Haut.

Meine Mutter nutzte das Hochwasser zur Flucht, arbeitete in einem Hotel, lernte meinen Vater kennen.

Die Sturmflut wurde zum magischen Datum.

Auf den Tag genau zwei Jahre nach dem Hochwasser heirateten meine Eltern.

Da standen 1964, im Wirtschaftswunderland, zwei Menschen vor dem Standesamt, 20 und 22 Jahre alt, im Krieg geboren, hatten sie keinen leichten Start ins Leben gehabt. Sie hofften auf eine bessere Zukunft, wollten, dass ihre Kinder es einmal besser haben würden. Meine Mutter trug ein weißes Hochzeitskleid im Schnee. Mit dem Taxi fuhren die jungen Eheleute zum Hafen, gingen an Bord des Küstenmotorschiffs »Ursula«. Die See wurde ihr erstes Zuhause. Mein Vater arbeitete als Maschinist. Meine Mutter kochte für die Mannschaft. Sie war eine der ersten Frauen in Deutschland, die offiziell zur See fuhren. Bis sie mit mir schwanger wurde.

Ein Jahr, einen Monat und einen Tag nach der Hochzeit wurde ich geboren. Vater suchte sich einen Job an Land, um bei seiner Familie zu sein.

Auf den Tag genau sechs Jahre nach der Sturmflut kam Uwe zur Welt. Stunden vorher war meine Mutter noch beim Gynäkologen gewesen, weil das Blut lief. »Stellen Sie sich nicht so an. Meine Mutter hat ihre Kinder bei der Feldarbeit gekriegt«, stauchte der Frauenarzt sie zusammen. Mitten in der Nacht dann, als die Schmerzen zu schlimm wurden, fuhr mein Vater sie in die nächste Klinik, das katholische Joseph-Stift. »Das Bett sah fürchterlich aus, überall Blut. Die Krankenschwester brüllte: ›Liegen Sie still.‹ Lieg mal still bei solchen Schmerzen. Gut, das war damals so. Da hat man sich nicht so zimperlich anstellen dürfen. Uwe ist rausgespritzt. Arzt und Schwester waren von oben bis unten voller Blut. Dass sie da schrieen, war doch klar«, erzählt meine Mutter ohne den leisesten Vorwurf in der Stimme. Gewalt bei der Geburt, auch verbale, war damals noch kein Thema.

Um 2.35 Uhr wurde Uwe geboren. Die Schwestern schafften ihn sofort in den Brutkasten, meine Mutter sah ihren Neugeborenen nur kurz, flüsterte den Schwestern zu, wie er heißen sollte. Der Pastor, der geweckt wurde für die Nottaufe, musste es schließlich wissen. Der Kampf um Uwes Leben hatte begonnen. So sollte es bleiben. Sein Leben lang. Immer kämpfte jemand um ihn.

Kindheit im sozialen Ghetto

Die ersten Jahre unserer Kindheit verbrachten wir in Osterholz-Tenever, auch »Klein-Manhattan« genannt, damals wie heute nicht der beste Stadtteil Bremens. Wohnblocks wie Kasernen, dazwischen Rasen, den Kinder nicht betreten durften. Hochhäuser mit über 20 Stockwerken, die den Himmel entstellten. Als »Urbanität durch Dichte« verklärten Stadtplaner das, als wir 1971 mit den ersten Familien in einen der Blocks zogen und – ohne es zu ahnen – »Teil eines sozialen Ghettos unterer Schichten« wurden. Schon wenig später galt Tenever als »Bremens größte Bausünde«, »städtebaulicher Albtraum der siebziger Jahre« und »Synonym für inhumanen Städtebau«.

Unser Hausmeister, ein grauhaariger Mann mit dunklem Arbeitskittel, jagte uns Kinder vom Rasen. Und sorgte dafür, dass unsere Freunde Michaela und Thomas ihren Hund verloren. Weil Teddy jaulte, wenn die beiden Jungen, die unter ihnen wohnten, Mundharmonika spielten. Dabei war Teddy viel früher eingezogen. Die Mutter unserer Freunde, die in einer Kneipe bediente, hatte das Tier einem Stammkunden an der Bar abgenommen, weil er den Welpen geschlagen hatte.

Nie hatte es Beschwerden gegeben. Über Jahre nicht, bis die Jungs die Mundharmonika entdeckten und Teddy zu jaulen begann. Die Nachbarin ging zum Hausmeister, der ging zur Verwaltung, die Druck machte, bis die Eltern von Michaela und Thomas Teddy wegbrachten.

In Schwachhausen oder Oberneuland, den besseren Vierteln Bremens, schicken Hundehalter in solchen Fällen Anwälte los, die der Verwaltung klarmachen, dass Hunde nun mal bellen, dass sie das auch dürfen, ab und zu. Dass immer auch Interessen abgewogen werden müssen. Nicht so in Tenever, wo die Leute lieber taten, was die Hausverwaltung verlangte, um ja keine Kündigung zu riskieren. Für Prozesse fehlte ihnen das Geld.

Teddy lebe jetzt auf einem Bauernhof bei Diepholz, wo er es besser habe als bei ihnen im vierten Stock, versuchten die Eltern unserer Freunde ihre Kinder zu trösten. Michaela, damals 13, setzte sich in den Zug, fuhr schwarz nach Diepholz, klapperte Bauernhöfe ab. Teddy fand sie nicht.

Jahre später, als Michaela Praktikantin im Tierheim war, fiel ihr Teddys Karteikarte in die Hände.

Ihre Eltern hatten Teddy nicht zum Bauern gebracht, sondern ins Tierheim. Dort war er krank geworden und weil er schon alt war, hatte ihn niemand mehr haben wollen. Er war eingeschläfert worden.

Ein altes Bremer Adressbuch verrät, was ich als Kind nicht wusste. Unser Hausmeister, dieser strenge Mann, vor dem wir alle Angst hatten, war Soldat. Jahrgang 1904, ein bisschen älter als Artur. Vielleicht hatte er Ähnliches erlebt: Hunger. Erster Weltkrieg. Barfußlaufen als vaterländische Pflicht. Kaum Schule. Kein Brot. Stocksprache. Steckrübenwinter. Zu Stahl werden. Soldat im Zweiten Weltkrieg. Punkt, Punkt, Punkt. Fragezeichen. Hausmeisterposten. Ordnung. Rasen, keine Wiese. Akkurat gemäht. Betreten verboten. Beruf ins Adressbuch. Demonstrativ.

Es gab viele ehemalige Wehrmachtssoldaten, die sich nach dem Krieg nicht genierten. Über 300 »Vereinigungen ehemaliger Angehöriger der Waffen-SS« schlossen sich im Nachkriegsdeutschland zusammen. 1951 wurde der Verband deutscher

Soldaten gegründet. Mit dem Segen der Adenauer-Regierung, die die Wiederbewaffnung Deutschlands vorbereitete. Der Verein setzte sich für die Rehabilitierung verurteilter Kriegsverbrecher ein, half ihnen Versorgungsansprüche durchzusetzen. Erst 2004 verbot der Bundesverteidigungsminister seinen Soldaten jeglichen Kontakt – nachdem der Verband Schriften der Nationalsozialistischen Partei Amerikas veröffentlicht hatte.

Wenn ich die Augen schließe und mich erinnere, sträubt sich alles in mir. Immer musste man sich damals in Acht nehmen, nicht nur vor dem Hausmeister.

Einmal, ich war vielleicht acht Jahre alt, schickte meine Mutter mich abends zum Zigarettenautomaten. Lord Extra holen. Es war schon dunkel. Ich hielt das Zweimarkstück fest in der Hand, lief vorbei an den Klettergerüsten auf dem Spielplatz, rüber zu der Einkaufszeile, wo die Kneipe war. An der Wand im Eingang hing ein Zigarettenautomat. Aus der Jukebox drang Musik durch die Tür, es roch nach Rauch. Ich steckte die Münze in den Schlitz, zog eine Schachtel und machte, dass ich wieder raus kam. Draußen vor der Tür sah ich im Augenwinkel einen Mann vom Hochhaus her kommen. Seine Locken waren lang und dicht. Ein Wuschelkopf. Ich rannte so schnell ich konnte, aber als ich an den Klettergerüsten vorbeilief, hörte ich plötzlich hinter mir ein Keuchen. Ich hatte Angst. Schreien konnte ich nicht, ich lief, spürte, wie mir die Kraft in den Beinen schwand. Unter der Laterne, kurz vor unserem Hauseingang, spürte ich eine Hand an meinem Kragen. Ich schrie, hörte den Summer unserer Haustür. »Kerstin, hab keine Angst, ich bin sofort unten«, rief meine Mutter durch die Sprechanlage. Meine Hose war nass, ich lief die letzten Schritte zur Tür, sah, wie der Lockenmann über den Rasen davonlief, heulte, meine Mutter tröstete mich. Mein Vater war auf Dienstreise, wie immer unter der Woche. Wir setzten uns an den Esstisch vor der Küche. Ich hatte noch keine Hausaufgaben gemacht.

Die Polizei rufen? Auf die Idee wären wir nie gekommen. In Tenever kam sowas halt vor.

Meine Mutter schickte mich nie wieder zum Zigarettenholen.

Es war Gesetz in Tenever, dass die Größeren die Kleineren ärgerten und verprügelten. Wenn ich von einer Horde Nachbarskinder verfolgt wurde, klingelte Uwe meine Mutter aus dem vierten Stock auf die Straße, heulte in die Sprechanlage: »Mama, komm schnell, die verhauen Dadien«. »Dadien« nannte er mich, weil er Kerstin nicht aussprechen konnte.

Michaela war meine einzige Freundin, wir waren das perfekte Match, wohnten im gleichen Block, sie in der 14, ich in der 16, jeweils im vierten Stock, hatten zwei kleine Brüder, gleich alt, die sich ebenfalls prächtig verstanden. Unsere Mütter waren befreundet, kochten abwechselnd für uns. Michaelas Eltern kauften meinem Vater das silberne Audi Coupé ab, was uns noch enger zusammenrücken ließ. Michaela und ich gingen in die gleiche Klasse, hatten gleich schlechte Noten, nicht nur in Mathe, auch mit deutscher Rechtschreibung standen wir auf Kriegsfuß. Unsere Liebe zu Winnetou schrieben wir mit Kreide auf die Straße. Meine Mutter war sauer, hatte Angst, dass der Hausmeister klingeln und sie auffordern würde, unsere Liebeserklärung an den Indianerhäuptling wieder wegzuschrubben.

Ab und zu stand Helene vor der Tür. Mit blau geschlagenem Gesicht. Sie blieb ein paar Tage, schlief im Wohnzimmer auf der Couch. Bis Artur in seinem schlecht sitzenden braunen Anzug unten auf dem Spielplatz rumlungerte, weil er sich nicht zu klingeln traute. Und Helene, die ihn vom Balkon aus sehen konnte, nachgab, weil es ihr peinlich war und wir auf Dauer keinen Platz hatten.

Während die Kinder in der Nachbarschaft die Kleider ihrer Geschwister auftrugen, bekamen Uwe und ich alles neu. Und wurden zu Weihnachten reich beschenkt: Fahrrad, Carrera-Bahn und Ritterburg, Legos sowieso, Barbies en gros. Jeder hatte ein eigenes Zimmer. Meine Eltern schufen für uns das Zuhause, das sie gerne gehabt hätten. In unseren Kinderzimmern hingen Bilder, die wir gemalt hatten, an den Wänden. Meine Mutter lobte uns überschwänglich, wenn sie die Blätter aufhängte, sodass wir richtig stolz auf uns waren. Zum Geburtstag schenkte mir mein Vater eine Schallplatte von Suzi Quatro. Im Wohnzimmer tanzten Uwe und ich zu »Can the Can«, bis wir außer Atem waren. Eine häusliche Geborgenheit, die auf der Straße kaputtgemacht wurde.

Auf der Flucht vor ein paar Mädchen, ich weiß nicht mehr, wie viele es waren und worum es ging, rutschte ich in eine Baugrube, kam die lehmigen Wände nicht wieder hoch, versackte im Matsch bis zu den Knöcheln, bekam Panik. Die Mädchen standen oben am Rand, lachten und riefen: »Sie versinkt, sie versinkt«. Bis meine Mutter auftauchte, die Bande verscheuchte und mich aus der Grube zog. Uwe hatte sie geholt.

Hamburgs Bürgermeister Peter Tschentscher wuchs zur gleichen Zeit um die Ecke in den Reihenhäusern an der Zermatterstraße auf. »Es war hier in Osterholz-Tenever in den 1970er-Jahren und wohl auch noch danach ruppig und für Kinder nicht leicht«, sagte er dem Journalisten Jörg Lauterbach, ebenfalls Teneveraner. »Den Schulweg bin ich möglichst nicht allein gegangen. Man musste sich in Acht nehmen vor den älteren Jugendlichen … Es gab ständig Raufereien, und dann landete zum Beispiel der Ranzen mit den neuen Schulbüchern in der Pfütze, was zu Hause und in der Schule mächtig Ärger gab. Das war hier nicht lustig … Das hat den Alltag sehr beeinflusst, immer passierte irgendwas.«

Pause von diesem Krieg hatten wir nur am Wochenende, wenn wir zum Campingplatz nach Dörverden fuhren, in unserem selbstgebauten Nichtschwimmerbecken plantschten, den Surfern vom Ufer aus zusahen, lachten, wenn sie ins Wasser fielen, die Schwäne fütterten, Stichlinge in Eimern fingen, Kaulquappen, Frösche. Wir hatten eine Rutsche, die am Ufer stand und die wir so stellten, dass sie uns ins Wasser beförderte. Eine Schaukel, die unser Vater zusammengeschraubt hatte. Den Campingplatz teilten sich meine Eltern mit Freunden, wir nannten sie Tante Gerdi und Onkel Heino. Wundervolle Menschen. Uwe und ich schliefen im Zelt, das versteckt hinter dem Wohnwagen unserer Eltern aufgebaut war. Jeden Abend guckte unser Vater nach uns, wenn wir in den Schlafsäcken lagen, und sagte jeden Abend den gleichen Satz: »Deckt euch schön zu, der Wetterbericht hat kaltes Wetter angekündigt.« Später kam Heino, flüsterte mit verstellter Stimme: »Hier ist Snah.« Erzählte uns, dass er aus dem All käme und auf der Erde unglaubliche Abenteuer erlebe. Snah war wohl Hans, Heinos Bruder, der nicht aus dem Krieg zurückgekommen war.

Sonntagabend ging es zurück nach Tenever.

Einmal versuchte ich mir bei einem älteren Jungen Frieden mit einem Bonbon zu erkaufen. Er schlug es mir aus der Hand. Als ich in der Pause hinfiel und meine Lippe aufplatzte, rannten die anderen hinter mir einfach weiter. Ich musste mich schnell aufrappeln, sonst wäre ich von dem Getrampel sicher schlimmer verletzt worden. Im Klassenraum drückte ich mir ein Taschentuch auf die blutende Lippe, durfte nach Hause. Bettina, die Klassenbeste, stand auf, kam nach vorne und wünschte mir »gute Besserung«. Sie war ein mitfühlendes Mädchen, eines der wenigen.

Zuhause legte ich mich hin, Uwe saß an meinem Bett. Wir hatten damals ein Lieblingslied, das wir sangen, ohne zu verstehen, was es bedeutete, ohne zu ahnen, was dieses Lied Jahre später für uns bedeuten würde. »Am Tag, als Conny Kramer starb« von Juliane Werding, die damals 15 war und noch zur Schule ging. Conny Kramer war auf Platz 1 der Hitparade und lief rauf und runter.

Was wäre wohl aus uns geworden, wenn wir in Tenever geblieben wären? Der Straßenzug, in dem wir wohnten, ist heute Treffpunkt krimineller Jugendbanden. Anwohner klagen, dass sie sich nachts kaum auf die Straße trauen. »Zwischen den Hochhäusern wird Tag und Nacht gedealt«, schreibt die »Bild« – vermutlich ohne Übertreibung. Vielleicht wäre Uwe viel früher an Drogen gekommen. Und ich mit ihm.

»Die Droge fängt einen auf, man braucht keinen Menschen mehr, der einen liebt. Man liebt die Droge«, erzählte Sascha Schröder, Jahrgang 1970, zwei Jahre jünger als Uwe, aufgewachsen in Tenever, dem »Weser Kurier«. Auch der Schauspieler und Musiker Sascha Reimann, Jahrgang 1973, fünf Jahre jünger als Uwe, der als Hip-Hop-Rapper Ferris MC bekannt wurde, verbrachte Kindheit und Jugend »in Tenever, dem Ghetto der Stadt«, wie er der »Süddeutschen Zeitung« erzählte. Auch er nahm Drogen: »Speed, Kokain, einmal auch Heroin geraucht. Und ganz viel LSD.«

Uwe war schmal, trug eine Brille; die Gläser waren abwechselnd mit Pflaster verklebt, weil er schielte, bis er am Sehnerv operiert wurde. Er war zum Glück oft zu Hause bei meiner Mutter, weil er noch zu klein für die Straße war. Wenn er draußen mit Thomas spielte, kriegte er mit, wie ich verkloppt und geärgert wurde, holte meine Mutter, beschützte mich, obwohl er noch so klein war. Er lernte, dass Gefahr drohte, weil es Kinder gab, die größer waren und stärker. Uwe fing an zu stottern. Er war das perfekte Opfer. Wir zogen weg, gerade noch rechtzeitig.

Uwe rief »Kikeriki«, als wir aufstehen mussten, ganz früh am Morgen, es war noch dunkel. Und die Möbelpacker mit dem Umzugswagen anrückten, um uns aus Tenever wegzubringen. Bevor Briefkästen demoliert wurden, so schnell und oft, dass die Verwaltung mit dem Reparieren nicht hinterher kam. Der Gestank von Pisse in Treppenhäusern und Kellern stand. Müll in Tiefgaragen brannte. Dreckige Spritzen in Sandkästen zur gefährlichen Falle für Kinder wurden. Es bei einem Polizeieinsatz »Herointütchen« vom Hochhaus »regnete«. Und ein Mann von der Wohnungsgesellschaft im Radio über Tenever sagte: »Bei jeder dunklen Ecke … hatte man den Eindruck, dahinter steht jemand, und man kommt hier nicht lebend raus«.

Katzen im Sack

Wir zogen in eine andere Welt, aufs Land, in ein Dorf zwischen Heide, Wald und Rosengarten, wo unsere Kindheit begann. Bauernhäuser, einige reetgedeckt, und Höfe, mit Kopfstein gepflastert, drängten sich um eine Wiese, die so groß war wie ein Fußballfeld und von einer Steinmauer umgeben war. Eine Zaubermauer. Wir strichen mit den Fingern über das Moos, schoben Stöcke in die Spalten zwischen den Steinen, lockten Spitzmäuse und Blindschleichen hervor, die so schnell herausschossen, dass wir uns erschreckten. Wolfspinnen, Asseln und Laufkäfer wohnten zwischen den Ritzen. Wir beobachteten sie mit einer Mischung aus Faszination und Grusel. Selten grasten Kühe auf der Weide, sodass wir sie meistens für uns hatten. In der Mitte wuchs eine Kastanie. Wenn sie im Herbst ihre Früchte abwarf, sammelten wir sie in Eimern. Die beiden Nachbarskinder, Junge und Mädchen, wurden Ersatz für Michaela und Thomas. Zu Viert klaubten wir einen Zentner Kastanien zusammen, Nachmittag für Nachmittag verbrachten wir damit. Ein Bauer gab uns zehn Mark. 2,50 Mark für jeden, ein Vermögen, das wir im örtlichen Lebensmittelladen in Süßigkeiten umsetzten. Schokolade, Lakritz und Gummibärchen gehörten damals selbstverständlich zu einem unbeschwerten Kinderleben.

Es gab viele glückliche Tage. Wir tobten im Heu, durften auf dem Traktor mitfahren, säten im Garten Tomaten und Gurken, pflanzten Kartoffeln, waren stolz, als wir das Gemüse ernteten, bauten Höhlen, fuhren mit unseren Fahrrädern in den Wald, liefen im Winter auf dem vereisten Dorfteich Schlittschuh. Hatten Strolchi und versorgten die Katzen nebenan in der Scheune.

Wenn die Katze Junge bekam, nahm der Bauer die Kleinen, steckte sie in einen Sack und schlug ihn im Stall gegen die Wand. Bis das Mauzen verstummte. In mein Tagebuch schrieb ich: »Sie hatten die Augen auf, deshalb ist es eine Sauerei.« Die Mutterkatze strich noch Tage umher, suchte mit geschwollenen Zitzen ihre Jungen. Die Blutflecken verblassten, wurden dunkelbraun. Die Wand im Stall war übersät mit solchen Flecken.

Die Eltern einer Freundin schlachteten Gänse. Wir sahen zu, wie sie ihnen die Hälse durchschnitten. Sie hielten die Tiere fest, die um ihr Leben schnatterten. Das Blut schoss in einen Eimer. Es war grausam. Aber es gehörte zum Dorfalltag, Kinder konnten ruhig zusehen, sollten ja fürs Leben lernen.

Am Dorfteich gab es eine Art Windschutzstreifen, auf dem Bäume und Gestrüpp wuchsen. Wir waren nicht die Einzigen, die diesen Flecken als Abenteuerspielplatz liebten. Eines Tages fanden wir Damenunterwäsche, die halb in die Erde eingegraben war, an den Ästen hingen Eingeweide von Tieren, ein abgerissener Katzenschwanz. Uwe und ich machten, dass wir wegkamen, gingen nie wieder dorthin.

Im Februar, wenn Faslam war, gingen wir verkleidet zur Kindermaskerade. Uwe als Pirat, ich als Prinzessin. Meine Mutter hatte die Kostüme genäht. Die Älteren zogen mit Leierkasten und Strohpuppe durchs Dorf, sammelten Eier, tranken Apfelkorn und sangen Lieder wie: »Alle meine Brüder saufen so wie ich, wie ich. Sie legen sich besoffen nieder, stehen auf und saufen wieder. Köm her!! Köm her!!«

Zu dieser Zeit, fast auf den Tag genau 15 Jahre nach der Sturmflut, starb Artur an Leberzirrhose. Im Bett, ganz plötzlich, mit 69.

»Nun ist er tot, ich bekomme keine Prügel mehr«, war alles, was Helene zum Tod ihres Mannes sagte, mit dem sie 45 Jahre verheiratet gewesen war. Meine Mutter zuckte mit den Achseln. »Für mich ist heute kein besonderer Tag.«

Kurz vor seinem Tod hatte sich die Situation zugespitzt. Meine Mutter hatte Arturs Hausarzt gebeten, ihn wegen Alkoholsucht und Gewalttätigkeit in die Psychiatrie einzuweisen. »Wenn er nicht freiwillig geht, kann ich nichts tun«, ließ der Hausarzt sie abblitzen. Streitigkeiten unter Eheleuten, nannte das nicht nur die Polizei, wenn Männer ihre Frauen schlugen. Privatsache. Selbst schuld. Vergewaltigung in der Ehe war nicht strafbar. Privatsache. Selbst schuld. Frauen gehörten den Männern.

Das erste Frauenhaus in Deutschland war kurz vor Arturs Tod, 1976, in einer Villa im Berliner Grunewald eröffnet worden. Mehrmals wurden Brandanschläge darauf verübt. 25 Jahre dauerte es, bis Politiker und Politikerinnen Frauen endlich vor ihren Männern schützten und 2002 das Gewaltschutzgesetz erließen. Jahrzehntelang interessierte sich die Politik nicht sonderlich für Frauen wie Helene. Sie steckte in einer Falle. Lebte ständig in Angst, dass Artur wieder zuschlagen würde.

Mit seinem Tod kehrte Ruhe in ihr Leben ein. Sie trank kaum noch Alkohol, hörte auf zu rauchen, versuchte vieles, was sie bei ihren Kindern versäumt hatte, an Uwe und mir gutzumachen, kam uns oft besuchen. Wir hatten nun eine große Wohnung über zwei Etagen mit Gästezimmer. Uwe und ich hatten große Zimmer unterm Dach, sonnengeflutet, Schrägen, helle Auslegeware und überquellende Spielzeugkisten. Im Garten standen zwei Papphäuser von Nivea, die meine Mutter im Preisausschreiben gewonnen hatte. Uwe hatte aufgehört zu stottern, ohne Therapie. Einfach so.

Meine Mutter suchte sich eine Putzstelle, um unter Leute zu kommen. Als Hausfrau und Mutter fiel ihr die Decke auf den Kopf. Mein Vater, hinter dessen Rücken sie das getan hatte, tobte. »Was sollen denn die Leute denken? Dass ich meine Frau nicht ernähren kann und sie putzen gehen muss?«

Obwohl das Gesetz, dass Frauen nur arbeiten durften, wenn sie die Familie nicht vernachlässigten, gerade abgeschafft worden war, fügte sich meine Mutter und sagte ab. Sie fand später einen Job im Altenheim, der meinem Vater genehm war.

Uwe wurde eingeschult, kam in die Dorfschule. Er war ein Sunnyboy, alle mochten ihn. Ich war eifersüchtig, einmal schubste ich meinen kleinen Bruder in der Schule gegen eine Mauer. Er blutete am Kopf. Die Schulleiterin rief meine Mutter an. Ich bekam Ärger, entschuldigte mich bei Uwe. Er war nicht nachtragend.

Auch wenn wir die meiste Zeit friedlich miteinander spielten, war da diese nagende Eifersucht der entthronten Prinzessin. Uwe war jünger, kleiner, er hätte meinen Schutz verdient gehabt. So wuchs er auf mit einer Schwester, auf die nicht immer Verlass war, je nach Laune. Dass ich meine eigenen Probleme hatte, in der Schule, taugt nicht als Ausrede. Es war eine feindliche Atmosphäre, in der wir aufwuchsen, eine, in der Kinder zu spuren hatten. Uwe fügte sich, machte keinen Blödsinn, hörte auf seine Lehrer, auch wenn er sich nicht sonderlich für die Schule interessierte. Er wollte durchkommen. Ich versuchte aufzubegehren.

Meinen Klassenlehrer mochte ich nicht. Er war mir zu autoritär, ich ihm zu frech, wahrscheinlich zu Recht. Nie machte ich Hausaufgaben, sie klauten mir die Zeit zum Spielen. Herr W. war ein kleiner Mann mit schütterem Haar und braunen Augen. Jahrgang 1912, vier Jahre jünger als Artur. Vielleicht hatte er Ähnliches erlebt: Barfußlaufen als vaterländische Pflicht. Kein Brot. Steckrübenwinter. Zu Stahl werden. Soldat im Zweiten Weltkrieg. Punkt, Punkt, Punkt. Fragezeichen.

Zwei Mal hatte die Entnazifizierungskommission es abgelehnt, den »eifrigen Naziunterstützer« W. wieder als Lehrer in den Staatsdienst einzustellen. Er war in der NSDAP und in der SA gewesen, hatte »zu seiner Entlastung … nichts wesentliches vortragen können«. Als Wehrmachtssoldat war er in Frankreich, Holland, Russland und Dänemark gewesen. Hatte die Kesselschlacht von Demjansk überlebt. In der Stadt südöstlich des Ilmensee war die Wehrmacht von der Roten Armee über ein Jahr lang umzingelt worden. 1944 wurde W. dafür das von Hitler gestiftete »Demjanskschild« verliehen. Er bekam auch die Ostmedaille und das Kriegsverdienstkreuz zweiter Klasse. In Dänemark geriet er 1945 in britische Gefangenschaft, wurde nach zehn Wochen entlassen, half in der Landwirtschaft, machte ein Praktikum als Maurer und setzte alles dran, wieder Lehrer werden zu dürfen.

Er hatte sich den Beruf hart erkämpft. Sein Vater war Arbeiter, besaß einen kleinen Hof mit Stall. W. ging zur Volksschule, zur Mittelschule, wechselte zur Aufbauschule, legte 1932 das Abitur ab. »Mein größter Wunsch, Lehrer zu werden, wurde durch die Ablehnung meines Gesuches um Aufnahme in die Hochschule für Lehrerbildung Rostock nicht erfüllt … Auch meine Einstellungsgesuche bei Bahn, Post und anderen Behörden waren erfolglos. So war ich gezwungen, weiterhin den Eltern zur Last zu liegen. Da legte man mir nach 33 nahe, mich irgendwie in der Partei zu betätigen. Ich trat in die SA ein, in der Hoffnung, dadurch aus meiner verzweifelten Lage herauszukommen. Mein höchster Dienstgrad war der eines Sturmmannes. Eine Funktion hatte ich nicht inne. 1 1/2 Jahre später nahm man mich automatisch in die Partei auf, obgleich ich die Nachzahlung des Beitrages von 1 1/2 Jahren abgelehnt hatte. In der Partei hatte ich keine führende Stellung.« Im zweiten Anlauf wurde W. im Pädagogischen Institut Rostock aufgenommen.

»Probleme der Rassenkunde und Erblehre« standen dort auf dem Vorlesungsplan. 1936 bestand W. die Prüfung mit »genügend«, trat in den NS-Lehrerbund ein, war kurze Zeit »Sachbearbeiter für Familienforschung«, sammelte Stammbäume ein, die womöglich dazu dienten, jüdische Lehrkräfte zu entlassen. Nach dem Krieg sammelte W. Persilscheine, fand einen wichtigen Fürsprecher, wurde »entlastet« und Lehrer. Er genoss über Jahrzehnte hohes Ansehen im Dorf, weil er über die Schicksale von Kindern entschied. Immerhin war W. freundlich, schlug uns nicht, keine Selbstverständlichkeit.

Die Musiklehrerin, eine strenge Frau mit weißem lockigen Haar, vor der alle Angst hatten, brüllte und schlug einen Schüler, der ein Mädchen geärgert hatte. Es war erst ein paar Jahre her, dass Lehrkräften 1973 das Schlagen verboten worden war. 16 Jahre vorher, im Jahr 1957, hatten die Richter des Bundesgerichtshofs Lehrkräften noch ein »generelles Gewohnheitsrecht« zugestanden, ihre Schützlinge zu züchtigen und »maßvolle Schläge mit dem Rohrstock auf die Hand oder auf das Gesäß« empfohlen. Im gleichen Jahr wurde in Schweden die Prügelstrafe verboten.

Im Dorf schlug eine Bäuerin einem Mädchen, das sie beim Klingelstreich erwischt hatte, ins Gesicht, »verpasste« ihr »eine Ohrfeige«, wie es damals hieß. Die Frau war ansonsten sehr nett zu Kindern, brachte uns Mädchen das Häkeln bei.

Eine Nachbarin verdrosch ihre Kinder mit dem Handfeger. Auch meine Mutter tat es ein paar Mal, weil die Nachbarskinder so artig waren. Und wir das auch werden sollten. Sie ließ es schnell bleiben, war ja selbst mit dem Lederriemen verdroschen worden. Vor meinem Vater mussten wir uns in Acht nehmen. Er schlug selten, aber wenn, dann feste.

Einmal gingen Uwe und ich mit Strolchi raus. Wir warfen uns in die Ligusterhecken der Nachbarn, freuten uns, dass die

Zweige so stabil waren und zurückfederten. Das war ein Spaß. Strolchi sprang hoch, bellte. Als wir nach Hause kamen, verprügelte uns Vater, sodass wir blaue Flecken hatten. Vielleicht war Uwe deshalb später so angepasst. Er hatte schneller begriffen, dass mein Vater unberechenbar war. Einmal trat mein Vater mit Füßen nach mir, als ich am Boden lag.

Man kann es den Erwachsenen schwer verübeln, dass sie zuschlugen. Sie waren selbst verdroschen worden, kannten es nicht anders. »Die Überschüttung des Kindes mit Zärtlichkeiten ... kann verderblich sein und muss auf die Dauer verweichlichen«, schrieb die Ärztin Johanna Haarer 1934 in ihrem Erziehungsratgeber »Die deutsche Mutter und ihr erstes Kind«. Standesbeamte drückten Hochzeitspaaren das Buch nach der Trauung mit den besten Wünschen für die Zukunft in die Hände. Der Ratgeber wurde, leicht verändert, bis in die 1980er Jahre nachgedruckt. Kein Wunder, dass in den 1970er Jahren 80 Prozent der Deutschen es völlig normal fanden, ihre Kinder zu schlagen und 35 Prozent sogar den Rohrstock nutzten.

»Alles fließt und grenzt aneinander ...«

Die Musiklehrerin wurde sehr alt, lebte nach der Pensionierung im Dorf. Eine ehemalige Schülerin sah in ihrem Haus ein Schild im Flur hängen: »Deutschland den Deutschen!« Die Schülerin hatte einen Engländer geheiratet. Im Dorf wurde sie deshalb »Nato-Nutte« genannt. Das war lange, nachdem wir das Dorf verlassen hatten. Drei Jahre waren wir geblieben, bevor wir wieder umzogen. In ein neues Dorf, wo unsere Eltern ein Haus gebaut hatten. Mein Vater hatte den Aufstieg geschafft, arbeitete, wie man heute sagen würde, im mittleren Management. Meine Eltern hatten ein Ziel: Sie wollten aufsteigen. Auch sie jagten den Drachen, einen, der Glück und Wohlstand versprach. Für sich. Aber vor allem: Damit wir es besser haben würden.

Etablierte Außenseiter

Das Dorf war im Frühjahr umgeben vom Gelb der Rapsblüte. Im Sommer, wenn Mähdrescher über die Felder rauschten, roch es nach Heu, die Luft staubte. Schüsse knallten, sie galten den Staren, die Kirschen fraßen. Es waren so viele, dass die Blätter unter den Vögeln vibrierten. In Scharen flogen sie hoch, der Himmel gehörte ihnen.

Im Herbst zog der Duft frisch geernteter Äpfel durchs Dorf. Nicht, weil die Früchte auf den Obstplantagen des Ortes wuchsen, der trockene Geestboden eignete sich eher für Kartoffeln. Der Duft drang aus den Hallen des Fruchtgroßhandels. Das Alte Land, der »Obstkorb der Nation«, war nebenan.

Die Landstraße schlug eine Schneise zwischen den Feldern und führte in die nächste Kleinstadt. Sie sollte später als »Horrorstrecke« durch die Presse gehen, weil an den Birken, die den Asphalt säumten, viele Menschen ihr Leben ließen.

In mir sträubt sich alles, den Namen des Dorfes zu nennen. Als ließe ich einen bösen Geist aus der Flasche. Noch heute, über 40 Jahre später, löst der Name Beklemmungen in mir aus. Die Zeit in diesem Kaff, in dem ich meine Jugend verbrachte, war die schlimmste meines Lebens. Und ich bin sicher, dass dieser Ort auch zu Uwes Unglück beigetragen hat. Ich müsste mal wieder hinfahren ins Dorf, mich den Geistern der Vergangenheit stellen. Aber für mich ist das Dorf eine »No-go-Area«. Zu viele negative Erinnerungen.

Obbens hieß das Dorf auf Platt. Meine Mutter brillierte beim Klönschnack mit den Nachbarn. Ich konnte es nach einer Weile verstehen, weigerte mich aber, es zu sprechen. Platt war die Geheimsprache der Alteingesessenen. Leev heißt lieb. Diese ständige Ermahnung an uns Kinder, die selbst Fremde ungeniert an uns richteten, spuckt mein Gedächtnis heute noch aus. Und: Wat mutt dat mutt.

Ich kann Platt nicht ausstehen, auch wenn es Kulturgut ist. Für mich wird Niederdeutsch auf ewig verbunden sein mit alten Männern, die drohend ihre Gehstöcke schwingen. Frauen in Kittelschürzen, die nach Küche rochen, Fußmatten vor ihren Haustüren ausschüttelten mit bitteren Gesichtern, die verrieten, dass sie sich, worum auch immer, betrogen fühlten.

Im Ortskern, schräg gegenüber vom Rathaus, stand auf dem großen Parkplatz eine Imbissbude, in der Tagesschausprecher Karl-Heinz Köpcke manchmal, vermutlich auf dem Weg nach Hamburg, eine Bockwurst aß. Das war, als würde die große weite Welt das Dorf mit einem Besuch adeln. Ich habe ihn selbst mal da getroffen. Und gesehen, wie beflissen die Frau hinterm Tresen ihn bediente. »Der kommt öfter«, sagte sie, als Köpcke gegangen war.

Es gab ein Modegeschäft, in dem man Wrangler-Jeans, damals die angesagteste Marke, kaufen konnte. Einen kleinen Supermarkt, der dem Onkel eines Nachbarn gehörte (im Dorf schienen alle über ein paar Ecken miteinander verwandt zu sein), und einen Tante-Emma-Laden, der von einer weißhaarigen Frau geführt wurde. Ein paar Geschäfte, die ich vergessen habe und die ich nur erwähne, damit die Leute nicht beleidigt sind und glauben, ich würde sie unterschlagen, um den Ort kleiner zu machen, als er war.

Er war klein, er war piefig. Und er war böse.

Die Menschen hier hatten Arbeit, Geld oder beides. Vor den Einfamilienhäusern standen Wagen der gehobenen Mittelklasse, oft Mercedes oder BMW. Selbst wenn die Frauen arbeiteten, hatten die Männer das Sagen.

Die 68er, so schien es, hatten das Dorf nie erreicht. West-Berlin, Brennpunkt der Bewegung, war ein anderer Planet. Buxtehude, die nächste Kleinstadt, war sieben Kilometer weit weg, wir gingen dort zur Schule, doch es war eine andere Welt. Das Dorf ein eigener Kosmos. Migranten gab es keine, zumindest nicht mit ausländischen Wurzeln.

So wie die Landstraße den Ort in zwei Teile schnitt, war das Dorf gespalten. Die Alteingesessenen saßen im Gemeinderat, wo stets die CDU die meisten Stimmen hatte. Sie waren die Brahmanen des Ortes, gerierten sich, weil sie seit Generationen hier ansässig waren, als seien sie was Besseres. Sie hatten Geld, Ländereien und Macht. Zugezogene wurden nur wahrgenommen, wenn sie ein Haus gekauft hatten. Und selbst dann gehörten sie nie richtig dazu. Was war schon ein Neubau gegen einen weitverzweigten Stammbaum von Dorfbewohnern?

Wer gemietet hatte, womöglich ein Reihenhaus, war Gast auf Durchreise. Kastenlose, die nicht ernst genommen wurden. Niemand brachte ihnen Brot oder Salz zum Einzug. Oder ein Stillleben mit Blumen, wie es die Nachbarn meinen Eltern geschenkt hatten und das bei uns jahrelang im Flur hing.

Als ich Jahrzehnte später das Buch »Etablierte und Außenseiter« von Norbert Elias las, erkannte ich unser Dorf. Elias hatte die Menschen einer englischen Vorortgemeinde, die er »Winston Parva« nannte, zwei Jahre lang beobachtet. Auch hier fühlten sich »die alten Familien« besser, hielten sich für »Menschen von höherem Wert«.

Überhaupt fand ich vieles, was ich in dem Dorf beobachtet hatte, in Büchern wieder. Wie eine Patientin, die nach Jahren des Schmerzes die Diagnose erfährt und das als Erlösung empfindet.

Das Schützenfest im Sommer war der Höhepunkt des Jahres. Fahnen, Wimpelketten und Girlanden flatterten von hölzernen Torbogen. Die Haustüren waren mit Tannengrün geschmückt. Pappschilder grüßten: »Ein Hoch dem Schützenkönig« oder »Glück und Segen zum Einzug«. Die Schützenbrüder und Schützenschwestern (jawohl, seit 1975 durften die Jungschützinnen im Hauptverein schießen. Nur ein Mann hatte dagegen gestimmt) marschierten im Takt zu »Preußens Gloria« durchs Dorf. An ihren Joppen klimperten Ordensketten, silbernes Eichenlaub zierte die Kragen. Das Scheppern der Becken, die Bläser und Querflöten, die hellen Glocken der Lyren kündigten die Schützen schon von weitem an. Die Leute aus dem Ort standen am Straßenrand und jubelten.

Bei der Lokalzeitung, für die ich Jahre später oft über Schützenfeste schrieb, fasste ich die Musik gerne mit einem Wort zusammen: »Tschingderassabum«. Oder erlaubte mir den Satz: »Marschmusik schepperte«. Das war kurz und ungerecht. Der Spielmannszug war ein gut eingespieltes Orchester, doch mich, die als Teenager stundenlang »Sleeper in Metropolis« von Anne Clark hörte, beleidigte das selbstgewisse Stampfen der Marschmusik, weil es meinen Weltschmerz verhöhnte. Genau wie die ungenierte Ausgelassenheit, mit der die Leute im Festzelt Schlager grölten. Die Schützen, die zu später Stunde und auch schon vorher durchs Dorf wankten, betrunken und bewaffnet, waren mir unheimlich. Auch wenn meines Wissens nie was passierte.

Das Schützenfest schaffte es sogar mal in den »Tatort«. Manfred Krug sollte als Kriminalkommissar einen mysteriösen Unfall im Hamburger Umland aufklären. Eine Frau war totgefahren worden. Im Wald. Am Tatort, das zerbeulte Rad im Blick, klärte ihn der Streifenpolizist über die hiesigen Verhältnisse auf: »In Apensen ist Schützenfest.«

»Oh je«, seufzte Krug. »Und dann wird hier besoffen gefahren, meinen Sie?«

»Bei jedem Schützenfest steigt die Unfallquote an«, so der Streifenpolizist. Krug: »Das ist in der Gegend sowas wie Ausnahmezustand. Bloß anders rum. Alles ist erlaubt.« Volltreffer.

Es gab Dinge, die ich erst Jahre später begriff. Wenn »der liebe Heinz«, Kartoffelgroßhändler, Bauer, Altbürgermeister, Kreistagsabgeordneter, in Gummistiefeln und jägergrünem Pullover durchs Dorf schritt, grüßten die Leute ihn ehrfürchtig. Ich glaube, wenn es noch Mode gewesen wäre, hätten Männer ihre Hüte gelüftet und die Frauen vor ihm geknickst. »Der liebe Heinz« sah mit seinem runden Gesicht und den leicht abstehenden Ohren auch wirklich nett aus.

Dass er im Zweiten Weltkrieg Mitglied der Waffen-SS gewesen war – kein Thema. Er war doch ein Urgestein, hier geboren, hier aufgewachsen, hier geblieben. Und es hatten doch damals so viele mitgemacht. 1932, als das Volk den Reichstagspräsidenten direkt wählen durfte, stimmten im Landkreis Stade weit über 50 Prozent für Adolf Hitler. Und auch ein paar Monate später, bei den Reichstagswahlen, wählte in einigen Orten jeder Zweite NSDAP.

1968 – als Studenten auf die Straße gingen und gegen den Muff von 1000 Jahren protestierten – ließ sich »der liebe Heinz« über die Liste der NPD in den Kreistag wählen. 1970 trat er in die CDU ein.

Mir begegnete »der liebe Heinz« erst im Jahr 2000 wieder, das Dorf hatte ich längst verlassen, als er das Bundesverdienstkreuz bekam. Auf Vorschlag der CDU. Weil er so viele Radwege in der Gemeinde gebaut hatte. Im Bundespräsidialamt hatte man sich auf die dürren Angaben in seinem Lebenslauf verlassen. Als die Presse berichtete, im In- und Ausland, verteidigte sogar der Dorfpastor »den lieben Heinz«.

Auch Sozialdemokrat Siegmar Gabriel, damals Ministerpräsident von Niedersachsen, fand nichts dabei, einen ehemaligen SS-Mann mit dem Bundesverdienstkreuz auszuzeichnen. Er sei ja nun Mitglied in einer demokratischen Partei. Also steckte der Landrat Heinz Eckhoff das Bundesverdienstkreuz ans Revers. Im Rathaus des Dorfes. Unter Polizeischutz.

Der Jüdische Weltkongress schrieb vom »Schandfleck für Deutschland«. Die Menschenrechtsaktivistin Irmela Mensa-Schramm, die, mit Bürste und Lösungsmittel bewaffnet, antisemitische und rassistische Schmierereien in ganz Deutschland von Gemäuern schrubbte, gab ihr Bundesverdienstkreuz aus Protest zurück.

Den »lieben Heinz« focht das nicht an.

Und dann war da noch der Mann aus dem Nachbardorf, der den Holocaust leugnete, Rudolf Heß für einen »Märtyrer des Friedens« hielt und ein Buch darüber geschrieben hatte. Angeblich hatte er einen Papagei namens Laura, der darauf abgerichtet war, »Heil Hitler« zu krächzen.

Darüber redete man nur hinter vorgehaltener Hand. Michael Kühnen und Christian Worch, später bekannte Neonazis, gingen bei ihm ein und aus. Er war eine richtige Berühmtheit in der Neonaziszene, stand dauernd wegen Volksverhetzung oder Aufstachelung zum Rassenhass vor Gericht und in der Zeitung. Die Richter des Landgerichts Stade zeigten sich gnädig, hielten sein Flugblatt, auf dem stand: »Das Lügenmachwerk Holocaust stammt aus der Giftküche des Juden Green«, nicht für Volksverhetzung und sprachen ihn frei.

Vielleicht fanden die Leute es deshalb halb so wild. Aber was soll man auch mit solchen Typen machen? Sie zur Rede stellen, ihnen widersprechen und riskieren, dass ihre rechten Freunde anrücken, den Hund vergiften, Reifen zerstechen oder Schlimmeres?

Nein, das war kein Dorf von Alt- und Neonazis. Das wäre ungerecht und übertrieben, und vielleicht sehe ich Gespenster. Aber ich frage mich, woher die gehässige Neugier kam, mit der sich die Leute gegenseitig belauerten? Diese ausgeprägte Missgunst, der Neid, der Hang, schlecht über andere zu reden. Diese ausgeprägte Menschenfeindlichkeit, der Wunsch, andere herabzusetzen.

Einer Zugezogenen, die gut aussah, mit Mann und zwei Kindern in einem großen Haus wohnte, Sportwagen fuhr, dichteten die Nachbarn eine Vergangenheit als Prostituierte an. Die Sache schlug hohe Wellen, weil die Nachbarin, die das Gerücht in die Welt gesetzt hatte, eine Unterlassungserklärung unterschreiben musste. Sie habe wohl ein Glas zu viel getrunken, verteidigte sie sich. Der Teufel Alkohol also.

Was wäre gewesen, wenn sich die Beschuldigte keinen Anwalt hätte leisten können? Sie hätte wegziehen, ihr Haus verkaufen müssen. War das am Ende das Ziel?

»Zuerst bringt man eine Lüge in Umlauf, und wenn der Ruf des Opfers erst einmal zerstört ist, versetzt man ihm den Todesstoß«, mahnte Papst Franziskus im Sommer 2018 in seiner Frühmesse. Ich bin nun wahrlich kein Mitglied seines Fanclubs, aber er hat recht, wenn er sagt: »Diktatur beginnt mit Rufmord.«

Die Gewalt der Lüge wirkt noch heute, vier Jahrzehnte später. Neulich, als ich mit einer Person aus dieser Zeit sprach, meinte sie über die Sportwagenfahrerin, die sei doch Prostituierte gewesen. Die Sache mit der Unterlassung war ihr entgangen. Und selbst, als ich ihr davon erzählte, schien sie nicht überzeugt. Sie denkt vermutlich, was Leute so denken: Wo Rauch ist, ist auch Feuer. Wird schon was dran sein, von nix kommt nix.

Die Leute im Dorf schienen sich darüber zu freuen, wenn andere scheiterten. Wie die Eltern eines Schulkameraden, dessen Vater eine Affäre begann. Sie trennten sich, zogen weg. Das große Haus, ein futuristisch anmutender Bau, der den Dorfbewohnern ohnehin immer suspekt gewesen war, musste verkauft werden.

Ausnahme war der Polizist. Seine Uniform flößte den Nachbarn Respekt ein. Bis in der Bildzeitung zu lesen war, dass der Herr Kommissar seine private Post angeblich durch die behördliche Frankiermaschine geschickt hatte. Seine Kollegen hatten verräterische Briefumschläge kopiert, ihn verpfiffen und die Geschichte der Presse gesteckt. Zwar grüßten die Leute ihn weiter freundlich, immerhin durfte man es sich mit einem Polizisten nicht verderben, doch hinter seinem Rücken ließen alle ihrer Schadenfreude freien Lauf.

In einem der Reihenhäuser, uns gegenüber, wohnte mal eine coole alleinerziehende Mutter, die Cabrio fuhr, Tochter und Sohn auf ein privates Gymnasium in Hamburg schickte. Irgendwann war sie leider wieder weg. Zurück nach Hamburg gezogen. Ich kann nur raten, warum.

Meine Eltern gaben sich viel Mühe, ihre arme Herkunft zu verschleiern. Mit weißen Hemden, Kostümen, Autos, einem großen Haus, Geschirr von Hutschenreuther, Perserteppichen, Kronleuchter. Mein Vater strich den Beruf von Helene, die mich als »Putzfrau« beim Standesamt angemeldet hatte, aus meiner Geburtsurkunde, bevor er sie in der neuen Schule vorlegte. Er wurde fuchsig, wenn ich Messer und Gabel »falsch« hielt. Das Messer links, die Gabel rechts. »Ich halte das Besteck so, wie ich am besten essen kann«, motzte ich, wenn er mich ermahnte: »Was sollen später die Leute von dir denken bei Geschäftsessen oder in der Öffentlichkeit?«

»Was die Leute von mir denken, ist mir egal«, gab ich zurück. Im Bücherregal stand Freiherr von Knigge stramm. Als

Teenager machte ich mich über all das lustig. Warum sollte ich Messer und Gabel nicht anders halten, so wie Kinder heute mit dem Füller in der linken Hand schreiben lernen dürfen? Heute weiß ich: Meine Eltern inszenierten dieses Theater, weil wir es besser haben sollten. Ohne je »Die feinen Unterschiede« von Bourdieu gelesen zu haben, wussten sie: Aufsteiger müssen die Regeln kennen. Sie hatten es schmerzlich erfahren. Erfuhren es noch. So wie am Geburtstag meiner Mutter, als eine Nachbarin meine Mutter zurechtwies: »Man serviert nicht Fisch und Fleisch, sondern nur eines von beiden«, sagte die Nachbarin, eine blonde Frau, die stolz darauf war, dass ihr Mann im Bauamt arbeitete. »Das hast du falsch gemacht«, schob sie hinterher wie eine Jägerin, die zum Fangschuss ansetzt, um dem verwundeten Wild den Garaus zu machen.

Meine Mutter hatte zwei Platten serviert. Eine mit Fisch, die andere mit Fleisch. Garniert mit Gemüse. Stunden hatte sie in der Küche gestanden. Den Tisch gedeckt und dekoriert.

Einen Moment lang war es still im Wohnzimmer, bevor Frau H. – die den meisten Respekt genoss – meine Mutter in Schutz nahm. Das ging nun selbst den Landfrauen zu weit, obwohl sie sonst nicht zimperlich waren.

Und wieder fand ich Trost und Erklärung in Büchern. Leon Festinger half mir mit seiner »Theorie des sozialen Vergleichs« zu verstehen, welcher Teufel die Frau geritten haben musste. Sie wollte der Runde mitteilen, dass sie die patentere Hausfrau sei. Einfach, um sich überlegen und besser zu fühlen.

»Abwärts gerichteter Vergleich« nennen Sozialpsychologen das. In seiner harmlosen Form hilft er Menschen, sich besser zu fühlen. Wenn Kranke sich mit dem Los Schwerkranker trösten: Im Vergleich zu dem geht es mir doch gut. Die üble Variante nährt das Böse in uns. Wenig schmeichelhaft, aber leider wahr: Andere niederzumachen ist beglückend. Das Belohnungssystem im Hirn springt an. Auf dem abschätzigen Blick nach unten gedeihen Rassismus, Sexismus, Mobbing. Er ist die Wiege von Ausgrenzung, der Erzfeind von Solidarität, Vater des Wortes »Untermensch«.

Im Übrigen bin ich keinen Deut besser. Mein Blick zurück im Zorn ist einer herab auf diese vermeintlichen Dorfdeppen. Ich fühle mich ihnen überlegen, während ich diese Zeilen in den Laptop hacke. Endlich, endlich fühle ich mich gut, wenn ich an diese Zeit denke. Dass die Frauen und Männer gefangen waren in ihrer Erziehung, vergesse ich gerne. Dass sie den Druck an ihre Kinder weitergaben, die Angst vor dem Abstieg, dass auch sie letztlich Gefangene waren – geschenkt.

Der Groll sitzt zu tief.

Vater erschießt Sohn

Da war die Sache mit Ruben. Wir waren zusammen zur Schule gegangen, hatten uns angefreundet. Er wohnte am anderen Ende des Dorfes. Ein netter Kerl, dunkelblondes Haar, blaue Augen, spitze Nase. Ich bändelte mit seinem Freund Pickel an, harmlos, wir waren zwölf, 13, an der Schwelle zu Teenagern. Ruben war eifersüchtig, aber wir vertrugen uns wieder, verloren uns aus den Augen, als das Schulsystem uns nach der sechsten Klasse trennte. Ein paar Jahre später trafen wir uns wieder. Ruben hatte eine Lehre als Maschinenschlosser angefangen, besuchte mich zu Hause, saß mir im Korbsessel gegenüber, wir tranken Tee. Ruben erzählte, dass er mit seinem »Alten« nicht klarkäme. Dauernd Streit, wie bei mir. Wir klagten uns gegenseitig unser Leid. Sein Vater war Berufssoldat, legte sich gerne mit Vorgesetzten an. Anderthalb Jahre später, ich weiß das so genau, weil Ruben damals in mein Gästebuch schrieb, war er tot.

Es war Sonntag. Uwe kam gegen Mittag in mein Zimmer gerannt. Atemlos. Aufgelöst. Ich lag noch im Bett, döste, hörte Musik. »Ruben ist tot. Sein Vater hat ihn erschossen. Gestern Abend.«

»Du spinnst.«

Am Abend vorher war ich mit Strolchi in der Dunkelheit draußen gewesen. Auf der Hauptstraße, die den Ort teilte, war ein Rettungswagen mit Blaulicht an uns vorbeigefahren. Ich hatte mich noch gewundert.

»Sein Bruder musste alles mitansehen.«

»Mach keine Scherze.«

»Das ist kein Scherz.«

Uwe setzte sich auf meine Bettkante. Er war früh aufgestanden, hatte vor einiger Zeit einen Job als Zeitungsverkäufer angenommen. Stand sonntags auf dem Parkplatz vor der Kirche, verkaufte »Bild« und »Welt am Sonntag«. Wenn er keinen Bock mehr hatte, weil sich die Zeitungen nur schleppend verkauften oder es zu kalt war, ging er in die Kneipe zum Billardspielen. »Die Bildzeitung ist im Dorf unterwegs. Zwei Typen«, sagte Uwe. »Sie haben mich gefragt, aber ich habe nichts erzählt.«

»Hauptfeldwebel erschoss Sohn, weil er den Fernseher anmachte«, titelte die Bildzeitung am nächsten Tag und schilderte die Tragödie. Auch »Die Welt« berichtete. Ruben und sein jüngerer Bruder hätten sich den Western »Ein Fressen für die Geier« mit Clint Eastwood angesehen. »Zwischen dem 18-Jährigen und seinem Vater kam es zu Handgreiflichkeiten. Dabei wurden mindestens vier Schüsse aus der Waffe abgefeuert. Von einem Oberkörperdurchschuss schwer verletzt, schleppte sich der junge Mann auf den Flur und brach dort zusammen. Unterdessen hatte der Vater seine italienische Pistole nachgeladen. Polizeisprecher Fritz John: ›Der Mann hielt mit den Worten: ›Jetzt ist genug‹ den Lauf der Waffe an den Kopf des Jungen und drückte ab.‹« Danach richtete Rubens Vater die Waffe gegen sich selbst.

Zwei Tage später erschien im »Spiegel« ein Artikel über Rubens Vater. Der Bericht war vor der Katastrophe geschrieben worden. Der Redakteur beschrieb den Kampf zwischen Rubens Vater und seinen Vorgesetzten bei der Bundeswehr, die systematisch gegen Dienstvorschriften verstießen. Der künftige Kommandeur parkte seinen Privatwagen vor der Kaserne mitten im Weg. Im Dienst wurde gebechert. Ein Oberstleutnant hatte sich von Untergebenen während der Dienstzeit einen Hochsitz für seine private Jagd bauen lassen. Sogar an den damaligen Verteidigungsminister Wörner hatte Rubens Vater geschrieben und sich beschwert. Er kämpfe »wie einst Michael Kohlhaas um seine beiden Rösser – mit unerschütterlichem Eifer bis hin zur Selbstaufgabe und oft genug außerhalb ausgetretener Dienstpfade«, zeichnete der »Spiegel« das Bild eines Whistleblowers, den die Bundeswehr kaltgestellt hatte. Als andere Medien den Bericht aufgriffen und bei der Bundeswehr wegen der Tragödie nachfragten, betonte der Presseoffizier, dass es sich bei der Tatwaffe »nicht um eine Dienstwaffe« gehandelt habe. Mit anderen Worten: Mit der Bundeswehr hatte das alles nichts zu tun. Natürlich nicht.

Die Kirche war voll, als Ruben zusammen mit seinem Vater beerdigt wurde. Die Worte des Pfarrers rauschten an mir vorbei. Ich fühlte mich taub, völlig taub. In mein Tagebuch schrieb ich kein Wort über das, was geschehen war. Mir fehlten die Worte.

Eine unserer Nachbarinnen, Mutter zweier Kinder, die kurz vorher mit dem dritten Kind eine Totgeburt erlitten hatte, sagte zu meiner Mutter: »Da wird bald billig ein Haus frei.«

Ich träumte schlecht. Mein Vater war Sportschütze gewesen. Auch wenn er nicht mehr im Schützenverein schoss, stand sein Gewehr noch immer im Schlafzimmer hinter der Tür. Damit hatte er den Vogel erschossen. Die Patronen bewahrte er bei den Schnapsflaschen in der Eichenschrankwand im Wohnzimmer auf. Keine Ahnung, ob Uwe auch Alpträume hatte. Wir redeten nicht darüber. Aber wir wussten nun, es gibt Väter, die ihre Kinder töten. Nicht im Fernsehen. In unserem Dorf.

Im Brautkleid in die Jauchegrube

Trost fand ich bei Helene in Bremen, ich war oft bei ihr, an Wochenenden, in den Ferien. Wir fuhren mit der Straßenbahn, gingen ins Focke-Museum, sahen uns eine Ausstellung über alte Kleider an. Abends saßen wir auf dem Sofa. Helene erzählte mir Geschichten über unsere Familie. Wie die ihrer Großmutter Anna Margarete von Bassen, die keine Adelige gewesen war, sondern Tochter eines Landarbeiters. Im Suff, so erzählte Helene, hatte ihr Vater Hinrich sie Rulf versprochen, dem Köter und Kleinbauern, der eine Kate in der Wesermarsch besaß. Womöglich war das Kalkül, bedeutete gesellschaftlichen Aufstieg. Anna war unglücklich, wollte Rulf nicht heiraten. Sie sprang im Brautkleid in die Jauchekuhle. Hinrich kannte kein Erbarmen. Anna musste sich umziehen und zum Standesamt, wo der ungeliebte Bräutigam auf sie wartete. Das war im Mai 1862 gewesen. Anna Margarete war 20 Jahre alt, ihr Mann 28. Als sie starb, war Helene vier Jahre alt gewesen.

Helene erzählte mir vom Krieg. Wie sie im Luftschutzbunker gezittert hatte, das Baby, das meine Mutter werden sollte, im Arm, die Buben dicht an sich gedrückt. Von den Mauern, die unter dem Bombenhagel bebten. Von den Sirenen, die sie noch im Alter nicht hören mochte. Von ständiger Todesangst, selbst wenn ein Bombenangriff vorbei war, weil mit dem nächsten zu rechnen war, meist in der Nacht, wenn sie versuchte zu schlafen, in Kleidern, hochschreckte beim kleinsten Laut, immer auf dem Sprung. Wie sie die Fenster mit Decken abhängte, damit die Flieger das Licht nicht sehen konnten. Von den »Tannenbäumen« am Himmel, kurz bevor die Bomben fielen, weil die Leuchtraketen den Fliegern den Weg wiesen. Wie sie ausgebombt wurde, von ihrer Wohnung nur noch Mauern standen und sie nach Delmenhorst zu ihrer Mutter floh. Durch die Straßen rannte, mit den Kindern, alles verloren, nur die Kleider am Körper, vorbei an Flammen und Trümmern, verkohlten Leichen.

Helene wusste, wer ihr das eingebrockt hatte. »Der Scheiß-Hitler.« Er war schuld, dass sie und ihre Kinder hungerten. Dass sie Essen klauen ging. Einmal in einer Klinik einer Krankenschwester, die mit einem Tablett voller Brötchen vorbeikam, das Tablett aus den Händen riss, weglief, froh war, dass sie ihre Kinder füttern konnte. Dass sie hamstern, kilometerweit laufen, bei den Bauern betteln musste. Sie zeigte mir das Foto eines Verwandten: ein junger Mann, 18, höchstens 20 Jahre alt. Er war an Mangelernährung gestorben. »Ich habe so geweint«, sagte sie und wurde still, während sie auf das Foto schaute. Im Krieg hatte sie Karten gelegt, vorausgesagt, wer von den Männern an der Front zurückkehren würde. Sie schwieg, wenn die Karten den Tod prophezeiten. Kartenlegen war verboten, aber sie bekam dafür Essbares. Nie habe sie sich getäuscht, behauptete Helene. »Ich konnte das gut, sehr gut.«

Später, als ich älter war und wissen wollte, wie das war mit den Juden, beschönigte sie nichts: »Wir waren alle keine Helden. Das mit den Juden haben wir gewusst.«

Aus Helenes Erzählungen lernte ich: Krieg ist furchtbar. Er wird auf den Rücken der Menschen ausgetragen. Es gilt ihn zu verhindern. Unbedingt. Dass mich noch nie ein Argument für Krieg überzeugt hat, weder im Kosovo noch in Afghanistan, verdanke ich ihr.

Die Bombardierung Belgrads ohne UN-Mandat, bei der 500 Zivilisten starben, war schlicht ein Kriegsverbrechen. In

Afghanistan ging es nie um Menschen- und Frauenrechte, wie John Bolton, Ex-Sicherheitsberater im Weißen Haus, kürzlich zugab. Dem Redaktionsnetzwerk Deutschland sagte er: »Es ging in Afghanistan um Sicherheitsinteressen der USA und des restlichen Bündnisses, Punkt.« Die Deutschen hatten nicht den Schneid, den Amerikanern im »Kampf gegen den Terror« die Gefolgschaft zu verweigern. Um Bin Laden zu töten, hätte es keinen Einmarsch internationaler Truppen gebraucht.

Anstatt Drogen und Korruption zu bekämpfen, hat die Nato in Afghanistan auf Warlords gesetzt, die im Drogenhandel verstrickt waren. Nirgendwo auf der Welt wird so viel Opium, also der Rohstoff für Heroin, angebaut wie in Afghanistan. »In der Provinz Badachschan heuerte die Bundeswehr eine örtliche Miliz mit Verbindungen in den Drogenhandel als Schutztruppe an«, schreibt Thomas Ruttig, Co-Direktor des Afghanistan Analysts Network, im »Tagesspiegel«. »Auch am ersten Bundeswehrhauptstandort Kundus kungelte man mit dem örtlichen Gouverneur und Warlord, der ein noch größerer Akteur im Drogenhandel war. Die Truppe patrouillierte durch blühende Opiummohnfelder, besaß aber kein Mandat, diese zu zerstören, während in Berlin Reden über die Bekämpfung des Drogenhandels gehalten wurden … Folglich stieg Afghanistans Produktion des Heroin-Rohstoffs Opium unter den Augen der Nato in immer neue Höhen.«

Mit anderen Worten: Der Westen subventionierte den Drogenanbau – obwohl Drogen eine der Haupteinnahmequellen der Taliban sind. Wären die Schlafmohnfelder, die sich auf über 200 000 Hektar erstrecken, vernichtet worden, hätten die Truppen der Welt wirklich einen Dienst erwiesen. Und den Taliban den Geldhahn abgedreht. Nun werden die »Drogen für die Welt« auch in Zukunft aus Afghanistan kommen und Menschen töten. Menschen wie Uwe.

Ehe in Alarmstimmung

Aber ich schweife ab. Zurück zum Dorf. Die Geschichten wiederholten sich, wenn auch nicht so schlimm wie bei Artur und Helene, aber sie wiederholten sich. Mein Vater schlug meine Mutter. Im Sommer fuhren wir fast jedes Jahr nach Spanien ans Meer. Mit dem Auto, weil Strolchi dabei war. Einmal hatten wir ein Apartment in einem Hochhaus in Benidorm gemietet. War es der achte, zehnte oder zwölfte Stock? Ich habe es vergessen. Die Wohnung lag so weit oben, dass man durch die Häuserschluchten das Meer sehen konnte. Ich war 16, Uwe 13. Wenn ich abends in die Disco gehen wollte, musste ich Uwe mitnehmen. Das war die Bedingung. Ich war genervt. Doch mir blieb nichts anderes übrig. Also ging ich mit meinem Bruder, der locker drei Köpfe kleiner war als ich, im Schlepptau in die Disco. Uwe nahm seinen Job ernst. Er war der perfekte Bodyguard. Wenn ich zur Toilette ging, wartete er draußen. Wenn ich tanzte, lauerte er an der Tanzfläche. Wir plauderten mit zwei Engländerinnen, blonde Frauen, die sich ihre Minikleider mit der Schere selbst zurechtgeschnitten hatten, was die ausgefransten Ränder des Stoffes verrieten. Sie lobten unser Englisch und wir freuten uns.

Als wir abends ins Apartment zurückkehrten legten wir uns schlafen. Irgendwann in der Nacht wachte ich auf. Unsere Eltern stritten. Mein Vater schlug meine Mutter. Es war fürchterlich. Uwe und ich lagen in unseren Betten, hatten die Decken über unsere Köpfe gezogen. Ich weiß nicht, was Uwe empfand.

Ich hatte panische Angst. Angst, dass mein Vater meine Mutter aus dem Fenster werfen würde. Und uns hinterher. Nach einer gefühlten Ewigkeit beruhigte sich mein Vater wieder. Meine Mutter wimmerte. Wir Kinder waren still.

Am nächsten Morgen verlor keiner von uns ein Wort über das, was in der Nacht geschehen war. Das Gesicht meiner Mutter war verquollen. Wir redeten nicht, als wollten wir das Geschehene durch unser Schweigen ungeschehen machen. Uwe und ich gingen abends in die Disse. Als wäre nichts geschehen. Als Teenager waren wir nur im Urlaub Verbündete, waren uns nahe, hatten Spaß.

Wieder zu Hause waren wir stille Konkurrenten, sahen zu, jeder für sich, dass wir durchkamen. Ich durch Protest. Uwe durch Anpassen und Schweigen. Er fraß alles in sich hinein, so scheint es mir heute, und ich bereue, dass ich kaum mit ihm geredet habe.

Wir waren ja nicht die einzige Familie, in der es dieses Geheimnis gab. Dirk Elsner wohnte mit seinen Eltern in einem Reihenhaus. Zugezogene, zweite Klasse. Im Tagebuch lese ich, was ich längst vergessen hatte: »Pickel erzählte mir, dass Dirks Eltern fast jeden Abend betrunken sind. Dirks Vater schlägt seine Mutter. Sie war schon zwei Mal im Krankenhaus. Die Bullen waren auch schon da. Dirks Vater haute ab, kam nach zwei Tagen wieder. Einmal wollte er Dirk morgens zur Schule abholen. Da saß seine Mutter da, das Glas noch in der Hand, der Koffer stand neben ihr …« Streitigkeiten unter Eheleuten. Privatsache. Selbst schuld.

»Der Alte hat Mama geschlagen«, schrieb ich ins Tagebuch. »Sie hat einen riesigen blauen Fleck an der Rippe. Sie vertrugen sich aber wieder. Dann hat er sie heute Morgen mit der Zeitung geschlagen. Ich hatte meine Apfelsine noch nicht ganz aufgegessen, den Rest warf ich in seine Richtung. Das Ding landete auf seiner Zeitung. Wenn er Mama noch mal schlägt, tut mir die Windschutzscheibe seines schönen Mercedes leid. Dann knall ich ihm einen Stein rein.«

Mich erschreckt, wie aufmüpfig ich war, wie rotzig mein Ton. Das waren aber leere Drohungen. Nie hätte ich gewagt, mich am Auto meines Vaters zu vergreifen, geschweige denn an anderen Autos. Eigentlich war ich ein braves Mädchen, nur völlig verunsichert durch das, was immer wieder passierte.

Was macht es mit Kindern, die mitansehen müssen, dass der Vater die Mutter schlägt? Die sehen, dass im Elternhaus, das Sicherheit und Geborgenheit geben soll, nicht mal die Mutter sicher ist? Wir hatten Angst. Fühlten uns hilflos. Schämten uns, ja, auch das. Ich wurde traurig. Uwe zog sich zurück, tat, als sei nichts gewesen, war friedlich und freundlich. Uwe litt still vor sich hin.

Heute frage ich mich, warum wir uns nicht zusammentaten. Doch was hätten wir schon ausgerichtet?

Jeden Samstag fuhr mein Vater sein Auto in die Waschanlage, meine Mutter mähte den Rasen. Damit alles ordentlich aussah. Mein Vater schlug meine Mutter mit Händen, mich mit Worten, Uwe misshandelte er, indem er ihm alles abnahm und ihm den Eindruck vermittelte, nichts zu können.

Ich kriege Kopfschmerzen, wenn ich die alten Tagebücher durchgehe. Vergiftete Jugend. Ich schütte dieses Gift jetzt in dieses Buch, sperre es zwischen Buchdeckel, damit es mich loslässt. Für Uwe kommen alle meine heutigen Erkenntnisse zu spät.

Mein Busen wuchs, mich erfüllte das mit Panik. Der Weg vom Kind zur Frau war mir unheimlich. Nie wieder habe ich mich in meinem Körper so unwohl gefühlt. »Kuh Elsa« nannte mein Vater mich, wegen »meines Euters«. Und alle lachten. Mein Vater, meine Mutter, Uwe. Mein Vater versuchte einen

Keil zwischen mich und meine Mutter zu treiben. »Guck mal, wie hübsch deine Mutter ist«, sagte er oft zu mir. Was bezweckte er damit?

Wie gut, dass das Netz immer ein paar Antworten von klugen Menschen parat hat: »Narzisstische Eltern kontrollieren, greifen an, würdigen herab. Sie tun alles, um die Oberhand zu behalten … Tochter oder Sohn als Konkurrent, ja als Feind wahrzunehmen, das kann nur ein Narzisst«, schreibt die Verhaltenstherapeutin Ulla Coulin-Riegger auf »Spiegel-Online«. »Kinder narzisstischer Eltern … sollen klein bleiben, weniger schön, weniger klug, weniger erfolgreich als Mutter oder Vater.« Und weiter: »Die Kommunikation« mit einem narzisstischen Elternteil sei »immer ein Zweikampf, das Kind dabei stets der Verlierer«.

Vater schrieb Uwe einmal den Deutschaufsatz, weil Uwe keine Lust dazu hatte. »Du schreibst wie ein Erwachsener«, setzte der Lehrer unter den Aufsatz. »Verwöhnen ist wie eine Droge«, sagt die Pädagogin Beate Letschert-Grabbe. Alles, was Eltern einem Kind »abnehmen, kann es nicht lernen. Es muss sich … nicht anstrengen.« So war es bei Uwe. Er lernte nicht, für sich selbst zu kämpfen, Risiken einzugehen. Auf Entdeckungsreise zu gehen, mal zu gucken, wofür es lohnen könnte, sich anzustrengen.

Die Sache mit den Hanfkörnern

Auf die Frage, warum Uwe drogensüchtig wurde, ich aber nicht, gibt es womöglich eine simple Antwort. Als ich 15 war, kamen meine Freundin Gesine und ich auf die Idee zu kiffen. Irgendwie schien das was Tolles zu sein. Unsere Lehrer und Lehrerinnen sollten nur reden, wie gefährlich das sei. Die hatten ja sowieso keine Ahnung vom Leben.

Allerdings wussten wir nicht, woher wir in Buxtehude Gras bekommen sollten. Gesine hatte gelesen, dass man Vogelfutter mit Hanfkörnern mischt. Also kauften wir Vogelfutter bei Woolworth und sortierten den Hanfsamen bei Gesine aus. Es dauerte lange. Wir saßen in Gesines Zimmer, mischten Körner in Tabak, rauchten. Es stank und schmeckte fürchterlich. Aber das gestanden wir uns nicht ein, taten cool. Die übrigen Körner füllte ich in eine alte Fisherman's-Friends-Dose, steckte sie in die Tasche meines Fohlenmantels, den ich meiner Mutter abgeschwatzt hatte. Damals trugen wir Pelzmäntel, vor allem Persianer, ohne einen Gedanken an die armen Tiere zu verschwenden.

Ein paar Tage später war ich zu Besuch bei zwei Schulkameraden. Als ich den Mantel auszog und über einen Stuhl warf, schepperte die Dose auf den Boden, der Deckel klappte auf, und unsere Hanfmischung rollte über den Fußboden. Thomas, ein Typ aus unserer Schule, bekennender Kiffer, war begeistert. Ob ich ihm »das Zeugs« verkaufen könne, fragte er. »Klar.« Insgeheim feixte ich. Thomas war ein Typ, der gerne den Überlegenen herauskehrte, aber seine Begeisterung für meine Hanfkörner verriet, das er nicht die geringste Ahnung hatte. »Vier Mark und die Dose gehört dir«, sagte ich. Er schlug ein. Ich war froh, den Mist gewinnbringend loszuwerden.

Am nächsten Tag kam Henning in der großen Pause zu mir, wollte Körner kaufen. Nach Henning kam Toni. Mein Deal hatte sich herumgesprochen. Marion, ein Mädchen mit blonder Naturkrause, die als erfahrene Kifferin galt, meldete Zweifel an der Qualität meiner Ware an. »Das ist doch die Saat«, sagte sie zu Toni. »Erst wenn aus der Saat eine Pflanze wird, haben die getrockneten Blätter eine berauschende Wirkung.« Sie hatte recht. Doch Toni widersprach: »Ich habe das Zeugs geraucht, es geht mir super.«

Mir war mulmig zumute. Die Sache war mir über den Kopf gewachsen. Vor allem, als ich Tim, den Streber, vor dem Lehrerzimmer stehen sah. Er guckte mich so merkwürdig an. Wollte er mich verpfeifen?

Ich sagte meinen potentiellen Käufern ab, redete was von »Lieferschwierigkeiten«. Als mich nach ein paar Tagen niemand mehr ansprach, dachte ich, die Sache sei ausgestanden.

Gut acht Wochen später fanden meine Eltern eine Vorladung von der Kripo für mich im Briefkasten. Als meine Mutter mich zur Rede stellte, hatte ich wirklich keine Ahnung, was die Polizei von mir wollen könnte.

Die Hanfkörner hatte ich längst vergessen. Meine Mutter rief bei der Kripo an. Doch die Kripo gab ihr keine Auskunft. Ich sollte zur Vernehmung kommen. »Ich habe nichts gemacht«, tönte ich. Das Ganze musste ein Irrtum sein, der sich schnell aufklären würde. Als ich in mein Zimmer ging, hatte ich plötzlich dieses mulmige Gefühl. Die Hanfkörner. Das konnte doch nicht wahr sein. Oder?

Gerade war ein Zeitungsartikel in dem lokalen Anzeigenblättchen mit meinem Foto erschienen. Für »Werte und Normen«, einem Fach ähnlich wie Sozialkunde, hatten wir die Schüler und Schülerinnen nach ihren Drogenerfahrungen befragt. Ich hatte mich dabei besonders engagiert, den Fragebogen entworfen, die Antworten ausgewertet und die Mutter einer Freundin, die Lokalredakteurin war, für das Thema interessiert. Das Ergebnis gab Anlass zur Sorge: Die Schüler und Schülerinnen kifften fleißig. Und nun war ich, das Gesicht der Umfrage, die Dealerin. Die Schule hatte ihren Skandal.

Kurz darauf verließ ich das Haus, hatte in der Schule eine Geschichtskonferenz. Keine Ahnung mehr, worum es ging. Plötzlich stand mein Vater im Lehrerzimmer und wollte mich sprechen. Eine peinliche Situation. Ich war in einem Alter, in dem man ohne Eltern in der Öffentlichkeit auskommt, um möglichst erwachsen zu wirken. Meine Mutter hatte ihn im Büro angerufen und über die Vorladung informiert. Er war sofort nach Hause gekommen. Ich folgte meinem Vater nach draußen, hörte nur die Worte »Anzeige«, »Staatsanwaltschaft«, »Drogen«, »Dealerei«.

»Ich weiß von nichts«, log ich. Mein Vater versprach, die Sache zu klären.

Als ich zurück ins Lehrerzimmer ging, fühlte ich mich elend. Ich weiß nicht mehr, ob ich bis zum Ende durchhielt oder die Konferenz vorzeitig verließ. Nur noch, dass ich von einer Telefonzelle aus Gesine anrief. Ich heulte in den Hörer, hatte eine Scheißangst vor der Polizei und meinen Eltern. Wir verabredeten uns in der Stadt. Auf dem Weg dorthin traf ich Daniela, ein Mädchen, das ich für eine Freundin hielt, und zog sie ins Vertrauen. Sie schlug vor, zu Pastor P. zu gehen. Er genoss das Vertrauen vieler Jugendlicher. Tatsächlich war er im Pfarrbüro, ließ uns rein, hörte sich meine Geschichte an. »Ach«, sagte er, »da kommt nix bei raus.« Für ihn war das natürlich Kleinkram. Ob er meine Eltern anrufen könne, am Abend, wenn ich wieder zu Hause sei. Klar, versprach Pastor P.

Ich machte mich auf den Weg ins Freizeitheim, sprach mit Iris, der Erzieherin, erzählte ihr alles. Auch sie war nicht sonderlich beunruhigt. »Du musst höchstens zur Drogenberatung«, sagte sie. Während ich mit ihr sprach, stand mein Vater plötzlich im Café des Freizeitheims. Er war bei der Kripo gewesen, hatte nichts erfahren. Ich ging zu ihm. »Wir reißen dir doch nicht den Kopf ab«, sagte er. Er glaubte, dass ich mich nur wegen der Umfrage für die Schülerzeitung als Dealerin ausgegeben hätte. »Papa, das waren nur Hanfkörner«, versuchte ich ihm die Sache zu erklären. Seinen Blick werde ich nie vergessen. »Dann hast du also doch verkauft«, sagte er. Wir gingen nach draußen, stiegen ins Auto. Meine Mutter war mitgekommen, wartete auf uns. »Sie hat verkauft«, sagte mein Vater. Meine Mutter fing an zu weinen. Wohl nie wieder habe ich mich so schlecht gefühlt.

An die Fahrt habe ich keine Erinnerung mehr. Als wir zu Hause waren, rief Iris an. Auf sie war Verlass. »Ich habe Scheiße gebaut«, sagte ich zu ihr. »Ach was«, versuchte sie mich zu beruhigen. Mein Vater lauschte, wollte wissen, mit wem ich sprach und worüber. »Du steckst mit einem Fuß tief in der Scheiße und wirst dein Leben lang einen braunen Fuß behalten«, sagte er so laut, dass Iris es hören konnte. »Oh Gott, wie ist dein Vater denn drauf? Gib ihn mir mal.« Ich gab meinem Vater den Hörer. Iris redete mit ihm, was sie sagte, verstand ich nicht. Es nützte nichts. Meine Eltern ließen sich nicht beruhigen. Für sie stand fest: Ich hatte Drogen verkauft. Ich selbst war mir inzwischen nicht mehr so sicher, ob das, was wir gemacht hatten, nicht doch ein Verbrechen war.

Pastor P., der mir versprochen hatte, meinen Vater zu beruhigen, rief nicht an. Vielleicht wollte er, dass ich lernte, meine Angelegenheiten selbst zu regeln.

Am nächsten Tag in der Schule hatte ich das Gefühl, dass die Lehrer mich merkwürdig anguckten. Dass ich mir diese Blicke nicht nur einbildete, bestätigte ein Anruf von Gesine, deren Mutter mit einem Lehrer befreundet war. Er hatte ihr von der Anzeige erzählt. »Alle Lehrer wollen, dass du drankommst«, sagte Gesine zu mir.

Ich bemühte mich, meinen Eltern in dieser Woche alles recht zu machen. Deckte den Tisch, räumte den Geschirrspüler ein und wieder aus, machte das Bad sauber, wischte den Flur. Uwe war auf meiner Seite. Er war noch sehr jung, 12. Aber er hörte mir zu und glaubte, was ich ihm erzählte. »Das wird schon wieder«, tröstete er mich. Auch mein Vater schlug versöhnlichere Töne an. Zwar war er immer noch davon überzeugt, dass ich mit Drogen gehandelt hatte, aber er war in Kampfstimmung. »Wir besorgen dir den besten Anwalt der Stadt, der dich da raushaut.« Immerhin.

Nach einer Woche war es soweit. Mit meinen Eltern fuhr ich zur Kripo nach Buxtehude. Linoleumboden, schmutzig-gelbe Wände, Zimmerpflanzen, denen man ansah, dass ihr Flüssigkeitsbedarf falsch eingeschätzt wurde. Mit zittriger Stimme legte ich ein Geständnis ab. Zwei Polizisten hörten mir zu. Ihre Mienen kann man ohne Übertreibung als grimmig beschreiben. Ich bekam den Anpfiff meines Lebens. Den genauen Wortlaut habe ich vergessen, aber die Kripoleute wussten, wie man Teenager einschüchtert.

Gesine war nach mir dran. Ihr zeigten die Polizisten Drogen, die unter Glas in einer Schublade aufbewahrt waren. Zu Anschauungszwecken. Sie war davon allerdings weniger beeindruckt als ich.

Das Verfahren wurde eingestellt. Hanfkörner waren schon damals frei verkäuflich, gelten heute wegen Omega 3- und 6-Fettsäuren sogar als Superfood. Nicht nur für Vögel.

Ich hatte mich nicht strafbar gemacht.

Die Standpauke war rechtswidrig gewesen. Mit viel Phantasie hätte man sie als Gefährderansprache durchgehen lassen können. Allerdings hatten die Kripobeamten mich nicht belehrt. Dass ich das Recht hatte, die Aussage zu verweigern, wäre mir nie in den Sinn gekommen. Und auch nicht, dass ich mich nicht belasten musste.

Trotzdem bin ich den Kripomännern noch heute dankbar. Ich war jung, dumm, labil und neugierig. Gute Voraussetzungen für eine Drogenkarriere. Ich war in einem Alter, in dem mich die Polizei einschüchtern konnte. Noch. Ein Jahr später wäre das nicht mehr möglich gewesen. Und ich hätte womöglich aus Trotz …

Als kurz darauf echte Joints auf Feten kreisten, kam ich nicht in Versuchung. Ich fürchtete die Typen von der Kripo. Staatsanwälte, Staatsanwältinnen, Richter und Richterinnen waren sicher noch unangenehmer. Denen wollte ich auf keinen Fall begegnen. Was ich durchlitten hatte, war Strafe genug gewesen.

Bei Gesine hatten die Kripomänner dagegen nichts bewirkt. Sie fing danach an zu kiffen.

Meine Drogenerfahrungen beschränken sich noch heute auf zwei Züge aus einem Joint, an dem ich Jahre später, mit Ende 20, in der Dachwohnung einer Mitvolontärin zog. Der Geschmack war widerlich, genau wie der Geruch. Noch heute kann ich den Gestank nicht ausstehen.

Aber diese Episode aus meiner Jugend hat wohl dafür gesorgt, dass ich, anders als Uwe, nie Drogen angerührt habe. Es war eine unangenehme Erfahrung, aber vielleicht auch eine der wichtigsten meines Lebens. Sie hat mich vor Schlimmerem bewahrt.

Mein Ruf in der Schule war ruiniert. Heute frage ich mich, warum mich kein Lehrer, keine Lehrerin angesprochen hat. »Kerstin, was war da los?« Das wäre doch die Gelegenheit gewesen, über Drogen zu reden. Über den Unterschied zwischen Hanfkörnern und der Pflanze. Über den THC-Gehalt von Cannabis, härtere Drogen, die Frage, ob Cannabis als Einstiegsdroge taugt. Oder ob es schon mit Alkohol anfängt. Ich hätte von meinem Besuch bei der Kripo berichten können. Aber so war es bei uns im Dorf. So war es in der Schule. Man redete übereinander. Nicht miteinander.

Saufen und schrauben

Uwe wuchs zu einem stillen Teenager heran, begehrte nicht auf, machte sein Ding, schraubte an Autos, fuhr zum Rallycross. Gab ja auch kaum was, außer dem Schützenverein. Von Waffen fühlten Uwe und ich uns eher abgestoßen, gingen nicht mal zum Schützenfest. Uwe folgte einer Mode: Die Jungs im Dorf schraubten an Mofas, Leichtkrafträdern und später an Autos. Dabei tranken sie Bier. Schrauben und saufen. So verbrachten viele Jungs ihre Freizeit. Zwei meiner Bekannten starben bei Verkehrsunfällen, angeblich hatten sie getrunken. Kfz-Mechaniker war damals der Traumberuf vieler Jungen, ein echter Männerberuf. Uwe wollte Kfz-Mechaniker werden. Heute glaube ich, dass er vielleicht seinem Vater, der sich als Autonarr fast jedes Jahr einen neuen Wagen zulegte, gefallen wollte.

Mein Vater setzte eine Belohnung von 5000 Mark aus, um Uwe eine Lehrstelle als Kfz-Mechaniker zu besorgen. Er schaltete eine Anzeige in der Lokalzeitung. In den 1980er Jahren herrschte Lehrstellenknappheit.

Kaum war die Anzeige erschienen, stand das Telefon bei uns zu Hause nicht mehr still. »Sie Schwein«, sagte ein Mann ins Telefon und legte auf.

In der Schule war die Anzeige Gesprächsthema. Uwe blieb cool. Ihn schien das alles nicht zu tangieren. Die Chefredakteurin des lokalen Anzeigenblatts rief an, ließ sich von meinem Vater die Beweggründe schildern, schrieb einen Artikel über Lehrstellenknappheit und welche Blüten sie trieb. Ein Kfz-

Meister meldete sich. Seine Tochter suchte ebenfalls verzweifelt eine Lehrstelle. Die Männer einigten sich: Mein Vater besorgte der Tochter des Kfz-Meisters einen Ausbildungsplatz beim Anwalt. Der Meister nahm Uwe in die Lehre. Es floss kein Geld. Eine Hand wusch die andere. Uwe schien zufrieden.

Oder litt er still vor sich hin, zerbrach, ohne dass wir es merkten? Wie demütigend muss es sein, wenn man das Gefühl vermittelt bekommt, dass man alleine nicht klarkommt?

Ich habe Uwe nie gefragt. Wir waren Konkurrenten, konnten als Teenager wenig miteinander anfangen. Wir waren uns fremd geworden, genervt voneinander. Uwe verbrachte viel Zeit mit Ingo, einem Jungen aus der Nachbarschaft, der etwas jünger war. Die beiden waren wie Brüder. Er hing ab mit Jungen aus dem Kinderheim. Ich lief rum wie eine Punkerin, Uwe war Popper, gescheiteltes Haar, Karottenhose, Pullunder. »Wir Popper sind einfach schicker«, sagte er mal zu mir. Zum Glück kam er schnell wieder davon ab. Der Look passte auch nicht in die Werkstatt.

»Rück mir meine Gurke gerade.«

Das Leben war unerträglich zu dieser Zeit, nicht nur auf dem Dorf, auch sonst. Es gibt eine Sache, die ich loswerden will, weil sie typisch war für diese Zeit, auch wenn sie nichts mit Drogen zu tun hat, aber mit Gewalt und Missachtung. Missachtung gegenüber Mädchen.

Ich kam nachts von einer Party im Dorf. Meine Freundin Rita hatte mich eingeladen. Ich muss so 15, vielleicht 16 gewesen sein. Als ich in unsere Straße einbog, stellte sich mir Jens in den Weg. Er ging auf unsere Schule, war vielleicht ein Jahr älter. Ich hatte ein paar Mal in der Pause mit ihm Händchen gehalten und geknutscht, mehr nicht, harmlose Geschichte, lange her. Hatte er mir aufgelauert? Stand er nur zufällig da?

Er packte mich, hielt mich umklammert, sodass ich meine Arme nicht mehr bewegen konnte. Dann schnaufte er: »Du rückst mir jetzt meine Gurke gerade«. Er drückte sich eng an mich, ich konnte seine Erregung spüren. »Nein, rück sie dir selber gerade«, presste ich hervor, schaffte es nicht, mich aus seinem Griff zu lösen. »Du machst das jetzt, Weiber können das besser«, stöhnte er. »Nein.« Sein Griff wurde fester, er tat mir weh. Doch ich schrie nicht.

Warum eigentlich nicht, frage ich mich heute. War ich zu perplex, hielt ich es für unnötig, weil ich Jens doch kannte? Läuft es so? Mädchen und Frauen schreien nicht, wenn sie die Täter kennen?

Plötzlich wurde es hell. Ein Auto. Es bog in die Straße ein. Jens löste seinen Griff, ich riss mich los und rannte nach Hause. Er verfolgte mich nicht.

Zu Hause erzählte ich nichts, glaubte, meine Eltern würden mir die Schuld geben, obwohl sie das vielleicht gar nicht getan hätten. Vielleicht hätte mein Vater ihm aufs Maul gehauen. Als mich in der fünften Klasse ein Junge mobbte, indem er mir jeden Tag nach dem Unterricht auflauerte, kam mein Vater in die Schule, stellte den Typen vor versammelter Klasse zur Rede, sodass ich meine Ruhe hatte. Mein Vater konnte ein Held für mich sein.

Aber ich schämte mich, schäme mich jetzt noch, fast 40 Jahre später, während ich das niederschreibe, google Jens und lese, dass er vor wenigen Jahren innerhalb kurzer Zeit Frau und Mutter verloren hat. Vielleicht ist der Witwer auch nur ein Namensvetter. Jens war damals noch ein Teenager.

Es geht hier nicht um späte Rache, sondern darum, ein Muster aufzuzeigen. Jens war Wiederholungstäter. Ich vertraute mich einer Freundin an, die mir erzählte, dass er es auch bei ihr versucht hatte. Ein anderer Junge hatte davor versucht, sie nach einer Party zu vergewaltigen. An einer Bushaltestelle. Natürlich kann ich nur das beschwören, was mir selbst passiert ist, aber ihre Erzählung klang glaubwürdig.

Wir schwiegen, weil wir dachten, selbst schuld zu sein – oder eine Mitschuld zu tragen. Wenn die Jungs sich ausprobierten, waren sie die Größten. Je mehr Mädchen sie flachgelegt hatten, je mehr Kerben sie sich in die Bettkante ritzen konnten, desto besser. Wenn wir Mädchen nach dem Geschmack der Dorfjugend zu aktiv waren, hatten wir den Spitznamen »Grippe« (hat jeder schon mal gehabt) weg und waren Freiwild.

Es waren die 1980er Jahre. Sexueller Missbrauch war ein Tabu. 1980 wollte die SPD-Regierung den Pädophilen-Paragraphen aus dem Gesetz tilgen. Sex mit unter 14-Jährigen wäre dann nicht mehr strafbar gewesen. Das war, so die Zeitschrift »Emma«, den »Nachwehen der sexuellen Revolution« geschuldet. Die Grünen konnten sich erst 1989 dazu durchringen, Pädophilen ihre Unterstützung zu entziehen. Es gab kaum ein Bewusstsein dafür, dass es sexuellen Missbrauch von Kindern gab. Und erst recht kein Bewusstsein für Übergriffe unter Jugendlichen.

Einmal zogen mich drei Jungs in die Schultoilette, knöpften mir die Bluse auf, schoben den BH hoch. Ich machte gute Miene zum bösen Spiel, versuchte die Scham wegzulachen. Natürlich war ich schuld, ein gefallenes Mädchen. Ich hatte die ja provoziert, irgendwie. Immerhin hat sich einer der Jungen Jahre später bei mir entschuldigt.

Übergriffe kamen vor. Nein, sie waren häufig. In der Fünften waren wir auf Klassenfahrt ins Weserbergland. Zum Schlafen trug ich einen Overall aus Frottee, vorne hatte er einen Reißverschluss. Nachts wurde ich kurz wach, fror, hatte das Gefühl, mir würde jemand die Bettdecke wegziehen. Doch ich schlief wieder ein. Am nächsten Morgen lag meine Bettdecke auf dem Fußboden. Und im Etagenbett unter mir saß Heike, kauerte in der Ecke, war völlig verstört. Sie erzählte uns (wir waren zu viert oder zu fünft in dem Zimmer), dass der Sohn der Herbergseltern ihr die Hose heruntergezogen und sie berührt habe. Wir gingen sofort zu unserer Lehrerin. Die Kripo kam, Heikes Eltern reisten an. Was aus der Sache geworden ist, weiß ich nicht. Der Sohn der Herbergseltern – ein Teenager – bestritt alles. Ich war damals zehn oder elf Jahre alt.

Ein Mädchen ging abends im Dunkeln über den Bullenberg in Buxtehude. Der Weg führte durch eine Art Miniwald, spärlich beleuchtet. Eine hölzerne Hütte. Das Mädchen wurde niedergeschlagen, in die Hütte geschleppt und vergewaltigt, so stand es in der Zeitung. Sie ging auf unsere Schule, war nach ein paar Tagen wieder da, verhielt sich normal, scherzte und lachte auch mal. »Kann ja nicht so schlimm gewesen sein«, tuschelten die Leute in der Pause hinter ihrem Rücken. Als der Täter nach ein paar Wochen nicht gefasst war, hieß es: »Wenn die sich das mal nicht ausgedacht hat. Was geht sie da auch im Dunkeln lang. Selbst schuld.«

Der Täter wurde meines Wissens nie gefasst, was aus dem Mädchen wurde, weiß ich nicht.

Im »Tageblatt« schrieb ein Mann zum Thema Vergewaltigung: »Die Frauen haben mindestens genauso schuld«. Ich veröffentlichte meinen ersten Leserbrief. »Es ist schon im Grundgesetz verankert, daß jeder Mensch das Recht auf körperliche Unversehrtheit hat. Dieses Recht sollte keinesfalls durch das Tragen von Miniröcken oder dergleichen aufgehoben werden ... Männer machen es sich zu leicht, wenn sie ›einen Fetzen auf der Haut‹ oder Trampen bei Nacht als Legitimation oder Erklärung für eine Vergewaltigung hinstellen.« Ich war 17.

Eine Stunde nachdem ich das hier aufgeschrieben habe, kündigt sich der Kopfschmerz mit einem Pochen in den Schläfen an. Weil ich weiß, dass diese Schilderungen noch lange nicht vollständig sind. Und ich heute Nacht wieder wachliegen werde.

Die Täter sind heute gemachte Männer, Geschäftsführer, Bauleiter, Ex-Schützenkönige. Ich hoffe, dass sie in sich gehen, vielleicht, weil sie inzwischen Töchter haben. Und dass es ihnen besser geht als uns damals.

Flächenbrand

Ich war prädestiniert, Mobbing-Opfer zu werden. »Kinder mit autoritären Eltern oder solche, die zu Hause viel negatives Feedback erhalten, zeigten ein leicht erhöhtes Risiko, Opfer von Mobbing zu werden«, schreibt die »Süddeutsche Zeitung« und beruft sich auf eine Metastudie der Universität Warwick, für die 70 Studien mit mehr als 200 000 Kindern ausgewertet wurden. Mehr als 200 000 Kinder, 70 Studien. Ich brauche Zahlen, brauche eine Bestätigung schwarz auf weiß, dass ich mir das alles nicht einrede. Die Angriffe meines Vaters und die Hilflosigkeit meiner Mutter machten mich anfällig für Angriffe.

Keine Ahnung, wann und wie es anfing. Vielleicht mit Candida, die ich nur vom Sehen kannte. Locken, lang bis zur Hüfte, feine Züge. »Weißt du eigentlich, dass Candida dich nicht ausstehen kann?«, sagte Kathy eines Tages zu mir. »Das kann nicht sein. Candida kennt mich doch gar nicht. Sie hat noch nie mit mir gesprochen.« Bei nächster Gelegenheit sprach ich Candida an. Ich war davon überzeugt, dass es sich um ein Missverständnis handelte. Weit gefehlt. »Man kann nicht alle Menschen mögen«, gab sie zurück und ließ mich stehen. Kurz darauf ging sie auf der Straße mit einem anderen Mädchen an mir vorbei und zeigte auf mich. »Das ist die, die ich nicht leiden kann«, sagte sie. »Sieht auch unsympathisch aus«, erwiderte das Mädchen.

Was ich empfand? War ich verletzt, wütend, verärgert, überrascht, fassungslos? Keine Ahnung. Verdrängt.

Plötzlich gab es immer mehr Leute, die mich nicht leiden konnten, obwohl sie mich überhaupt nicht kannten. Es war wie ein Flächenbrand. Hatte Candida ihn entfacht? War sie angesteckt worden?

Einmal stand ich bei einem Schulfest auf der Bühne, spielte Luftgitarre mit ein paar Leuten, wir imitierten AC/DC. Plötzlich formierte sich ein Chor, rief meinen Namen und »raus«. Ich spielte einfach weiter. Toni, der eigentlich kein Freund von mir war, ging nach vorne und nahm sich das Mikrophon. »Hört auf«, rief er. Es wurde still. »Ihr kennt sie doch gar nicht. Sagt ihr die Meinung ins Gesicht, aber die Tour ist fies.« In meinem Tagebuch spielte ich die Demütigung herunter. »Mir machten diese zehn Leute nichts aus. Im Gegenteil. Sie machten mir Mut. Ja, wirklich Mut. Ich dachte: Schlimmer kann es jetzt nicht mehr kommen. Der Mensch, der dich fertigmacht, will erst noch geboren werden. Mir kann jetzt keiner mehr was.«

Leider habe ich mich nie bei Toni bedankt. Er starb früh an einer Herzerkrankung. Er war an meiner Seite, als es darauf ankam. Heute frage ich mich, warum die Lehrer und Lehrerinnen auch diesmal schwiegen. Das war öffentliches Mobbing.

Ich färbte mir die Haare schwarz. Es sah fürchterlich aus, weil ich viel zu blass war und nicht zum Schneewittchen taugte. »Naja, gelabert wurde wirklich nicht wenig über meine Haarfarbe. Es gab sogar einen Extremfall am Ende der zweiten großen Pause. Irgendjemand schrie über den Hof meinen Namen und ›bring dich um‹«, lese ich in meinem Tagebuch. »Extremfall.« Ich verschanzte mich hinter einer gestelzten Sprache, um nicht spüren zu müssen, wie verletzt ich war. Plötzlich ist die Erinnerung zurück. Ich weiß wieder, was ich trug an jenem Tag. Ein langes Hemd, blassblau mit Streifen, Jeans, Adidas-Turnschuhe, die ich gefunden und behalten hatte.

Damals schluckte ich Tabletten, bis ich kotzte. Mein Vater fuhr mich zum Psychiater, ging mit mir zur Erziehungsberatungsstelle. »Meine Tochter ist hysterisch«, behauptete er. Auf die Idee, dass er Anteil an meinem Unglück haben könnte, kam er nicht. Ich ritzte mir die Arme mit Rasierklingen auf. Waagerecht, nicht senkrecht. Die Narben sind noch heute zu sehen. Uwe war still, bemühte sich, nicht aufzufallen. Dachte er, bei so einer Schwester kann ich nicht auch noch Ärger machen? Warum habe ich ihn nie gefragt?

Feindesland

Die Sache mit den Hanfkörnern hatte mich einsamer werden lassen. Der Kontakt zu Gesine, eine meiner wenigen Freundinnen, brach ab. Ich zog mich zurück, fuhr mit dem Bus oft in die nächste Kleinstadt, ging in die Stadtbibliothek, die meine Oase wurde. Im Schneidersitz saß ich zwischen den Regalen und las, fing an, mich für Politik zu interessieren, las »Marx für Anfänger«. Als mein Vater das Buch bei mir entdeckte, flippte er aus. »Vorhin gab es furchtbaren Terz«, schrieb ich in mein Tagebuch. »›Was würde ein Jude mit seinem Kind machen, wenn es ein Nazi wäre?‹, fragte mein Vater mich. ›Er würde es totschlagen. Das werden wir mit dir auch tun. Ich werde dich bekämpfen. Je früher du abhaust, desto besser. Ich werde dich bekämpfen.‹ Es hagelte Ohrfeigen.« Mein Vater spielte darauf an, dass er gerade noch vor dem Mauerbau aus der Ostzone in den Westen vor den Kommunisten, mit denen ich jetzt angeblich sympathisierte, geflohen war.

Zu Uwe hatte mein Vater den besseren Draht. Er fuhr ihn zum Rallycross, beide einte die Leidenschaft für Autos, Uwe interessierte sich auch nicht sonderlich für Politik. Er war ein ruhiger, für seine Eltern problemloser Teenager. Nur dass er chronisch unpünktlich war, einfach zur verabredeten Zeit nicht nach Hause kam, um 18 Uhr nur am Abendbrottisch saß, wenn er Hunger hatte.

Mit 18 hatte ich einen Autounfall. Mit drei Freunden war ich Samstagnacht auf dem Weg nach Bremen gewesen. Wir wollten ins Aladin. Auf der Autobahn verlor der Fahrer die Kontrolle über seinen BMW. Er hatte gekifft. Trotzdem hatte ich keine Bedenken gehabt, zu ihm ins Auto zu steigen. Jugendlicher Leichtsinn. Der Wagen überschlug sich drei Mal. Ich weiß noch, wie ich von Wand zu Wand geschleudert wurde. Und dachte: Jetzt ist es vorbei. Das Auto kam zum Stehen. Es war seltsam still. Es stank nach Benzin. Die beiden Männer waren unverletzt. Meine Freundin war aus dem Wagen geschleudert worden. Ein Krankenwagen kam. Meine Freundin schrie nach mir. Ich konnte nicht zu ihr gehen, stand unter Schock. Wir hatten Glück im Unglück gehabt. Am nächsten Tag wurde ich aus dem Krankenhaus entlassen. Meine Eltern holten mich ab. Meine Mutter weinte. Mein Vater wirkte cool. Jahre später erzählte meine Mutter mir, dass er mich nicht hatte abholen wollen. »Die soll zusehen, wie sie nach Hause kommt.«

Als ich in der Ausbildung war, brach ich im Büro zusammen. Kreislaufkollaps. Eine Kollegin rief meinen Vater an. Er arbeitete schräg gegenüber, keine fünf Minuten zu Fuß. Er kam und beschimpfte mich auf der Straße. Er habe keine Zeit, müsse arbeiten. Ich heulte und heulte. Er schimpfte und schimpfte. Den ganzen Weg von Hamburg-Harburg bis in den Rosengarten, wo meine Mutter uns auf halbem Weg entgegenkam, weil mein Vater ja so in Eile und im Büro unabkömmlich war.

Mein Blutdruck war extrem niedrig gewesen. Ich fühlte mich schlapp, müde. Meinen Vater interessierte das nicht. »Er hasst mich, wie ich ihn. Er trampelt auf mir herum und will mich fertigmachen. Ich spreche ganz bewusst von meinem Erzeuger. Denn er ist nicht mein Vater«, schrieb ich in mein Tagebuch.

Dieses Gift. Unerträglich. Weg damit.

Uwe sah zu, wie sein Vater seine Mutter schlug und quälte. Er sah zu, wie sein Vater seine Schwester demütigte. Kein Wunder, dass er sich arrangierte, nicht anecken wollte. Er zog sich zurück, litt vermutlich still vor sich hin, immer in Angst, der Nächste zu sein. Das Drama seiner Kindheit, denke ich. Eine Kindheit im Feindesland. Wie ein Soldat im Schützengraben, der sich vor den Einschlägen duckt.

Flucht

Mit 21 verließ ich das Dorf, war fertig mit Schule und Ausbildung, reiste in die USA, wo ich ein Jahr verbrachte. Ich lernte die Sprache, reiste ein bisschen. Meine Gastfamilie, Mark, Dianne und ihr kleiner Sohn Mark III, war wundervoll. Einmal kam Mark abends von der Arbeit heim und der Kühlschrank war leer. »Hattest du keine Zeit einzukaufen«, fragte er seine Frau. »Nein«, antwortete sie. Ich erwartete, dass es nun Krach geben würde, wie ich es gewohnt war, alles zog sich in mir zusammen. Mark ging an den Kühlschrank, nahm sich eine Scheibe Brot, eine Kartoffel und was noch da war. Ein kärgliches Mahl, er beklagte sich nicht. Tobte nicht wie mein Vater, der keine Butter zum Spargel bekommen hatte.

Ein paar Tage nach meiner Rückkehr warf mein Vater mich raus, es hatte mal wieder Streit gegeben um eine Kleinigkeit, eigentlich wie immer. Meine Eltern standen in der Tür, als ich ging, nur ein paar eilig zusammengepackte Habseligkeiten als Gepäck, und mein Elternhaus für immer verließ. Meine Mutter schwieg, hielt meinen Vater nicht auf.

Heute verstehe ich, warum. Ihr jüngstes Kind lag noch im Nest. Sie musste Uwe schützen. Ich würde schon klarkommen. Ohne meine Freunde Regina und Hopsy, die mich aufnahmen, wäre ich damals obdachlos gewesen.

Mein Vater schrieb mir einen Brief, entschuldigte sich. Er sei traurig, dass wir im Zorn auseinandergegangen seien. Sein aufbrausendes Wesen hätte ihm schon manchen Streich gespielt, keiner sei ihm je so übel aufgekommen. Er habe mich sehr lieb.

35 Jahre ist der Brief alt, ich finde ihn in einer meiner alten Kisten, lese ihn und werde wütend. »Du kannst immer mit meiner Hilfe rechnen.« Leere Worte. Uwe hätte seine Hilfe gebraucht. Er hat sie nie bekommen.

»Männer mögen keine schlauen Frauen.«

»Unter den Begriff ›seelische Misshandlung‹ sind Haltungen, Äußerungen und Handlungen von Bezugspersonen zu fassen, welche das Kind bzw. den Jugendlichen überfordern und ihm das Gefühl von Ablehnung und eigener Wertlosigkeit vermitteln, die das Kind in zynischer oder auch sadistischer Weise herabsetzen oder das Kind bedrohen und terrorisieren«, ist auf den Seiten des bayerischen Familienministeriums zu lesen. Das trifft den »Erziehungsstil« meines Vaters.

Nach meinem Auszug arbeitete ich eine Weile im Büro. Bis mich die Langeweile quälte, ich meinen Job aufgab und zu studieren anfing. Mein Vater überwies mir anstandslos jeden Monat 300, meine Mutter 400 Mark. Helene zahlte Monat für Monat 50 Mark für die Krankenkasse.

Ich hatte zwei Freundinnen, beide in meinem Alter. Beide hatten eine Empfehlung fürs Gymnasium. Eine war sogar Jahrgangsbeste. Ihr Vater fand: Frauen heiraten sowieso. Sie ging auf die Realschule. Die Eltern der anderen Freundin wollten ihre Tochter nicht überfordern. Auch sie durfte kein Abitur machen. Sie ist ihren Eltern noch heute gram.

Mein konservativer Vater investierte in meine Bildung, obwohl er nicht daran glaubte. »Einen Mann kriegst du dann nicht mehr ab. Männer mögen keine schlauen Frauen«, gab er mir noch mit auf den Weg. Aber er zahlte. Dafür bin ich dankbar. Letztendlich war auch er ein Opfer.

Verlorener Vater

Mein Vater war im Krieg geboren worden. Als uneheliches Kind. Meine Großmutter Martha war die Kellertreppe runtergesprungen, um ihn abzutreiben. Sie war mit Henry, dem Vater ihres Ungeborenen, nicht verheiratet. Er hatte schon drei Kinder, eine Tochter mit einer Jugendliebe, zwei Söhne aus einer gescheiterten Ehe, die er aus dem Kinderheim geholt hatte und die nun bei ihnen lebten. Mein Großvater Henry hatte als Kleinkrimineller im Gefängnis gesessen. Hier ein Diebstahl, da ein misslungener Einbruch. Keine Arbeit, kein Geld, schlechter Umgang, Weltwirtschaftskrise. Nachdem er meine Großmutter kennengelernt hatte, hübsch, zwölf Jahre jünger als er, wurde er ein Musterbeispiel gelungener Resozialisierung, fand Arbeit in einer Lederfabrik, war stolz, dass er seine junge Lebensgefährtin und seine Söhne ernähren konnte, wenn auch gerade mal so. Meine Großmutter hat mir erzählt, wie böse Henry über ihren Abtreibungsversuch war. »Wo zwei satt werden, werden es auch drei«, sagte er und machte ihr einen Heiratsantrag.

Aus der Hochzeit wurde nichts. Das Standesamt weigerte sich, ihnen das »Ehetauglichkeitszeugnis« auszustellen. Das aber war nach dem Gesetz zum Schutz der Erbgesundheit des deutschen Volkes – kurz: Ehegesundheitsgesetz, das 1935 als Ergänzung zu den Nürnberger Rassengesetzen in Kraft getreten war – Voraussetzung für den Gang zum Traualtar. Heiratswillige mussten durch ein Zeugnis des Gesundheitsamtes nachweisen, dass bei ihnen kein Ehehindernis vorlag. Aber als

Kleinkrimineller galt mein Großvater als »gemeingefährlicher Gewohnheitsverbrecher«. Resozialisierung gab es bei den Nazis nicht. Einmal kriminell, immer kriminell. Und dann war da noch seine Schwester Marie, die unter Schizophrenie litt und eine Erbkranke »im Sinne des Gesetzes« war. Henry durfte nicht heiraten, weil die Nazis vermeintlich »erbkranken Nachwuchs« verhindern wollten. Wenn die Nazis mitbekommen hätten, dass meine Großmutter schwanger war, hätten sie sie womöglich zur Abtreibung gezwungen. So aber kam mein Vater unehelich zur Welt.

Ein halbes Jahr später starb Henrys Schwester Marie in Großschweidnitz. Sie wog 31 Kilo, war bis auf die Knochen abgemagert, vermutlich für Malaria-Versuche missbraucht und mit Luminal vergiftet worden.

Anfang 1943, sein Sohn war keine zwei Jahre alt, wurde Henry zur Wehrmacht eingezogen. »Kein Russe wird deutsches Land betreten«, sagte er, bevor er in den Zug Richtung Osten stieg. Um sich als Soldat reinzuwaschen von dem Verdacht, minderwertig und erbkrank zu sein.

Henry wurde südlich von Kursk eingesetzt. Dort, am Kursker Bogen, tobte im Sommer 1943 die größte Panzerschlacht des Krieges. Vier Millionen Soldaten prallten zwischen Belgorod im Süden und Maloarchangelsk im Norden aufeinander. Zwei Mal besetzten die Deutschen Belgorod, damals noch eine Kleinstadt mit 20 000 Einwohnern. Die Besatzer machten die Stadt dem Erdboden gleich, zerstörten 90 Prozent aller Bauten. In Kursk wütete die Wehrmacht 15 Monate lang. Hitlers Schergen erschossen 10 000 Einwohner, ließen über 10 000 Menschen verhungern, transportierten 30 000 zur Zwangsarbeit nach Deutschland ab. In den Archiven finden sich Meldungen über deutsche Gräueltaten wie diese: »Iwan M., 83, lebend ins Feuer seiner brennenden Hütte geworfen.« Ob Henry mordete?

Was für eine naive Frage. Er war 1907 geboren, ein Jahr vor Artur, und zu Stahl geworden.

Nur ein paar Monate später, am zweiten Geburtstag meines Vaters, standen zwei Soldaten vor der Tür, um meiner Großmutter mitzuteilen, dass der Vater ihres Kindes vermisst wurde. »Nächtelang lag ich wach, hoffte, dass Henry ein Lebenszeichen von sich geben würde. Die Ungewissheit war kaum auszuhalten. Nach ein paar Wochen kam ein Feldpostbrief. Mit klopfendem Herzen riss ich den Umschlag auf. Meine Hände zitterten, als ich las: ›Meine tapferen Jungs … bleibt tapfer, fleißig … In Liebe, Kussel Papa‹«. Der Brief war auf Juli 1943 datiert. Er war kein Lebenszeichen. Henry hatte ihn abgeschickt, bevor er als vermisst gemeldet worden war. Martha brachte die drei Jungs fortan alleine durch, floh mit ihnen vor den Bomben ins Erzgebirge.

Nach dem Krieg arbeitete sie als Schaffnerin in der Straßenbahn, um sich und ihren kleinen Sohn zu ernähren. Die beiden Älteren waren in die Lehre gegangen und aus dem Haus. Fünf Jahre nach Kriegsende heiratete meine Großmutter einen Zimmermann. Mit neun Jahren bekam mein Vater einen Stiefvater.

Henry war nicht aus dem Krieg zurückgekehrt. Er starb 1945, kurz vor Ende des Krieges, in einem Lager an Fleckfieber. Sein Tod wurde erst nach dem Fall der Mauer, Mitte der 1990er Jahre, nach Deutschland gemeldet.

So wuchs mein Vater ohne Erinnerung an seinen Vater auf.

Das Wenige, was ich über die Kindheit und Jugend meines Vaters weiß, ist nichts Gutes. Seine Mutter und sein Stiefvater schlossen sich den Lorenzianern an, einer Sekte, die an den Weltuntergang glaubt und strenge Sitten hat. Lorenzianer halten sich für Auserwählte, glauben, dass sie den Weltuntergang überleben. Vergnügungen aller Art waren für meinen Vater tabu. Der Tanzsaal galt den Lorenzianern als »Stätte des Satans«. Kontakte zu »Weltmenschen« waren aufs Nötigste zu beschränken. Die Sektenmitglieder bespitzelten sich gegenseitig. Dafür waren sogenannte »Wächter« zuständig. Ähnlich wie Beichtende in der katholischen Kirche mussten die Lorenzianer den »Wächtern« gegenüber Rechenschaft ablegen über ihr Tun.

Dass mein Vater da so schnell wie möglich rauswollte, ist verständlich. Mit 17 – 1958, drei Jahre vor dem Mauerbau – floh er in den Westen, heuerte auf einem Schiff an, fuhr zur See, weil er die Welt sehen wollte, bereiste viele Länder. Die Mauer, inzwischen gebaut, schnitt ihn ab von Mutter und Stiefvater in der Ostzone, nun gab es kein Zurück mehr. In Bremen dann traf er meine Mutter, hübsch, langes, dunkles Haar bis zur Hüfte. Er sehnte sich nach Familie, wollte ein Zuhause, obwohl er dafür nicht geschaffen war. Die Hypothek, die er mit sich herumschleppte, wog schwer. Er war ein Beladener.

Wahrscheinlich, ich kann das nicht sagen, weil ich nie mit meinem Vater darüber gesprochen habe, hatte er nie besonders viel Liebe erfahren, konnte deshalb auch keine geben. Er hatte keinen Vater, wie sollte er einer sein?

Einmal hörte ich, wie meine Eltern stritten. Es ging um mich. Im Tagebuch notierte ich den Wortlaut. Mein Vater sagte: »Kerstin wird in Zukunft mein Feind sein. Sie hat von mir nichts mehr zu erwarten. Sie kriegt ihr Geld und basta. Ich kümmere mich kein Stück mehr um dieses Kind.« Das war im Juli 1980. Ich war 15 Jahre alt.

Wenn ich das lese, frage ich mich, wie mein Vater so etwas sagen, ja fühlen konnte. Vielleicht ist die Antwort schlicht: Sein Vater war im Krieg geblieben. Als er neun war, bekam er einen Stiefvater. Vielleicht hatte er als Kind das Gefühl, sein Stiefvater sähe in ihm den Feind, das Anhängsel der Frau, die er geheiratet hatte, das es zu ernähren galt und gut. Womöglich übertrug mein Vater diese Ablehnung Jahre später auf mich. Als ich es so sah, konnte ich es nicht mehr persönlich nehmen.

»Der Stoff versaut das Land.«

In den Jahren nach der Scheidung meiner Eltern rückten wir näher zusammen. Uwe und ich flogen mit Mutter nach Ägypten, ans Rote Meer, reisten nach Kairo, in diese bebende Stadt, ließen nichts aus, krochen durch die engen Gänge der Cheops-Pyramide, besuchten die Pharaonen im Ägyptischen Museum, ritten auf Kamelen durch die flirrende Wüstenhitze, stiegen um auf den Bus, blieben liegen, mitten im Nirgendwo, weil der Motor streikte, fanden es romantisch, begriffen nicht, warum der Reiseleiter so nervös und froh war, als der Ersatzbus kam und uns ins Hotel brachte. Erst als kurz darauf Terroranschläge auf Touristenbusse verübt wurden, begriffen wir, in welcher Gefahr wir geschwebt hatten. Wir fuhren mit Bob, einem Ägypter, den wir »adoptierten« und Bruder nannten, im Boot aufs Meer, so weit, bis das Wasser unter uns schwarz war und wir hier Haie vermuteten. Uwe schaukelte den hölzernen Kahn, wollte mir Angst einjagen. Er liebte das Risiko, wollte das Schicksal herausfordern, ein Zug, der ihm später zum Verhängnis werden sollte, doch die Raubfische ließen sich nicht blicken.

Uwe rauchte, er trank am Abend sein Bier oder Whiskey Cola, war ganz eng mit meiner Mutter, saß mit ihr bis spät in die Nacht auf dem Balkon und quatschte. Ich fühlte mich außen vor, wieder war da diese nagende Eifersucht, für die ich mich heute verfluchen könnte.

Uwe verliebte sich in das Land, fuhr noch ein paar Mal hin, folgte dem Nil, wollte sich dort mit Ingo selbstständig machen, Motorräder vermieten. Dazu kam es nicht.

Wieder in Deutschland sahen wir uns selten. Einmal traf ich meinen Bruder in einer Disco. Anstatt sich zu freuen, herrschte er mich an: »Was machst du hier. Das ist kein Laden für dich.« Ich war belustigt. Mein kleiner Bruder spielte wieder mal den Beschützer. Uwe beruhigte sich wieder, wir tranken und scherzten. Zwar hatte ich gehört, dass in dem Laden Heroin verkauft würde, aber was ging mich das an?

Das war Anfang der 1990er Jahre. Drogen überschwemmten das Land. Der »Spiegel« schrieb: »Der Stoff ist überall. Dealer haben das ganze Land zu einem Lager und Umschlagplatz für Drogen gemacht ... Jedes Dorf ist mit ihrem Gift überzogen.« Ein Drogenfahnder sagte dem Blatt: »Der Stoff versaut das Land«.

Tatsächlich starben 1991 und 1992 im wiedervereinigten Deutschland jeweils über 2000 Menschen an Drogen – so viel wie nie zuvor und nie wieder danach.

Das Alte Land in unserer Nachbarschaft machte als »Oase kurdischer Drogenbarone und ihrer Helfer« Schlagzeilen. Apfelpflücker und Arbeitslose überwiesen Millionen in die Türkei. Drogengeld, das nach einem vertraulichen Bericht der niedersächsischen Polizei in der norddeutschen Provinz gewaschen wurde.

In den Jahren danach gab es immer mal wieder Meldungen über Drogenrazzien auf Obsthöfen. Das Alte Land sei »das Drogendepot für den Hamburger Markt«, sagte ein Rauschgiftfahnder der »Welt«. »Die Möglichkeiten, Rauschgift zu verstecken, sind enorm. Die Depothalter können hier unauffällig als Erntehelfer leben.«

Um Uwe machte ich mir keine Sorgen. Er schien immer gut drauf, hatte ein kleines Häuschen gemietet, arbeitete bei Lada, machte viel Party. Er hing mit Jojo ab, einem alten Freund, traf sich mit Ingo, hatte einen Kumpel, der Thee genannt wurde und sich einen Leguan als Haustier hielt. Er hängt mit coolen Leuten ab, hat Spaß, dachte ich. Ahnte nicht, dass Uwe schon angefangen hatte zu kiffen. Erst nur am Wochenende. Dann auch am Freitag, am Montag und schließlich die ganze Woche.

Nach dem Studium volontierte ich, zog nach Bremerhaven, sah Uwe noch seltener. Er kündigte seinen Job, meldete sich zur Technikerschule an, um Fahrzeugbau zu studieren. Er bekam, was mir nicht gelungen war, elternunabhängiges Bafög. Den Höchstsatz, um die 700 Mark. Meine Eltern überwiesen ihm die gleiche Summe noch mal. Ich hatte das Geld ja auch bekommen. Nun hatte Uwe als Student fast so viel Geld wie vorher bei Lada. Er zog nach Hamburg, fand eine Dachwohnung im angesagten Eppendorf, jobbte bei Jaguar, erzählte von reichen Frauen, die ihm ihre Luxuskarren anvertrauten und nicht nur die.

Nach dem Volontariat ging ich nach Bremen zur »taz«, hörte im Gericht Lebensgeschichten wie die von Peter K. Seine Mutter hatte ihn im Säuglingsheim abgegeben, als er noch keine zwei Jahre alt war. Er kam zu Pflegeeltern, zum Vater, zu neuen Pflegeeltern und, weil die nicht mit ihm klarkamen, wieder ins Heim. Die älteren Kinder schickten ihn zum Klauen. Mit elf floh er, wurde auf der Straße vergewaltigt. Mit 14 stand er das erste Mal vor Gericht und dann wieder und wieder, wurde heroinabhängig, ging auf den Strich, klaute, raubte, wurde ein typischer Beschaffungskrimineller, hielt keine Bewährung, keine Therapie durch, infizierte sich mit HIV.

Mit Ende 30 hatte er die Hälfte seines Lebens im Knast verbracht – so viele Jahre wie Mörder sitzen.

Peter K. hatte nie eine Chance gehabt.

Ich schrieb über den Prozess gegen einen Mann, der seine beiden Töchter von Kindesalter an über Jahre vergewaltigt hatte. Fast jeden Abend. Wie Sexsklavinnen hielt er seine Kinder, fand es ganz normal, zeigte keine Reue. Erst als der Richter ihn für sieben Jahre ins Gefängnis schickte und bei der Urteilsverkündung sagte, er solle »sich schämen«, so von Mann zu Mann, sank er auf der Anklagebank zusammen.

Diese Schicksale trösteten mich, im Vergleich zu den missbrauchten Mädchen und Peter K. hatte ich eine geradezu problemlose Kindheit verlebt. Mein Beruf erdete mich. Das, was hinter mir lag, hatte mich stark werden lassen, nun konnte ich meine Stimme anderen leihen. Drogen interessierten mich nicht. Ich hatte meine gefunden: Arbeit.

Obwohl ihm Mathematik lag, packte Uwe das Studium nicht. Forscher streiten, ob Cannabis das Hirn schädigt. Vielleicht spielte die größere Rolle, dass Kfz-Mechaniker nicht der richtige Beruf für ihn war, schon in der Berufsschule hatte er nicht die besten Noten gehabt. Er hatte, um zu gefallen, den falschen Beruf ergriffen.

Nun hatte Uwe Zeit, Geld und keine Ahnung, was er anfangen sollte, nachdem er im Studium gescheitert war. Und er hatte nicht gelernt, für irgendwas zu kämpfen. Hatte keinen Mut, weil ihm ja alles abgenommen worden war. Er taumelte. Und ich war zu beschäftigt, um es zu merken.

Ich besuchte ihn in Hamburg. Ein Typ, den er im Studium kennengelernt hatte, kam dazu. Er schriebe nur Einsen, schwärmte Uwe, seine Zeichnungen sähen aus wie gedruckt. Der Typ saß in Uwes Wohnzimmer auf der Ledercouch, laberte und laberte, war hörbar von sich überzeugt. Ich tat, als würde ich zuhören und rätselte, was er zu sich genommen hatte. Erst viel später erfuhr ich: Er schnupfte Heroin. Mit Uwe.

Trauma und Sucht

Warum wird jemand süchtig? Sind es die Gene? Welche Rolle spielen psychische und/oder soziale Faktoren? Ich blättere durch Studien. Suchterkrankungen sollen innerhalb von Familien gehäuft auftreten. Gab Artur Uwe eine genetische Disposition mit? Nein, es gibt kein Gen für Sucht. Sie ist angelernt. Im Hirn werden Botenstoffe ausgeschüttet, die das Belohnungssystem in Schwung bringen. Es will mehr und mehr, damit das Karussell nicht stillsteht. Die Forscher widersprechen einander. Für jede Studie gibt es eine Gegenstudie.

Artur gab vielleicht kein Suchtgen weiter. Aber er hatte Gewalt erlebt, vermutlich schon in der Kindheit, später im Krieg, war traumatisiert durch den Tod seiner Geschwister, durch Hunger, Armut. Später trank er, vermutlich um zu vergessen, schlug Frau und Kinder. Meine Mutter hielt es mit meinem Vater aus, wie Helene es vorher mit Artur ausgehalten hatte. Sie wollte nicht, dass wir aufwachsen wie sie. In Armut, in gebrochenen Verhältnissen. Sie opferte sich. Für uns.

Auch mein Vater war ein Kriegskind. Etwa ein Drittel aller Kriegskinder gilt als traumatisiert, unter anderem, weil ihre Väter nicht aus dem Krieg zurückgekehrt waren. Oder traumatisiert zurückkamen. Kinder mussten mit diesem Verlust klarkommen. Sie waren Kriegsversehrte, ohne je auf einem Schlachtfeld gewesen zu sein. Vermutlich schleppten viele im Dorf solche Altlasten mit sich herum.

Mir zahlten meine Eltern die Ausbildung, unterstützten mich, als ich ins Ausland wollte, und das reichte auch. Uwe strauchelte, brauchte mehr Hilfe, also bekam er sie. Der Schock darüber, dass er nach seiner Frühgeburt fast gestorben wäre, sorgte dafür, dass meine Eltern ihn verhätschelten. Sie nahmen ihm alles ab, räumten Hindernisse aus dem Weg, damit er bloß nicht kämpfen musste. Es reichte doch, dass sie so gekämpft hatten. Sie meinten es gut. Aber vielleicht wurde dieses Gutmeinen, dieses in Watte Hüllen, Uwe zum Verhängnis. Uwes erste Droge was das Verwöhntwerden.

Mutters Sicht

Uwe kam und sagte: »Mama, du musst jetzt tapfer sein.« Ich stand mit dem Rücken zu ihm, dachte, dreh dich nicht um, lass dir nichts anmerken. »Ich nehme Drogen.« Damals hätte ich fast noch gelacht, weil ich ihm nicht glaubte. »Ach, das kriegen wir schon wieder hin«, sagte ich, wenig beunruhigt. Auch Uwe wirkte nicht verzweifelt, meistens war er happy zu der Zeit. »Ach, das ist so schön«, sagte er oft. »Ich schnupf das Zeug doch nur.« Heroin war für ihn die Droge, die ihn glücklich machte. Er sang: »Am Tag als Conny Kramer starb. Aber so weit wird es nicht kommen.« Ein halbes Jahr später hing er an der Nadel.

»Ich schnupf das Zeug doch nur.«

Meine Mutter rief mich an. Sie sagte drei Worte. »Uwe nimmt Drogen.« Ich antwortete. Drei Worte: »Mama, du spinnst.« Sie erzählte, dass Uwe Heroin schnupfen würde.

Ich konnte es nicht glauben. HEROIN. Diese Horrordroge. Mein kleiner Bruder? Niemals!

Ich setzte mich ins Auto und fuhr zu Uwe nach Hamburg. Ich übersah einen Wagen, der am Straßenrand in zweiter Reihe stand, und fuhr meinen Spiegel ab. Der Fahrer ließ mich ziehen, sah, dass ich völlig durch den Wind war.

Uwe freute sich über meinen Besuch, verstand meine Aufregung nicht. Wir fuhren an den Elbstrand.

Dass er Drogen nahm, sah man ihm nicht an. Er trug eine verwaschene Jeans, trotz der Wärme Cowboystiefel. Ich versuchte, ihm ins Gewissen zu reden. Lass die Finger von dem Teufelszeug, du ruinierst dich, irgendwas in der Art sagte ich. Uwe war nicht zu erreichen. »Macht doch nicht son Hallas«, sagte er. »Ich schnupf das Zeug doch nur. Ist doch gar nichts los. Schnupfen macht nicht süchtig.« Natürlich würde er nicht anfangen zu spritzen. Wie ich denn darauf käme? Er sei doch nicht blöd.

Ich ahnte, dass das der Anfang vom Ende sein würde. Ich kannte meinen Bruder, wusste, wie leichtsinnig er war, wie abenteuerlustig, wie neugierig. Wohl nie zuvor hatte ich mich so hilflos gefühlt. Meine Mutter kam zu mir nach Bremen, weinte drei Tage. Ohne Unterbrechung. Ich wusste nicht, dass ein Mensch so lang am Stück weinen kann.

Ich fiel in ein tiefes Loch, arbeitete, begleitet von großer Traurigkeit. Ein Schatten hatte sich auf mein Leben gelegt.

»Eine warme Decke, die sich um die Seele legt.«

»Ihr wisst gar nicht, wie schön es ist, Drogen zu nehmen«, sagte Uwe zu mir und meiner Mutter, glaubte nicht, dass ihn die Droge ins Grab bringen würde. Ihn doch nicht. Niemals.

»Heroin ist die Droge der Verzweifelten. Sie ist der schönste Flug und der tiefste Fall: Ein Schuss besiegelt die Sucht. Wer Heroin nimmt, verfällt ihm sofort«, schreibt Alexandra Rojkov in der »ZEIT«. Heroin sei »eine warme Decke, die sich um die Seele legt«, liest man bei Planet Wissen. »Es gibt dafür keine Worte«, sagte Ex-Junkie Ary Witte zur »Süddeutschen Zeitung«. »Du kannst alles. Du fühlst dich super. Du bist selbstbewusst.« Aber: »Es gibt dir alles, was du dir wünschst, und nimmt dir alles, was du hast«.

Mutters Sicht

Uwe rutschte immer tiefer. Trotzdem habe ich noch immer geglaubt: Wir schaffen das. Als Mutter glaubt man das. Nachdem er die Technikerschule geschmissen hatte, meldete er sich zur Meisterschule an. 10 000 Mark kosteten die Kurse, ich überwies das Geld, dachte, dann hat er ein Ziel und kommt von den Drogen weg. Naiv. Uwe lebte inzwischen bei mir. Morgens verließ er das Haus. Anstatt zum Unterricht zu gehen, ging er runter in den Keller, legte sich schlafen, wo ich ihn erwischte. Er schmiss auch die Meisterschule, lag nur noch in seinem Zimmer, war zugedröhnt.

Als ich in Lüneburg in einer Suchtklinik anrief und darum bettelte, dass sie Uwe aufnehmen, sagte mir ein Arzt: »Gute Frau, was wollen Sie? Wir haben keine freien Plätze. Sollen wir einen Patienten rausschmeißen, um ihren Sohn aufzunehmen?«

Diese Zeit war richtig schwer. Ich habe keine richtige Hilfe gekriegt, wurde von einem zum anderen geschickt. Ein Therapieplatz war nicht zu bekommen. Es hieß immer, er müsste clean werden wollen, sich würdig erweisen für den Therapieplatz. Wie sollte das denn gehen?

Einmal baute Uwe einen Unfall. Er fuhr zur Polizei, zeigte sich selbst an. Die Beamten merkten, dass da mehr im Spiel war als Alkohol und nahmen ihm den Führerschein ab. Die Polizisten kamen zu mir nach Hause, weil er ja hier gemeldet war. Wie es der Zufall wollte, telefonierte ich gerade mit der Drogenberaterin. Ich drückte einem Polizisten den Hörer in die Hand.

Er sprach mit ihr. Ich weiß nicht, was sie gesagt hat. Vielleicht: »Lassen Sie diese verzweifelte Mutter in Ruhe.« Jedenfalls gingen die Polizisten danach, verzichteten auf eine Hausdurchsuchung. Aber es war ein Schlag in den Magen. Mein Hausarzt, den ich lange kannte, wollte Uwe helfen. Uwe wollte sich nicht helfen lassen.

Einmal klingelte ein Vater, der seinen Sohn suchte. Uwe hatte ihn wohl über den Balkon in unsere Wohnung steigen lassen. Die beiden hatten sich zusammen eine Spritze gesetzt. Die Kacheln im Bad waren mit frischen Blutspritzern übersät. Aber Uwe und sein Kumpel waren weg. Ich sprach kurz mit dem Vater. Er war genauso verzweifelt wie ich. Dann putzte ich das Bad und ging Uwe suchen.

Immer, wenn es für Uwe eng wurde, war er plötzlich verschwunden. Tagelang. Wochen. Nachts lag ich wach und grübelte. Keine Mutter will, dass ihr Kind auf der Straße lebt. Ich fuhr nach Hamburg, um Uwe zu suchen. Ich wusste gar nicht, wohin, meine Gedanken waren nur bei Uwe. In Sankt Georg fragte ich einen Polizisten, wie ich zum Hansa-Platz käme. Irgendwer hatte mir gesagt, dass das der Treffpunkt für Drogenabhängige sei. Der Polizist sah mich an und fragte: »Was wollen Sie denn da? Da passen Sie doch gar nicht hin.« Ich antwortete: »Ich suche meinen Sohn.«

Es war für mich eine schreckliche Zeit, noch schlimmer als die Zeit, in der meine Ehe kaputtging. Dass eine Ehe scheitert, ist schlimm genug. Aber einen Sohn zu haben, der drogensüchtig wird, und zu sehen, wie er kaputtgeht, das wünsche ich niemandem.

Nächte habe ich gegrübelt. Warum, wieso, weshalb? Was kann das gewesen sein? Ich glaube, dass Uwe durch die Scheidung den Halt verlor. Es war zu früh für ihn, obwohl er volljährig war. Er konnte das nicht verkraften. Nach der Scheidung war Uwe zuerst zu seinem Vater gezogen. Eines Tages standen seine Möbel vor meiner Tür. Sein Vater hatte ihn rausgeschmissen. Also zog er bei mir ein. Als er bei der Marine war und öffentlich vereidigt wurde, fuhr ich mit meiner Freundin hin. Von unterwegs rief ich seinen Vater an. Er legte auf, kam nicht zur Vereidigung. So stand ich alleine mit meiner Freundin da. Uwe ließ sich nichts anmerken, aber ich glaube, er war traurig. Genauso, als er ausgelernt hatte. Sein Lehrmeister lud die neuen Gesellen und deren Eltern zum Essen ein. Uwes Vaters kam nicht.

Und dann die Sache mit Strolchi. Uwe hat so geweint. Mein Noch-Mann hatte mich ein paar Tage vorher angerufen, wollte, dass ich den Hund zu mir nähme. Ich musste arbeiten, sagte aber zu, Strolchi am Wochenende zu holen. Dann rief er an und sagte, ich könne mir den Weg sparen. Strolchi sei tot. Er habe ihn einschläfern lassen. »Wie konntest du nur?«, brüllte ich ins Telefon. Ich glaube, er wollte nur, dass ich sehe, wozu er in der Lage war. Uwe hat das nie verwunden.

Ich heulte wie verrückt wegen Uwe. Meine Augen quollen hervor – Basedowsche Krankheit. Sie tritt auch bei schweren psychischen Belastungen auf. Ich habe zu Uwe gesagt: »Das kommt von deinen Scheiß-Drogen.« Er weinte. »Ich weiß, Mama, das tut mir leid.« Er war aufgelöst, hat es aber nicht gelassen.

Damals arbeitete ich noch im Altenheim. Bis ich krankgeschrieben wurde, weil mein Augeninnendruck so hoch war, dass ich fast erblindete. Ich wurde mit Kortison behandelt, schwemmte auf, musste zur Kur.

Ich wusste, dass ich Uwe nicht in meiner Wohnung lassen konnte, sagte ihm, er müsse sich für die Zeit meiner Kur eine Bleibe suchen. Uwe fand ziemlich schnell ein WG-Zimmer in Hamburg bei einem jungen Mann. Wir brachten ihm noch die

Möbel. Als ich von der Kur zurückkam, holte ich Uwe wieder ab. Er war voll drauf, gar nicht mehr zu gebrauchen. Schlimm. Aber wo sollte er denn hin?

Irgendwann kriegte Uwe doch einen Platz in Lüneburg in der Suchtklinik. Vielleicht würde nun doch alles gut werden. Aber kaum war er entlassen, wurde er rückfällig. Einer seiner Kumpel war an Heroin gestorben. Auf der Trauerfeier für ihn gab es Heroin, wie auf anderen Trauerfeiern Butterkuchen. Absurd. Uwe machte gar kein Geheimnis aus seinem Rückfall. Aber ich konnte ihn doch nicht rausschmeißen. Wo sollte er denn hin? Er hatte ja auch einen Schlüssel, konnte kommen und gehen, wann er wollte. Kurz darauf war er wieder so schlimm drauf, dass ich mit ihm sogar nach Hamburg gefahren bin, ihm Geld gegeben habe, damit er sich Drogen kaufen konnte, nur damit er keinen Affen schob. Aber ich dachte immer: Das ist das letzte Mal. Nie hätte ich gedacht, dass er so tief reinschlittert.

Uwe lag eigentlich nur noch zugedröhnt im Bett. Ab und an stand er auf, aß, trank, ging wieder ins Bett, schlief seinen Rausch aus. Zwischendurch ging er weg, holte sich was. Ich ließ ihn auch, war ja froh, dass er da war. Woher er das Geld hatte, weiß ich nicht. Er hat mich nie beklaut. Er nahm mein Auto, fuhr zugedröhnt nach Hamburg, baute einen Unfall, aber er hat mich nie beklaut. Er hat mir mal erzählt, dass sein Vater für ihn eine Lebensversicherung abgeschlossen hatte. Vielleicht hatte er sich das Geld auszahlen lassen.

Wie oft sein Arm anschwoll, er Abszesse und Eiterbeulen hatte, kann ich nicht mehr zählen. Und auch nicht, wie oft ich ihn ins Krankenhaus fuhr. Die Ärzte schnitten ihm den Arm auf. Uwe schrie, es ging mir durch und durch. Aber er machte weiter, suchte sich eine neue Stelle am Körper, in die er seine Nadel drücken konnte. Bis zum nächsten Abszess.

Einmal lag ich schon im Bett. Uwe war im Wohnzimmer. Als ich aufstand und in die Stube ging, saß er da und kochte sich Heroin auf. Er versuchte noch, das Besteck auf den Fußboden zu schmeißen, um es vor mir zu verstecken. Ich nahm ihm den Löffel weg, kippte das Zeug in der Küche in die Spüle. Er sagte nichts, gar nichts, wurde auch nicht aggressiv.

Kurz darauf war er weg, ich hatte keine Ahnung, wo er war. Wenn er dann anrief, nach Tagen, manchmal nach Wochen, fragte ich ihn: »Wo schläfst du denn.« Seine Antwort: »Zwischen LKWs.«

»Hast du denn keine Angst, wenn die wegfahren, dass du überrollt wirst?«

»Ja«, sagte Uwe, »aber das ist sicherer, als auf einer Parkbank zu schlafen, da haste Angst, dass dich einer überfällt und ausraubt.«

Irgendwann rief meine Mutter Helene mich an, Uwes Großmutter. »Ich wollte dir nur sagen, du kannst beruhigt sein, Uwe ist jetzt hier.« Das war ich auch, immerhin schlief er nicht auf der Straße. Uwe war dann eine Zeit lang bei seiner Großmutter. Bis sie in seinem Zimmer ein Messer fand und Angst kriegte. Das erzählte sie ihrem Hausarzt. Er riet ihr: »Gehen Sie ins Heim, dann muss er ja ausziehen«.

»Gib mir Geld für den Goldenen.«

Ein Dreivierteljahr nach unserem Gespräch am Hamburger Elbstrand fuhr ich zu meiner Mutter. Ich hatte Geburtstag, freute mich, mit meiner Restfamilie zu feiern. Ich hatte Uwe seit unserem Gespräch am Elbstrand nicht mehr gesehen. Nun saß er am Esstisch, sein Aussehen schockierte mich. Sein Haar war strubbelig und verfilzt. Er war unrasiert, ungewaschen, stank nach Schweiß, trug einen schmuddeligen Schlafanzug. Seine Gesichtshaut war aschfahl. So hatte ich meinen Bruder noch nie gesehen. Er schien nicht zu begreifen, dass ich da war, grüßte und gratulierte nicht, konzentrierte sich darauf, einen Joghurt zu essen, führte den Löffel zum Mund. Dabei tropfte der Joghurt auf seinen Pyjama. Uwe machte keine Anstalten, sich ein Tuch zu holen, stierte auf den Fleck, als sei er ein interessantes Insekt. Meine Mutter sagte nichts, ich sagte nichts. Wir sahen uns an. Ich ging auf den Balkon, rief einen Freund an. »Wenn du willst, hole ich dich ab«, bot er an. Aber ich wollte Mutter mit meinem Bruder nicht alleine lassen. Uwe stand wortlos vom Tisch auf, wankte in das kleine Zimmer, in das er gezogen war und wo er die meiste Zeit auf der Matratze lag.

Wir flüsterten. »So geht das nur«, sagte meine Mutter. Sie sah schlecht aus, das Gesicht rot und verquollen vom Weinen. »Ich weiß nicht mehr, was ich tun soll.« Ich legte ihr meine Hand auf ihren Arm. »Er muss eine Therapie machen«, schlug ich vor.

»Versuch mal, einen Therapieplatz zu finden. Du kriegst keinen, erst wenn er selbst clean werden will, hat er eine Chance, aber er will nicht. Er hört einfach nicht auf.« Meine Mutter weinte.

Später kam Uwe auf den Balkon. Er wirkte fahrig. Meinen Geburtstag hatte er vergessen. Er schwitzte, zitterte, seine Zähne klapperten. Er schob einen Affen. »Gib mir Geld. Dann setze ich mir einen goldenen Schuss, und du bist mich los«, sagte er. Ich stand da, starrte meinen Bruder an.

»Komm schon«, sagte er. »Gib mir Geld, und dann seid ihr mich los. Versprochen.« Ich fühlte mich wie jemand, der am Abgrund steht und geschubst wird. Geschubst vom eigenen Bruder. Der mir vorher noch Geld aus der Tasche zieht.

»Mach eine Therapie.« Uwe ging nicht darauf ein.

»Komm schon.«

»Nein. Warum machst du keine Therapie?«

»Gib mir Geld, und das Elend hat ein Ende.«

Ich raffte meine Sachen zusammen, drückte meiner Mutter noch einen Kuss auf die Wange und floh. Setzte mich in meinen schwarzen Fiat, fuhr zurück nach Bremen. Heulte. Die ganze Fahrt über.

Kurz darauf zog ich um, war gerade dabei, meine Wohnung einzurichten. Plötzlich stand Uwe vor der Tür, zugedröhnt, lallte, wollte Geld. Keine Ahnung, wie er nach Bremen gekommen war. Ich wählte die Nummer der Drogenberatung. »Was soll ich jetzt machen?«

»Schmeißen Sie ihn raus.«

»Jetzt?«

»Sofort.«

Der Lautsprecher des Telefons war eingeschaltet, sodass Uwe mithören konnte.

»Ihr Bruder hat keine Beziehung zu Ihnen, er hat eine Beziehung zu seiner Droge. Schmeißen Sie ihn raus.«

»Uwe, du hast es gehört«, sagte ich matt. Wortlos verließ Uwe die Wohnung, knallte die Tür.

Ich folgte ihm. Was mich trieb, weiß ich nicht. Er lief den Dobben entlang. Ich ahnte, wohin er wollte. Zum Steintor, dem Drogen-Hotspot in Bremen. Uwe sprang in eine Straßenbahn. Die nächste Bahn kam, ich stieg ein. An der Sielwallkreuzung stieg Uwe aus, merkte nicht, dass ich ihm gefolgt war. Es dauerte keine Minute, da sprach er mit einem jungen Mann, blond, Typ Student, kein Dealer, wie man ihn sich an der Sielwallkreuzung vorstellt. Keine Ahnung, mit welcher Geheimsprache sich die beiden gefunden hatten. Sie verschwanden hinter einem Bretterzaun. Ich hinterher, mit pochendem Hals. Uwe stand nun mit dem Typen auf einer Baustelle, was gerade passierte, war klar.

»Was machst du hier? Ich hole die Bullen«, schrie ich.

Der Typ sah mich verwundert an, aber ich hatte nicht den Eindruck, dass er erschrocken war. Uwe blieb cool. »Du bist jetzt mal schön ruhig. Hältst den Mund und haust wieder ab. Das hier geht dich nichts an.«

»Ich rufe die Bullen«, wiederholte ich hilflos. Wir beide wussten, dass ich es nicht tun würde, weil ich ihn nicht ans Messer liefern wollte.

»Das wagst du nicht.«

»Das sage ich Mama«, rutschte mir raus. Als wären wir Kinder. Uwe und der Typ fingen an zu lachen. Heute muss ich selbst lachen, das erste Mal seit langer Zeit, wenn ich an diese Szene denke. Aber damals zog ich ab, fuhr mit der Straßenbahn zurück nach Hause und rief tatsächlich meine Mutter an. »Lass ihn«, sagte sie. »Wir können ihm nicht helfen, wenn er es selbst nicht will.«

Uwe in Bremen

Ein paar Monate später stand Uwe wieder vor meiner Tür. Diesmal wirkte er nüchtern, erzählte, dass er den kalten Entzug geschafft hatte. Er sah auch besser aus, gepflegter. Nur zu gerne wollte ich ihm glauben, ließ ihn rein und fing an, sein Leben zu organisieren, fragte Kalle, meinen Vermieter, ob er nicht eine Wohnung für Uwe hätte. Kalle besaß mehrere Mietshäuser, und wie es der Zufall so wollte, war im Haus neben mir gerade eine kleine Butze frei geworden. Uwe konnte sofort einziehen, die Wohnung war frisch renoviert. Ich riet ihm, sich bei einer Firma zu bewerben, die Autositze bezog. Der Inhaber hatte sich vor einiger Zeit in der »taz« darüber beschwert, dass er keine Leute fände, weil die Arbeit zu schwer sei. Uwe kriegte den Job, wurde bei einer Zeitarbeitsfirma angestellt. Freute sich. Neustart.

Jeden Morgen fuhr er brav in die Firma. Bis er sein erstes Geld bekam, zahlte ich ihm die Fahrkarte für die Straßenbahn. Das Beziehen der Sitze war schwere Arbeit, Uwe hatte solchen Muskelkater, dass er die Arme am Abend kaum heben konnte. Doch er hielt durch.

Bei der Sparkasse in Bremen eröffnete er ein Konto. Damals konnten Geldinstitute Kunden noch ablehnen. Uwe hatte Schulden. Der Sparkassenmitarbeiter eröffnete trotzdem ein Girokonto für ihn, bot Uwe sogar einen Dispokredit an. Nicht aus Nächstenliebe. Mein Bruder musste dafür im Gegenzug eine Unfallversicherung abschließen.

Nach kurzer Zeit wurde Uwe wieder entlassen. Die Firma feuerte die Leute schnell, viele hielten nicht durch, gingen, weil die Arbeit so hart war. Er war frustriert.

Nachdem er seinen Job verloren hatte, bat Uwe bei der Sparkasse um einen Kredit. Der gleiche Sachbearbeiter bewilligte ihm ein kleines Darlehn, drehte ihm dafür allerdings eine Lebensversicherung für 70 Mark im Monat an. Uwe erzählte mir von der Geschichte. Ich war fassungslos.

Die Schufa musste dem Sachbearbeiter verraten haben, dass Uwe Schulden hatte. Sein Lohn bei einer Zeitarbeitsfirma war nicht gerade üppig. Den Mann von der Sparkasse hielt das nicht davon ab, meinem Bruder teure Versicherungen anzudrehen.

Einen bitteren Beigeschmack bekam die Sache, weil Helene den Garten der Bankfiliale in Schuss hielt. Sie rupfte Unkraut, goss die Pflanzen für kleines Geld. Nicht mal das hatte den Sparkassenmitarbeiter davon abgehalten, ihren Enkel über den Tisch zu ziehen.

Ich setzte einen Kollegen auf die Geschichte an. Er recherchierte, schrieb einen Artikel für die »taz«. »Ich habe ihm schon bei der Unfallversicherung gesagt, dass wir uns mal über seine Altersversorgung unterhalten sollen«, räumte der Mann von der Sparkasse ein. Ungerührt. Keine Ahnung, ob die Sparkasse die Verträge annullierte. Die Versicherungen dürften ihr Geld gewiss nie bekommen haben.

Nun hing Uwe wieder rum, ohne Aufgabe, ohne Ziel, wartete, bis ich Feierabend hatte, damit wir was unternehmen konnten. Wir gingen oft in die Kneipe. »Du hattest Glück, dass du wusstest, was du machen wolltest«, sagte Uwe einmal zu mir. »Ich wusste es nicht. Und weil im Dorf an Autos geschraubt wurde, habe ich eben auch geschraubt.«

Was er denn hätte machen wollen, fragte ich. »Vielleicht was mit Mode«, sagte er. »Mode?« Ich war verblüfft.

Vielleicht wäre er als Verkäufer in der Herrenabteilung von Peek & Cloppenburg glücklicher geworden als in der Autowerkstatt. Aber echte Kerle malochten halt in der Werkstatt.

Die Polizei in Bremen kämpfte rigide gegen die Dealer, die am Sielwall Drogen verkauften. Und musste sich oft vorwerfen lassen, rassistisch zu sein, weil sie eher Schwarze als Weiße festnehmen würde. Vom Antirassismus-Büro, von der »taz«. Uwe gab meiner Kollegin ein Interview über »Dealen und Rassismus«, erzählte von seinen Erfahrungen in der Bremer Szene: »Es sind fast nur – eigentlich möchte ich sagen, nur – Schwarze, die in der Straßenbahn Kokain verkaufen. Als Abhängiger, der regelmäßig größere Mengen gebraucht hat, konnte ich die nie bei einem Nordeuropäer kaufen ... Der Deutsche ist in aller Regel süchtig und finanziert seinen eigenen Bedarf, die Ausländer sind in den seltensten Fällen richtig süchtig und verdienen richtig hartes Geld.«

Starker Tobak für die »taz« und ihre »LeserInnen«.

In Bremen flößte die Polizei Dealern Brechmittel ein. Schon Anfang der 1990er Jahre stand das Land damit politisch im Abseits. Nur fünf von 16 Bundesländern zwangen Drogendealer zum Erbrechen: Bremen, Niedersachsen, Berlin, Hessen und Hamburg. Selbst die konservativen Bayern lehnten diese Methode als »unverhältnismäßig« ab. Auch international war die zwangsweise Vergabe von Brechmitteln geächtet: 33 Staaten des Europarates lehnten sie ab, darunter Länder wie Albanien, die Ukraine und die Türkei. In den USA hatte das Oberste Bundesgericht schon 1952 entschieden, dass »diese Methoden zu sehr an Folterhandlungen heranreichen«. Henning Scherf – damals Bremens Bürgermeister und Justizsenator – verteidigte die Methode. »Meine Kinder haben dieses Brechmittel auch schon mehrfach genommen.«

Uwe fand nichts dabei, Dealern Brechmittel zu geben. »Ich habe kein Mitleid mit denen«, sagte er der »taz«. »Die haben ja auch kein Mitleid, wenn Junkies noch halbe Kinder sind und an einer Überdosis sterben.«

Wir druckten das Interview, nachdem Uwe es gelesen hatte, und bekamen böse Briefe.

Ich konnte Uwe finanziell von meinem spärlichen »taz«-Gehalt nicht unterstützen. Mehr als eine Einladung zum Frühstück oder in die Kneipe, ab und an ein Essen, war nicht drin.

Nachdem er seinen Job verloren hatte, bekam Uwe 1000 Mark Arbeitslosengeld. 550 Mark zahlte er an Kalle, der gelassen blieb, wenn das Geld am Ersten nicht auf seinem Konto war.

Zwischendurch ging Uwe immer mal wieder zur Bremer Tafel. Einmal, es war Mitte des Monats, er hatte kein Geld mehr, brauchte zwei neue Brillengläser, musste eine Geldstrafe wegen Schwarzfahrens zahlen. Ob ich mitkommen dürfe, fragte ich ihn, war neugierig, wollte darüber schreiben, wie es ist, sich Essen bei der Tafel zu holen. Uwe hatte nichts dagegen.

Als wir auf dem Hof ankamen, hatten sich vor der Tür schon viele Leute versammelt. »Scheiße«, sagte Uwe und stellte sich dazu. Ich mit ihm. Ein Typ mit kahlrasiertem Schädel drehte sich um, er zitterte, trug nur eine dünne Sweat-Shirt-Jacke. »48 Nummern sind verteilt worden. Du kannst ruhig warten, es geht bestimmt schnell.« Er suchte jemanden zum Reden. »Mir bleibt gar nichts anderes übrig«, gab Uwe zurück. Vor dem Eingang sorgte ein Mann im gelben Pullover für Ordnung. »Ist das denn so schwer«, schnauzte er die Hungrigen an. »Der Erste muss hier stehen«. Er zeigte auf eine Stelle neben der Tür. »Muss ich hier erst mit dem Knüppel kommen?«

Niemand hatte den Ausgang versperrt. Trotzdem wichen die Männer und Frauen zurück. Ich fand diesen Wichtigtuer unerträglich. Knüppel. Die Leute blieben ruhig. Keiner sagte ein Wort. Ein Mann kam aus dem Laden, rief: »Nummer eins«. Ein alter Mann mit Krückstock humpelte auf ihn zu. Kurz darauf kam er mit einer vollen Plastiktüte zurück, zog eine Keksdose heraus, zeigte sie einer älteren Frau. Sie nickte. »Du musst auch mehr essen.«

Uwe stand in der Schlange, die Arme vor der Brust verschränkt, schwieg. Nach und nach kamen die Leute mit gefüllten Plastiktüten aus dem Laden. »Macht mal zu«, drängelte ein zweiter Mitarbeiter. »Ich will Feierabend haben. Ich habe heute in meiner Kneipe bis fünf Uhr morgens gearbeitet. Letzte Nacht habe ich innerhalb von zwei Stunden 1000 Mark eingenommen.« Er lachte, schien nicht zu merken, dass er die Menschen, die hier anstanden für ein bisschen Essen, brüskierte.

Eine Frau lehnte sich mit dem Rücken an den Türrahmen. »Weg hier«, fuhr der Mann im gelben Pullover sie an. »Ist das denn so schwer zu verstehen? Der Erste muss hier stehen. Wie oft soll ich das denn noch sagen.« Wortlos ging die Frau etwa einen halben Meter zurück hinter die unsichtbare Linie, die der Gelbe gezogen hatte. »Er ist heute wieder ganz wichtig«, flüsterte eine ältere Frau Uwe zu. Er legte den Zeigefinger an die Lippen, flüsterte: »Sei bloß still«. Ein Mann kam mit einer Tüte Milch in der Hand aus dem Laden, riss sie auf, trank hastig.

Endlich war Uwe an der Reihe. Am Eingang trug er einen unleserlichen Kringel in die Liste ein, ging an die Theke. Der Gelbe kam. »Habt ihr euch hier etwa zu zweit angestellt«, fuhr er das Pärchen neben Uwe an. Dabei war an der Theke Platz für alle drei. »Du gehst jetzt wieder nach hinten«, herrschte er die junge Frau an und nickte mit dem Kopf in Richtung Tür. Die Frau gehorchte. »Tja«, rief er ihr hinterher, »so ist das hier«.

Mit einer gut gefüllten Plastiktüte verließ Uwe den Laden. Er hatte einen Beutel Rosenkohl, ein Graubrot, eine Packung Philadelphia-Käse, zwei Käsestangen, zwei Liter Milch und ein Stück Kuchen ergattert. »Das reicht für zwei Tage«, sagte er und stopfte sich das Stück Kuchen in den Mund. Der rüde Ton des Aufpassers ließ ihn kalt. »Wenn du unten bist, stehst du nicht mehr auf, wenn dich jemand behandelt wie Dreck. Du erwartest nichts anderes mehr«, sagte er.

Bevor ich den Artikel schrieb, bat ich den Verein um eine Stellungnahme. Der rüde Ton sei »gewiss nicht so gemeint«, verteidigte der Vorsitzende den Wichtigtuer in Gelb. Die Klientel der Tafel sei »mitunter auch nicht immer das Einfachste«. Da »kann es schonmal passieren, dass die Mitarbeiter, die von morgens bis abends ehrenamtlich arbeiten, die Nerven verlieren«. Von einem Mitarbeiter könne man nicht auf alle schließen. Wohl wahr. Allerdings hatten sich die Leute brav angestellt und keinen Stress gemacht.

Uwe war mit den Artikel zufrieden. »Der wird in Zukunft bestimmt netter sein«, sagte er. Ein Zeichen, dass ihn der Ton doch nicht kaltgelassen hatte.

So plötzlich wie Uwe in Bremen aufgetaucht war, so plötzlich war er verschwunden. Ging. Ohne ein Wort. War einfach nicht mehr da. Als ich nach Feierabend bei ihm klingelte, öffnete er nicht. Hinterließ ein Chaos in seiner Wohnung. Kalle, dem er die Miete schuldig blieb, verlor kein Wort darüber.

Meine Mutter rief an. Uwe war wieder bei ihr und voll drauf. Neun Monate war er in Bremen gewesen.

Heute hätte er es vermutlich leichter, wieder einen Job zu finden. In der Gastronomie werden Leute gesucht, auch ungelernte, Supermärkte brauchen Aushilfen. Damals wurden überall Stellen abgebaut. Das Jahr 1997 war für den Bremer Arbeitsmarkt »das schlechteste seit Kriegsende« gewesen. Über

40 000 Menschen waren arbeitslos gemeldet, deutschlandweit mehr als 4,3 Millionen. Es war schwer, auch nur einen Hilfsjob zu ergattern.

So sehr sich Uwe auch bemühte, er bekam keine Chance mehr. Er hatte den Anschluss verloren. Doch selbst, wenn er einen Job gefunden hätte. Was hätte ihn erwartet? Öde, schlecht bezahlte Arbeit, von der er gerade mal so hätte leben können. Unbezahlte Überstunden, kaum Freizeit. Kann man ihm verdenken, dass er ein Leben im Rausch vorzog?

Uwe in Hamburg

Es dauerte eine ganze Weile, bis ich meinen Bruder wiedersah. Am Hamburger Hauptbahnhof, wo er seinen »Geschäften« nachging. Ich war inzwischen nach Hamburg gezogen. Uwe wohnte auch hier, hatte ein Zimmer in einer WG. Einmal, ich ging mit Lui, einem Freund, über den Hauptbahnhof, trafen wir Uwe. »Was machst du hier?«, herrschte ich ihn an. Uwe zeigte uns bereitwillig irgendwelche Pillen. »Du hörst sofort damit auf«, schnauzte ich ihn an. Uwe blieb cool. »Meine Welt ist das hier.« Dann ließ er uns stehen.

Es gab zwei Uwes. Den, der mir drohte, meine Bude abzufackeln. Einmal hatte ich ihm während meines Urlaubs meine Wohnung überlassen. Als ich zurückkam, herrschte Chaos. Ich hatte 500 Mark von Uwe auf meinem Konto, drohte, davon den Schaden zu bezahlen. Uwe schrie ins Telefon: »Wenn du mir das Geld nicht zurückgibst, brenne ich dir die Bude nieder.« Bei der Stadt Hamburg versuchte ich, eine Meldesperre für meine neue Adresse einzurichten; sie wurde abgelehnt.

So weit waren wir gekommen. Ich hatte Angst vor meinem Bruder.

Monate später rief der andere Uwe mich an, als wäre nichts gewesen. Er war entsetzt, als ich ihm von seiner Drohung erzählte. »Was habe ich gesagt?! Entschuldige, Schwesterchen, entschuldige, bitte.« Er konnte sich nicht erinnern. Natürlich verzieh ich ihm. Also fingen wir nochmal von vorne an, wie so oft.

Kurz darauf, als ich ihn wieder am Hamburger Hauptbahnhof traf, wirkte er bedrückt, keine Spur mehr von dem Selbstbewusstsein, mit dem er seine Sucht früher verteidigt hatte. »Kannst du dich bitte morgen früh um acht Uhr mit mir hier treffen und mir eine Fahrkarte kaufen?«

Uwe hatte sich einen Therapieplatz in Schleswig-Holstein besorgt. Auf dem Land, etwa 30 Kilometer von Hamburg entfernt. Er sagte nicht: »Ich hab die Schnauze voll« oder »ich kann nicht mehr«, geschweige denn »ich will ein neues Leben anfangen.«

Als ich mich am nächsten Morgen aus dem Bett quälte, war ich sicher, dass Uwe mich versetzen würde. Doch er stand auf dem Bahnsteig, wirkte nüchtern, hatte seinen Seesack geschultert. Ich kann nicht beschreiben, wie ich mich freute. Endlich, endlich … Ich kaufte ihm eine Fahrkarte und ein Franzbrötchen für unterwegs. Auf dem Bahnsteig umarmten wir uns. »Ich ruf dich an, wenn du mich besuchen darfst.«

Ich weine, während ich diese Zeilen schreibe, so froh, so voller Hoffnung war ich damals. Zwei wichtige Ereignisse unserer Geschwisterbeziehung. Uwes Entzug. Unser Abschied für immer, kurz vor seinem Tod. Beide in zugigen U-Bahn-Tunneln. Was ich damals nicht wusste: Uwe war kurz vorher beim Dealen erwischt worden.

Uwe meldete sich, die Therapie hatte sich gut angelassen, er fühlte sich wohl. Es dauerte ein paar Wochen, bis ich ihn besuchen durfte. Die Klinik lag weit draußen. Er freute sich riesig, führte mich in sein Zimmer. Mein Foto hing an der Wand über dem Bett. Uwe war so gut drauf wie lange nicht, voller Zuversicht. Wir gingen spazieren. Uwe schwärmte von der Klinik, von den Leuten. Mit Akupunktur, Qigong, Kräutertees und Entspannungsbädern wollten die Therapeuten ihn von Drogen befreien.

Uwe in Berlin

Drei Monate später holte ich Uwe am Hauptbahnhof ab. Er sah gut aus, war bester Laune, sagte Sätze wie: »Du musst genug trinken, damit deine Zellen schwimmen können.« Ich hatte meinen Bruder wieder.

Er lebte damals in einer WG in Hamburg Steilshoop. Wenn ich Feierabend hatte, trafen wir uns oft am Hauptbahnhof, gingen ins Theatercafé, saßen draußen, schwatzten. Uwe war clean, aber er hatte keine cleanen Freunde mehr, keinen Job, keine Aufgabe. Ich fürchtete, dass ein Rückfall nur eine Frage der Zeit sein würde.

Zu dieser Zeit bekam ich das Angebot, nach Berlin zu gehen. Ich fragte Uwe, ob er mitkommen wolle. Ich wollte ihn in Hamburg nicht alleine lassen. Meine Mutter lebte inzwischen in Spanien.

Wir saßen vor dem Theatercafé in der Sonne, als ich ihn fragte. »Ich muss es wissen, damit ich eine größere Wohnung suchen kann.« Uwe wollte es sich überlegen. Ein paar Tage später hatte er entschieden, mit mir in die Hauptstadt zu ziehen.

Ich freute mich. Uwe freute sich. Wir träumten von einem Happy-End. Keine Drogen mehr, das war unsere Vereinbarung, sonst würde er rausfliegen.

Ich fand eine Wohnung in Berlin-Friedrichshain. Drei Zimmer, Altbau, Holzdielen, Erker. Uwe bat mich, seine Stereoanlage vor dem Umzug aus dem Leihhaus zu holen. Er hatte sie versetzt, um an Bargeld zu kommen. Ich stritt mit der Mitarbeiterin im Leihhaus, die mir die Anlage trotz Vollmacht nicht geben wollte. Ich quatschte sie mürbe, bis sie nachgab. Mit dem Taxi schaffte ich die Anlage zu mir nach Hause, kam zu spät und völlig verschwitzt zu meiner Abschiedsparty, die Kollegen für mich auf einem Boot am Hafen organisiert hatten.

Kurz darauf zogen wir um. Uwe hatte nicht mehr als eine Matratze und einen Seesack. Ich stieg in den Zug und fuhr nach Berlin. Uwe kam mit dem Flixbus nach.

Ich richtete das Balkonzimmer für ihn her. Ein schönes Zimmer, hell, mit hohen Fenstern, Korbsessel, Tisch und Stehlampe, schlicht, aber gemütlich. Uwe war begeistert, wie schön sein Zimmer war.

Es ließ sich gut an mit Uwe in Berlin. Wir fuhren zu Ikea, kauften Lampen und Vorhänge. Im Kiez hatte ich bei einem Antiquitätenhändler ein altes Küchenbuffet entdeckt. Ich war unschlüssig. Uwe sah sich den Schrank an und entschied: »Den nehmen wir.« Das Buffet steht noch heute in meiner Küche. Abends gingen wir zum Poetry-Slam oder in die Kneipe. Uwe erzählte nicht viel von seinem Leben. Wenn er erzählte, war es wie ein plötzlicher Ausbruch. In Hamburg habe er einen Mord beobachtet, erzählte er einmal unvermittelt. An den Bahngleisen, irgendwo am Hamburger Hauptbahnhof, habe ein Dealer einen Mann erstochen. »Das Blut spritzte, viel Blut, aber es war dick. Will man nicht sehen.« Keine Ahnung, ob die Geschichte stimmte. So plötzlich, wie Uwe zu erzählen angefangen hatte, schwieg er auch wieder. Sein Gesichtsausdruck ließ keine Fragen zu. Und ich hielt mich daran, auch wenn es mir schwerfiel und Fragen eigentlich mein Job ist.

Uwe bat mich, die Telefonnummer von Pepsi herauszufinden, einem Arbeitskollegen, mit dem er zusammen bei Lada gearbeitet hatte. Pepsi war vor der Wende aus Berlin nach Buxtehude gegangen. Nach dem Mauerfall zog es ihn zurück in die

Hauptstadt. Pepsi wohnte ganz in der Nähe, es dauerte keine halbe Stunde, bis er bei uns in der Küche stand. Die Wiedersehensfreude war groß. Pepsi schraubte in einer Hinterhofwerkstatt und hatte nichts mit Drogen zu tun. »Komm doch morgen einfach mit. Vielleicht kannst du da ja auch anfangen. Der Meister sucht Leute.«

Am nächsten Morgen holte Pepsi Uwe ab, nahm ihn mit zur Arbeit. Ich war skeptisch. Uwe hatte keine Zeugnisse mehr, sie waren im Laufe seiner Odyssee verloren gegangen. Zeitweise hatte er auf der Straße gelebt. Doch Uwe bekam den Job, es war wie ein kleines Wunder. Er ging nun morgens früh aus dem Haus, schraubte mit Pepsi, wie einst bei Lada. Einmal kam ich abends aus der Redaktion nach Hause. Schon im Treppenhaus hörte ich das Gelächter der beiden. Als ich die Wohnungstür aufschloss, roch es nach Gulasch. Ich war unglaublich froh. Uwe hatte einen Job, er hatte einen Freund, der nichts mit Drogen zu tun hatte, verbrachte mit ihm die Wochenenden. Er trank, okay, aber von den harten Drogen war er los.

Aus dem Tierheim holte ich eine Katze. Schildpatt, das Fell ein Flickenteppich aus schwarz, gelb, orange, rot und weiß. Über dem linken Auge ein heller Fleck. »Patsy« hatten die Pfleger sie genannt, weil sie so patzig war. Der Name gefiel mir nicht. »Fino« schlug Uwe als Namen für sie vor, weil wir in der Finowstraße wohnten. »Fino« strich unsicher durch die Wohnung, setzte einen Ködel in Uwes Boots. Er wurde sauer. Ich verstand das nicht. Der Ködel war fest, mit einem Handgriff entsorgt. »Zur Not kaufe ich dir neue Schuhe«, sagte ich etwas gönnerhaft, wie ich heute finde. Inzwischen glaube ich zu wissen, warum ein Katzenködel ihn so aus der Fassung brachte. Uwe besaß kein zweites Paar Schuhe. Aber er war versöhnt, als Fino abends unter seine Decke kroch.

Ich dachte, alles würde gut werden. Dass wir es geschafft hätten. Bald würde sich Uwe eine eigene Wohnung suchen, ein cleanes Leben führen. Doch dann kam der Meister in der Hinterhofwerkstatt mit der Kohle nicht rüber, nervte mit seinen Sprüchen, war aktiv in der NPD. Pepsi fand sofort einen neuen Job. Uwe aber hing zu Hause rum, ohne Job, ohne Aufgabe, und ich musste arbeiten, war viel unterwegs.

Als ich von einer Dienstreise zurückkam, standen alle Fenster in der Wohnung offen. Fino war verschwunden, so wie Uwe. Ich rief Pepsi an, er hatte keine Ahnung, wo Uwe war. Pepsi kam sofort. Während wir beratschlagten, wo wir Uwe suchen könnten, schloss er die Tür auf, wankte in die Wohnung. Er war zugedröhnt, das hörte man an seiner verwaschenen Sprache. »Du hast was genommen«, herrschte ich ihn an. »Nein, wie kommst du darauf, das ist vorbei«, lallte Uwe. Ich griff in seine Jackentasche, holte eine blutige Spritze heraus. »Und was ist das hier?« Uwe schwieg, sah zu Boden. »Wir hatten eine Abmachung. Wenn du Drogen nimmst, fliegst du hier raus.« Ich war stinksauer. Uwe war auf einem so guten Weg gewesen, und nun war alles umsonst. »Ich gehe nicht zurück auf die Straße«, sagte Uwe. »Doch, so war es abgemacht. Wenn du Drogen nimmst, fliegst du raus.«

»Nein. Ich gehe nicht zurück auf die Straße.«

»Doch.«

Aber dann hatte ich Mitleid. »Okay. Aber wenn du noch einmal rückfällig wirst, gehst du.« Uwe nickte und schlich in sein Zimmer. Fino stand vor der Tür, wollte rein.

Heute schäme ich mich für meine Reaktion. Wie eine Mutter, die ihr ungezogenes Kind schimpft. Ja, ich war wütend, aber meine Reaktion war falsch. Ich brachte Uwe nur gegen mich auf, machte ihn zum Bittsteller, spielte meine Macht aus, anstatt ihm zu helfen und professionelle Hilfe zu holen. In Friedrichshain waren wir umzingelt von Drogenberatungsstellen.

Es dauerte höchstens 14 Tage, bis ich die nächste Spritze in seinem Zimmer fand. Uwe war wieder drauf. Und wieder machte ich ihm eine Szene. Uwe schrie: »Ich hasse dich.« Ich schrie: »Du gehst jetzt. Sofort.« Uwe warf den Schlüssel auf den Küchentisch, ließ die Tür krachend ins Schloss fallen, polterte die Treppe runter. Weg war er. Und ich? Ich war wütend. Stocksauer. Traurig. Aber auch erleichtert, eine Zentnerlast war mir genommen. Ich war ihn leid, diesen kleinen Bruder, so leid. Er war nicht zu retten. Und nun reichte es. Endgültig. Schluss.

In Wetteraufzeichnungen lese ich, dass es damals in Berlin regnete und schneite. Wie konnte ich Uwe nur rausschmeißen? Aber damals verschwendete ich daran keinen Gedanken, so wütend war ich. Ich hatte verinnerlicht, was die Drogenberater über all die Jahre immer wieder gesagt hatten: Ein Süchtiger muss es alleine schaffen. Es muss ihm so schlecht gehen, dass er raus will. Nur dann hat er eine Chance, von den Drogen loszukommen. Außerdem hatte ich Angst, dass Uwes Drogensucht mein Leben vergiften würde. Davor, dass die Polizei meine Wohnung nach Drogen durchsuchen würde. Auch Angst vor den Leuten, die er, während ich in der Redaktion war, mit in die Wohnung schleppte und mit denen ich nichts zu tun haben wollte.

Ein paar Tage später kam Uwe, um seine Sachen abzuholen. Im Schlepptau hatte er einen jener Typen, die ich fürchtete.

Er hatte eine Bleibe in der Friedelstraße gefunden. Ausgerechnet Neukölln, dachte ich. Doch ich hatte keine Kraft mehr, ihm zu helfen. Nach diesem Streit hatte sich ein tiefer Graben zwischen uns aufgetan.

Kurz darauf flackerte so etwas wie Hoffnung auf. Uwe hatte sich bei meiner Mutter gemeldet. Er habe eine Freundin. Sie sei schwanger. Sie würden in der Wohnung sitzen und frieren, weil sie die Heizkostenabrechnung nicht zahlen könnten. Weihnachten wollte er uns die Mutter seines Kindes vorstellen. Sie würden zu mir kommen. Er wünschte sich Ente mit Klößen.

Natürlich kam Uwe Weihnachten nicht. Die Freundin, das ungeborene Kind – wahrscheinlich hat es sie nie gegeben. Meine Mutter war enttäuschter als ich. So ein Happy-End hatte sie sich immer gewünscht. Ich war böse, dass Uwe so mit ihren Gefühlen spielte. Selbstredend hatte sie das Geld für die »Heizkosten« überwiesen.

Pepsi und ich fuhren an einem Samstagabend zu Uwe, wollten sehen, wie es ihm ging. Wir mussten lange klingeln, bis er öffnete. Sein Arm war dick wie ein Fußball. Vermutlich eine verdreckte Spritze. Doch Uwe wollte nicht in die Klinik. Pepsi und ich redeten auf ihn ein. »Du kommst jetzt mit«, sagte Pepsi irgendwann und Uwe gehorchte. Auf der Fahrt saß er schweigend auf dem Rücksitz, versunken in eine Welt, zu der wir keinen Zugang hatten.

Ich brachte ihm am nächsten Tag Zahnbürste und Handtuch in die Klinik. Uwe bedankte sich, sprach aber nicht über das, was vorgefallen war. Ein paar Tage später wurde er entlassen.

Ich kümmerte mich nicht mehr darum, wie es Uwe ging. Zwar war es mir nicht egal, aber es überstieg meine Kraft. Uwe meldete sich nur noch, wenn er was brauchte.

Im April 2002 verhandelte das Amtsgericht Hamburg wegen Drogenhandels gegen ihn. Zwei Jahre, nachdem er 1999 am Hamburger Hauptbahnhof erwischt worden war. Uwe fuhr nicht zur Verhandlung. Normalerweise werden Angeklagte in solchen Fällen vorgeführt. Seinem Anwalt gelang es, Richter und Staatsanwalt zu bequatschen, die Sache mit einem Strafbefehl zu erledigen. So kam Uwe mit einer Freiheitsstrafe von vier Monaten davon, die für drei Jahre zur Bewährung ausgesetzt wurde. Der Strafbefehl wurde rechtskräftig. Ich zog weg aus Berlin.

Uwe rief mich aus der JVA Plötzensee an, wo er wegen Schwarzfahrens einsaß. Er wollte ein bisschen Geld, um sich Tabak kaufen zu können. Ich überwies ihm 50 Euro. Die Strafe hatte sich auf 1800 Euro aufsummiert, wenn sie bezahlt war, würde Uwe aus dem Knast entlassen. Meine Mutter und ich beratschlagten am Telefon und schwankten. »Gefängnis ist nie gut«, sagte ich. Meine Mutter stimmte mir zu. »Aber vielleicht begreift er diesen Warnschuss endlich mal«, sagte sie. Ich musste auflegen, hatte einen Termin. Kurz danach rief meine Mutter mich an. »Überweise das Geld, ich gebe es dir wieder. Ich will nicht, dass Uwe im Gefängnis sitzt.« Ich überwies per Eilauftrag. Uwe stand gerade unter der Dusche, als ein JVA-Beamter kam, und ihm sagte, dass er gehen könne, ja müsse, und zwar sofort. Uwe rief an, bedankte sich und ging wieder auf Tauchstation.

Diese Episode zeigt, wie sinnlos es ist, Leute, die ohne Fahrschein erwischt werden, in den Knast zu stecken. Es sind die Ärmsten der Armen, die ohne Ticket fahren, weil sie kein Geld haben. Fast 60 Prozent sind laut einer Studie langzeitarbeitslos. Über 20 Prozent obdachlos. Über 30 Prozent drogenabhängig. 13 Prozent alkoholkrank, 17 Prozent selbstmordgefährdet. Die Justiz kann die Akten kaum bewältigen. Allein in Berlin führt die Staatsanwaltschaft pro Jahr etwa 40 000 Ermittlungsverfahren wegen »Erschleichens von Leistungen«. Das Gericht hätte Uwe zur Therapie schicken sollen und nicht in den Knast. Später war er stolz darauf, dass er nur wegen Schwarzfahrens im Gefängnis war, nicht aber wegen Drogen.

Die Wohnung im Hinterhof hatte Uwe verloren, er lebte mal hier mal da und auch auf der Straße. Ich bekam das am Rande mit, meine Mutter erzählte mir davon. Wir wussten oft nicht, wo Uwe war, ob er überhaupt noch lebte. Mir graute davor, dass die Polizei bei mir vor der Tür stehen könnte, um mir zu sagen, dass Uwe irgendwo gefunden worden war. Zuckte zusammen, wenn ich hörte, dass in Berlin ein Obdachloser erschlagen worden oder erfroren war.

Eines Tages rief Uwe mich an, hatte Neuigkeiten. Er lebte in einem Wohnmobil, das nicht zugelassen war, ständig auf der Flucht vor der Polizei. Und er hatte einen Hund. Leute hätten ihm den Husky auf der Straße angeboten. Für 125 Euro, die er sich zusammengebettelt und geliehen hätte. Ein weißer Husky. Uwe nannte ihn Judy. Meine Mutter erzählte mir dagegen, Judy habe Uwes Freundin gehört. Als die Uwe verließ, wollte sie ihren Hund nicht mitnehmen. Es gab über vieles, was in Uwes Leben passierte, unterschiedliche Geschichten.

2007 zog er ins Obdachlosenheim. Wieder war es meine Mutter, die mir davon erzählte. Uwe habe nun eine Sozialarbeiterin, die sich um ihn kümmere. Endlich nahm Uwe professionelle Hilfe an. Wieder keimte Hoffnung.

Wir verabredeten uns am Maybachufer. Es war das erste Mal nach langer Zeit, dass ich Uwe traf. Ich war erschrocken. Er sah aus wie ein Penner. Aber er war bester Laune, freute sich, mich zu sehen. Wir gingen essen und dann in eine Kneipe. Gerade hatte ich mein erstes Buch geschrieben. Über Marie, unsere Großtante, die von den Nazis ermordet worden war. Ich erzählte Uwe davon, er hörte interessiert zu. Sein Leben war tabu.

Wenn mich im Büro jemand fragte, was mein Bruder mache, sagte ich die Wahrheit: Dass er drogensüchtig sei und im Obdachlosenheim lebe. Das war auch das, was Drogenberater mir empfohlen hatten: »Machen Sie kein Geheimnis daraus, das belastet Sie nur zusätzlich.«

Bei der Recherche stoße ich auf einen alten »Spiegel«-Artikel über drogensüchtige Angehörige. »Auch kann vorkommen, dass Eltern – womöglich unbewusst – die Sucht von Kindern benutzen, um eigenes Geltungsbedürfnis auszuleben, um ihr Leid vor anderen in Szene zu setzen.« Als wäre ein drogensüchtiger Angehöriger ein Accessoire. Kein Wunder, dass Angehörige lieber den Mund halten. Zu dem Schmerz, zusehen zu müssen, wie ein Mensch, den man liebt, zerstört wird, kommt die Vorsicht, überlegen zu müssen, was man sagt und wem. Journalisten und Journalistinnen sind in der Regel liberale, offene Leute. Das war mein Glück. Hätte ich noch in einer dieser schicken konservativen Kanzleien gearbeitet, keine Ahnung, ob ich das Schicksal meines Bruders offenbart hätte. Vermutlich nicht. Außerdem rief Uwe manchmal in der Zentrale an, lallte ins Telefon, was sollte ich da verheimlichen? Und mir war leichter.

Wir sahen uns selten, und auch nur, wenn ich in Berlin auf Dienstreise war. Ich hasste sie, die Fahrt mit der U8 nach Neukölln. Für mich als Journalistin eine Fundgrube für Geschichten, nicht aber, wenn der eigene Bruder dort lebt.

Einmal musste Uwe ins Krankenhaus und hatte niemanden, der auf Judy aufpasste. Irgendwas würde mir schon einfallen. Vielleicht eine Hundepension. In Neukölln traf ich einen Freund von Uwe, der mir den Hund übergab. Judy war groß, weiß, gut genährt und gepflegt. Keine Ahnung, wie Uwe das schaffte. Judy ging mit mir bis zur nächsten Ampel, dann setzte sie sich hin und weigerte sich, weiter gehen. Über Handy rief ich den Typen an. Er nahm Judy mit, versprach, nun doch auf sie aufzupassen.

Monate später weinte Uwe ins Telefon. Judy war mit dem Tierkrankenwagen in die Klinik eingeliefert worden. Darmverschlingung. Sie war operiert worden. Die Klinik weigerte sich, Judy rauszugeben, weil die Kosten, es waren über 500 Euro, nicht bezahlt waren. Ich faxte der Klinik, dass ich die Kosten übernehmen würde. Uwe durfte Judy mitnehmen. Er hatte Strolchi verloren, wir mussten alles tun, damit er Judy behalten konnte.

Des Öfteren rief mich die Tierarztpraxis von Dr. B. an. Er ist in Neukölln dafür bekannt, dass er Tiere armer Leute behandelt. Judy hatte Hühnerknochen gefressen. Die Splitter drohten ihren Darm zu verletzen. Ob ich die Kosten übernehmen würde. »Geben Sie mir bitte meinen Bruder.« Diese Standpauke konnte ich mir nicht verkneifen. »Du weißt, dass Hunde keine Hühnerknochen fressen dürfen.« Er habe doch nur einen Moment nicht aufgepasst, heulte Uwe. Klar, was passiert war: Wahrscheinlich war er zugedröhnt gewesen und Judy hatte irgendwo Reste eines Hähnchens entdeckt. Ich zahlte. Judy gab Uwe Lebensfreude, Sinn und Struktur. Beschützte ihn. Judy habe einem Dealer, der ihn angegriffen habe, das halbe Gesicht weggebissen, erzählte Uwe. Ob diese Geschichte stimmte? Ich weiß es nicht.

Uwe hatte Judy vielleicht sieben, acht Jahre. Irgendwann war sie tot. Als Uwe mich anrief, war er traurig, aber ruhig. Damals hatte ich Angst, dass er sich das Leben nehmen würde. Judy hatte ihm Halt gegeben.

Später behauptete Uwe, seine Hündin sei vergiftet worden. Von einer alten Frau aus der Nachbarschaft, die schon eine Katze vergiftet habe. Fast jedes Mal, wenn wir sprachen, wiederholte er das. Miriam, die Sozialarbeiterin, und auch der Hausmeister erinnern sich dagegen, dass Judy an Altersschwäche gestorben sei. Vermutlich brach mit ihrem Tod ein altes Trauma auf. Sein Hund hinterhältig getötet. Erst Strolchi vom Vater. Später Judy, angeblich von der Nachbarin. Es konnte gar nicht anders sein.

Mutters Sicht

Ich gab die Hoffnung nicht auf, dass Uwe eines Tages doch noch von den Drogen loskommen würde. Als Mutter gibt man die Hoffnung nie auf. Uwe hatte eine Freundin. Ich lernte sie kennen, als ich ihn in Berlin besuchte, sie wirkte »relativ normal«. Ich glaubte, mit ihr würde Uwe es vielleicht schaffen, und schlug den beiden vor, eine neue Existenz in Spanien aufzubauen. Ich betreute Ferienhäuser – vom Empfang der Gäste bis zur Endreinigung. Das Geschäft wollte ich Uwe und seiner Freundin übergeben. Sie kamen also nach Spanien, dachten aber überhaupt nicht daran, sich eine neue Existenz aufzubauen. Sie schliefen nur, soffen, lagen am Strand und faulenzten. Einmal kam ich von der Arbeit nach Hause. Uwe wollte Gulasch für uns alle kochen. Er lag noch im Bett, seine Freundin war gerade aufgestanden. Sie sagte: »Ich habe heute Nacht so geschwitzt. Ich musste erstmal in den Pool.« Es war nicht auszuhalten mit den beiden, ständig waren sie zugedröhnt.

Ich kaufte seiner Freundin ein Flugticket. Sie flog zurück nach Deutschland. Uwe zog sofort los, ich fand ihn bei einem Kumpel in einem total verwahrlosten Garten, völlig weggetreten. Dann lag er nur noch im Bett, trank Schnaps, verschwand, ohne ein Wort. Einmal war er die ganze Nacht am Strand, fand den Weg nicht zurück. Ich suchte ihn. Als Nichtbetroffene kann man sich das gar nicht vorstellen. Du suchst dein Kind, weißt nicht, wo es ist. Damals gab es noch keine Laternen am

Strand. Du kannst nicht schlafen, bist verzweifelt. Irgendwann gegen Morgen kam er angetorkelt.

Ein Leben mit Uwe war unmöglich. Trotzdem habe ich später noch mehrere Anläufe unternommen, ihn nach Spanien zu holen. Ich kannte einen deutschen Kfz-Mechaniker, den habe ich gefragt: »Mein Sohn war heroinabhängig. Er würde gerne in Spanien Fuß fassen. Kannst du ihm helfen?« Er antwortete: »Schick ihn her. Jeder hat eine zweite Chance verdient«. Uwe ging nicht hin.

Ich fragte einen ehemaligen Kneipenwirt aus Hamburg, der sich um Alkoholiker kümmerte, weil er selbst mal abhängig gewesen war. »Schick deinen Sohn zu mir, das kriege ich schon in Griff.« Uwe ging nicht hin.

Am Ende ist er immer wieder zurück nach Berlin geflogen, auch, weil es mit ihm einfach nicht auszuhalten war. Monatelang wusste ich nicht, wo er war, er meldete sich nur, wenn er was brauchte. Dann zog Uwe in Berlin ins Obdachlosenheim. Die Leiterin sagte zu mir: »Es muss schrecklich für eine Mutter sein, wenn ein Kind im Obdachlosenheim wohnt.« Ich antwortete: »Nein, es ist gut, weil ich jetzt weiß, wo er ist«. Jeden Monat schickte ich Uwe ein Paket mit Kleidern, Lebensmitteln und 50 Euro. Uwe rief an, bedankte sich. In lichten Momenten bereute er sicher, wie sein Leben lief. Doch meistens war er damit beschäftigt, Stoff zu kriegen. Nur Heroin war ihm wichtig. Uwe hat mir mal erzählt, dass er Methadon kriegen würde. Er hat sich einen Wattebausch hinten in die Wange geschoben, mit dem er das Methadon aufgesogen hat, um es anschließend auszupressen und zu verkaufen.

Wenn wir Behinderte sahen, sagte ich manchmal zu ihm: »Guck mal, der wäre froh, wenn er so ein Leben gehabt hätte wie du.« Uwe wollte das nicht hören. »Lass mich damit in Frieden.« Einmal sah er ganz schlimm aus. Verfilzte Haare, dreckige Kleider, richtig runtergekommen. »Oh Gott, wie siehst du aus«, sagte ich. »Was warst du für ein hübscher Bengel. Und jetzt? Guck doch mal in den Spiegel.« Er weinte, wollte nicht mehr mit mir Essen gehen. Ich bereute, dass ich das gesagt hatte.

Uwe im Obdachlosenheim

Im Sommer 2018 besuchte ich Uwe im Obdachlosenheim. Zwischen uns war lange Funkstille gewesen. Über zehn Jahre wohnte Uwe nun schon hier, nie hatte ich ihn besucht, nie hatte er mich eingeladen. Wenn wir uns sahen, was selten vorkam, verabredeten wir uns am Maybachufer, gingen ins Restaurant oder in eine Kneipe.

Am Ende eines kargen Innenhofs saß der Hausmeister in einem winzigen Büro. Ich stellte mich als Uwes Schwester vor. Der Hausmeister war freundlich, verlangte aber meinen Personalausweis, das war Vorschrift. Er führte mich zu Uwes Zimmer, schräg gegenüber vom Büro.

Ich klopfte. Keine Reaktion. Das Haus wirkte trostlos, Schmutz an den Wänden im Hausflur, lange dunkle Gänge.

»Ich weiß, wo er sein könnte«, sagte der Hausmeister. Mit dem Fahrstuhl fuhren wir in den zweiten Stock. Dort klopfte er an eine Zimmertür. Jemand öffnete. »Ich habe eine Überraschung für dich«, sagte der Hausmeister. Uwe trat aus dem Zimmer. Als er mich sah, fing er zu weinen an. »Dass ich dich noch mal wiedersehe«, schluchzte er und drückte mich an sich. Ich schluckte an dem Kloß in meinem Hals. Mein kleiner Bruder. Ich musste ihn hier rausholen.

Mit dem Fahrstuhl fuhren wir wieder runter, gingen in sein Zimmer. Ich saß auf seinem roten abgeschabten Sofa und bot ihm an, zu mir nach Lübeck zu ziehen. Es klopfte an der Tür. Miriam, die Sozialarbeiterin, wollte »den hohen Besuch« begrüßen. Wir hatten uns noch nie zuvor gesehen. Sie ermunterte ihn, zu mir zu ziehen. Uwe schwieg. »Ich denke darüber nach«, sagte er. Ein paar Wochen später rief er mich an. »Was soll ich in Lübeck? Ihr seid den ganzen Tag arbeiten. Ich habe da sonst niemanden. Das hier ist jetzt meine Familie.«

Als Kind behauptete Uwe manchmal, wir seien gar nicht seine richtige Familie. Seine Mutter lebe in Amerika. Er steigerte sich richtig rein in diese Idee. Einmal, es war Weihnachten, weinte er, dass seine Mutter aus Amerika ihn bald holen werde. Mein Vater fuhr ihn an, er solle nicht rumspinnen, meine Mutter war verletzt und sprachlos, das Fest gelaufen. Enttäuscht und irritiert gingen wir ins Bett.

Vielleicht spielte seine Frühgeburt eine Rolle und dass er drei Monate im Brutkasten gelegen hatte. Statt an der Brust zu liegen, hing er an Schläuchen.

Später gab er Freunde oft als Brüder aus. Uwe wollte eine andere Familie. Die hatte er nun gefunden. In einem Heim für Menschen, die ihr Zuhause verloren hatten.

Der Weg nach unten

Es gibt vieles, was ich nicht über Uwe weiß, wohl auch nie erfahren werde. Was erzählen alte Freunde, seine Nachbarn aus dem Obdachlosenheim? Ohne ihre Erzählungen wäre mein Bild noch unschärfer. Uwes ältester und engster Freund war Ingo. Er wohnte in der Nachbarschaft, ging mit Uwe zur Schule, die Freundschaft überdauerte Kindheit und Jugend. Dank Internet ist es kein Problem, ihn zu finden. Wir schreiben erstmal. Uwes Tod trifft ihn härter, als ich vermutet hätte, die Beziehung war enger, als ich gedacht habe. »Uwe war ja irgendwie immer mehr mein Bruder als mein richtiger Bruder«, schreibt Ingo. Er schickt Fotos, die ich nicht kenne. Klassenfotos, Uwe bei der Marine, Uwe mit zwei blonden Mädchen im Arm. Zwar weine ich, aber ich muss auch lachen. Die Fotos zeigen meinen kleinen Bruder, wie ich ihn kannte. Charmeur auf Parties. Ingo und ich telefonieren. Mehrmals. Einmal über drei Stunden. Auch Ingo hat seinen Bruder verloren. Finn war alkoholkrank, starb vor zwei Jahren. Mit Anfang 50, wie Uwe.

Und dann erzählt mir Ingo etwas, was ich nicht geahnt habe: »Ich war dabei, als Uwe das erste Mal Heroin nahm.« Ich bin platt. Bisher war ich davon ausgegangen, dass dieser Typ, den Uwe im Studium kennengelernt hat, ihm Heroin angeboten hat. Irrtum. Als er nach Hamburg ging, hatte Uwe schon Erfahrungen mit dem Zeug.

Ingo: »Guckt mal, ich bin abgejunkt.«

Wir sind 1977 ins Dorf gezogen. Uwe wohnte schräg gegenüber. Wir sind zusammen zur Schule gegangen, so kam es, dass wir Freunde wurden. Wir sind fast wie Brüder aufgewachsen, haben alles zusammen gemacht. Das erste Mal Mofafahren – mit Uwe. Erste Zigarette – mit Uwe. Erstes Mal Autofahren – mit Uwe. Alles mit Uwe. Mein Vater sagte: »Ihr hängt ja zusammen wie Pech und Schwefel.« Er machte sich Gedanken, ob wir schwul seien, aber das war Blödsinn. Uwe war anderthalb Jahre älter als ich, er war meine Familie und mein bester Freund.

Dein Vater hat mal versucht, Uwe den Umgang mit mir zu verbieten. Das hat Uwe sich nicht gefallen lassen. Er hat gesagt: »Ingo ist mein Freund und er bleibt es.«

Uwe war mehr mein Bruder als mein echter Bruder. Finn ist vor zwei Jahren gestorben. Alkohol. Uwes Tod hat mich mehr berührt als der Tod meines leiblichen Bruders. Wenn ich an Uwe denke, sind die Erinnerungen fast alle schön. Irgendwie kann ich es immer noch nicht fassen, dass er so abgerutscht ist.

Als wir älter waren, sind Uwe und ich viel zusammen gereist, zum Plattensee nach Ungarn, nach Prag, nach Ägypten. Damals hat er nicht mal gekifft. Er trank höchstens Alkohol. Wenn er getrunken hatte, war Uwe ein fröhlicher Mensch. Aber er hatte auch sonst ein gewinnendes Wesen. Leben und leben lassen, das war seine Devise. Uwe hatte einen richtig geilen Humor. Was wir gelacht haben … Auch ein Kumpel von mir sagte, er erinnere sich vor allem an Uwes Lachen. Wenn Uwe etwas lustig fand, eine Bemerkung zum Beispiel, wiederholte er sie und prustete los. Er war, das meine ich liebevoll, auch ein kleiner Spinner, hat gerne mal übertrieben, aber nie so schlimm.

Die Scheidung seiner Eltern war für ihn nicht einfach, aber ein Weltuntergang war es wohl nicht.

Meine Eltern haben sich scheiden lassen, als ich zehn oder elf war. Wenn man dann zwischen den Eltern hin- und hergerissen wird, ist das brutal. Ich habe das besser verkraftet als mein Bruder. Ob die Scheidung der Auslöser für seine spätere Alkoholkrankheit war, weiß ich nicht. Da kamen viele Faktoren zusammen. Als sich seine Eltern scheiden ließen, war Uwe schon fast erwachsen. Er sagte zu mir: »Das ist nicht so schlimm wie bei dir, du warst erst zehn.«

Ich erinnere mich auch daran, dass sein Vater Uwes Hund hat einschläfern lassen. Strolchi war sein Ein und Alles. Natürlich hat ihn das belastet, aber ich würde nicht sagen, dass ihn das in eine tiefe Krise gestürzt hat. Jedenfalls hat man ihm das nicht angemerkt.

Uwe hatte zu seinem Vater ein sehr kontroverses Verhältnis. Sein Vater war erzkonservativ, genau wie meiner. Wir haben beide gegen unsere spießigen Väter aufbegehrt. Als seine Eltern sich trennten, hat Uwe zuerst bei seinem Vater gewohnt, weil da mehr Geld war. Als es Theater gab, zog er zu seiner Mutter, zwischendurch wohnte er bei mir oder anderen Freunden. Er klagte, er sei obdachlos. »Uwe, hör auf zu spinnen«, habe ich ihn zusammengestaucht. »Wenn du nicht weißt, wohin, kannst du immer zu mir.«

Wir sind nach Ägypten in den Urlaub gefahren, waren fünf oder sechs Wochen dort, trugen uns mit dem Gedanken, auszuwandern und uns dort selbstständig zu machen. Wir wollten Motorräder vermieten, Enduros, mit denen die Leute durch die Wüste knattern. Ich der Kaufmann, Uwe der Mechaniker. Wir haben in Ägypten auch mit Leuten gesabbelt und Kontakte geknüpft.

Als wir wieder in Deutschland waren, ist Uwe in die »Garage« gegangen, das war eine Disco in Buxtehude, und hat jedem erzählt, dass wir nach Ägypten auswandern und uns dort selbstständig machen. Zu mir kamen Leute und waren begeistert: »Das ist ja toll.« Okay, es war geplant, aber dass Uwe gleich so eine Bugwelle schob, fand ich schräg. Er nutzte die Geschichte, um sich ein bisschen wichtigzumachen.

Aus dem Plan wurde nichts, weil Uwe sein Startkapital für einen roten Mercedes ausgab. Er wäre wohl auch gerne ausgewandert, aber am Ende fehlte es ihm an Entschlossenheit. Er hatte nicht den Mumm. Als er mit dem Mercedes bei mir vorfuhr, ganz stolz, habe ich zu ihm gesagt: »Uwe, wir wollen doch nach Ägypten«. Er antwortete: »Ja, du brauchst dir keine Sorgen machen, es ist genug Geld da«. Damals habe ich zu Pepsi gesagt: »Das wird nichts.« Und so war es dann auch.

Klar war ich enttäuscht. Aber ich wusste ja, dass Uwe so ein Wackelkandidat ist. Ich habe ihm dann ein Ultimatum gesetzt: »Bis Weihnachten muss ich das wissen.« Uwe hat nie abgesagt. Er hat es einfach auslaufen lassen. Er hatte nicht den Mut zu sagen: »Pass auf, das wird nichts. Ich habe das Geld nicht.«

Später flog er mit Matthias, einem früheren Kollegen, nach Florida. Dort holten sie amerikanische Schlitten nach Deutschland, rüsteten sie um, lackierten sie in knalligen Farben und verkauften sie. Matthias machte später ein richtig gutes Geschäft daraus. Da wollte Uwe eigentlich einsteigen, auch daraus wurde nichts.

Aber ansonsten war Uwe ein feiner Kerl. Wir redeten sehr offen über unsere Gefühle, auch, als wir jünger waren, in einem Alter, in dem es cool war, keine Schwäche zu zeigen, gerade bei Männern. Meine erste große Liebe traf ich in Jugoslawien. »My

Way« von Frank Sinatra war unser Lied. Immer, wenn Sinatra lief, wusste Uwe, Ingo hat wieder eine weiche Birne. Er fand das Lied auch total geil. So wurde er Sinatra-Fan. Das war damals ziemlich ungewöhnlich, weil es eher die Musik unserer Eltern war.

Uwe fuhr 1991 nach Frankfurt zum Konzert. Ich war gerade irgendwo in der Welt unterwegs. Zwei Jahre später waren wir zusammen bei einem der letzten Konzerte in Hamburg. Uwe hatte Karten besorgt. Er trug einen dunkelblauen Anzug und eine grüne Krawatte. Wir tranken Champagner. Das war im Juni 1993.

Gesoffen haben wir alle ganz schön, wenn ich mir so die Bilder angucke. Uwe hat auch immer relativ viel gekifft. Er wurde dann lahmarschig. Aber es war so ein Bockding, eine Art Freizeitbeschäftigung, an Wochenenden und auf Feten. Ich konnte nicht erkennen, dass er schon abhängig war. Das war ein schleichender Prozess. Als Uwe das erste Mal Heroin nahm, war ich dabei.

Jojo, ein alter Kumpel von uns, war im Sommer 1995 in Thailand gewesen. Auf der Rückreise schmuggelte er Heroin nach Deutschland. In einem Kondom, das er sich in den Anus gesteckt hatte. Er war dann bei Uwe, der mich anrief und total euphorisch war. »Jojo ist da, er hat was mitgebracht, komm vorbei.« Ich bin dann zu Uwe gefahren. Tja. Und dann haben wir zusammen Heroin geschnupft.

Uwe war total begeistert, machte ein tierisches Theater. Ich verstand das nicht, fand es gar nicht so toll, merkte nichts.

Danach war das so ein Partyding. In den 1990ern nahmen tierisch viele Leute was. Wir fuhren nach Hamburg, holten uns Heroin, aber immer nur, wenn Party war. Danach war das Thema durch. Für mich zumindest. Uwe zog dann nach Hamburg, ging auf die Technikerschule. Er wollte nicht mehr schrauben und sich stundenlang das Öl von den Händen waschen. Kfz-Sachverständiger wollte er werden. Uwe hatte schon Ziele, aber kein Durchhaltevermögen. In Hamburg jobbte er an einer Tankstelle an der Elbchaussee, erzählte von Fernsehmoderatoren und anderen Promis, die da tankten. Und auch von reichen Frauen, die mehr wollten als nur Benzin.

Als ich fürs Studium ein Praktikum auf dem Bau machen musste, wohnte ich ein paar Tage bei ihm. Er freute sich, dass jemand da war, weil er alleine in Hamburg war. Alle seine Kumpels waren ja in Buxtehude. Ich glaube, er war einsam. Da war er noch nicht auf Droge.

Einige Zeit später merkte ich, dass seine Stimme leierte, wenn wir telefonierten. Kurz darauf hörte ich, wie er schnupfte.

Mit Jojo fuhr ich zu ihm, wir machten uns Sorgen. Als wir ankamen, saßen Gestalten bei Uwe im Wohnzimmer, denen man sofort ansah, dass sie mit Drogen zu tun hatten. Jojo, der sich in der Szene besser auskannte, sagte: »Das sind Junkies«. Wir waren ziemlich geschockt.

Wir gingen mit Uwe noch was trinken, versuchten auf ihn einzuwirken. »Uwe, du musst mal langsam ein bisschen aufpassen, dass du nicht abrutschst.« Er ließ uns abblitzen. »Wieso? Ist doch gar nichts los.«

Jojo und ich waren seine besten Freunde. »Und was ist mit diesen Leuten?«, fragten wir ihn. Uwe meinte nur, und das werde ich nie vergessen: »Das sind jetzt meine Freunde«.

Da haben wir ganz schön kariert geguckt. Wir waren aussortiert und enttäuscht. Aber es hatte keinen Zweck. Uwe war nicht mehr zu erreichen. Wir waren später dann noch mal bei ihm. Aber da wohnte schon so ein Typ bei ihm, dem man sofort ansah, dass er aus dem Fixer-Milieu stammte. Ich glaube, er war mit Uwe auf der Technikerschule. Jojo sagte: »Wenn Uwe jetzt den Punkt nicht erwischt und begreift, dass er ein Problem hat, dann schafft er auch eine Therapie nicht.«

Und dann, Ende 1995 muss das gewesen sein, waren Jojo und ich in Buxtehude unterwegs. Als wir aus dem Auto stiegen, kam Uwe plötzlich angerannt, riss die Ärmel seines Pullovers hoch. Seine Armbeugen waren blutunterlaufen und zerstochen. »Guckt mal, ich bin abgejunkt«, rief er. Wir standen da, völlig geschockt. Uwe wirkte fast so, als sei er stolz. »Alter, was ist denn mit dir los?«, fragte ich. »Ich bin abgejunkt«, wiederholte Uwe. Wir waren entsetzt, sind dann mit Uwe ins Canapé gegangen und haben Bier getrunken. Wir hatten das Gefühl, dass er mit seiner Drogensucht angab. Das fand ich befremdlich. Das ist doch nichts, womit man angibt. Aber auch damals habe ich nicht geglaubt, dass er sich jeden Tag einen reinballert.

Heute denke ich, dass er die Schule wahrscheinlich nicht gepackt und sich in Drogen geflüchtet hat. Uwe war schon immer bequem und alles, was unangenehm war, hat er verdrängt. Zuhause wurde er ja auch wie ein kleiner Prinz behandelt, was auch verständlich war, nach seiner Frühgeburt. Alle Unwägbarkeiten wurden ihm aus dem Weg geräumt. Pepsi meinte auch mal, dass Uwe immer den Weg des geringsten Widerstandes gegangen ist. Wahrscheinlich hatte er gemerkt, dass die Schule eine Nummer zu groß für ihn war und dass er hätte lernen müssen, um durchzukommen. Kfz-Mechaniker war sowieso nicht sein Traumberuf.

Bis 1997 hatte ich noch Kontakt zu Uwe. Doch er entfernte sich immer mehr, was ich sehr heftig fand. Ich hatte das Gefühl, mit Uwe kein vernünftiges Wort mehr reden zu können. Er lebte in seiner eigenen Welt, hinter einer Betonmauer, durch die man nicht mehr durchkam.

Wir haben ein paar Mal versucht, mit Uwe was zu machen. Das war schon zu der Zeit, als er aus Hamburg weg war und wieder bei seiner Mutter wohnte. Jojo und ich sind nachmittags zu ihm gefahren. Uwe öffnete die Tür, war total verpennt, völlig zugedröhnt. Er lag nur noch im Bett, mit ihm war nichts mehr los.

Ich weiß noch, wie ich ihn das letzte Mal gesehen habe. Ich wohnte damals in einem kleinen Häuschen. Jojo war gerade bei mir eingezogen. Auch er hatte Drogenprobleme, aber eine Therapie gemacht. Uwe kam zu mir. Zwischendurch hatte er bei Matthias gewohnt. Der hatte das Geschäft mit den Oldtimern groß aufgezogen. Auf seinem Gelände hatte er Wohnwagen stehen. Uwe übernachtete dort. Irgendwann ging das nicht mehr, Matthias hatte ja Kunden. Also kam Uwe zu mir. Er trug ein großes Kreuz um den Hals, fing an rumzuspinnen, von wegen Jesus und Barmherzigkeit und so. Er erzählte, dass er gesehen hätte, wie in Hamburg ein Mann abgestochen worden sei. Wir glaubten ihm nicht.

Jojo und ich guckten uns nur an. Ich sagte: »Uwe, wenn du entziehen willst, so wie Jojo, steht meine Tür immer für dich offen. Aber du kannst nicht von mir erwarten, dass du hier unterschlüpfst, um dir Drogen reinzuhauen. Das geht nicht.« Wir redeten dann massiv auf ihn ein: »Mensch, Uwe, du musst jetzt abspringen, damit du es schaffst.« Er sagte nur: »Das ist nicht so einfach, wie ihr euch das vorstellt.« Ich wusste von Jojo aber, dass man es schaffen kann. Jojo hatte kurz vorher in meiner Wohnung einen kalten Entzug gemacht. »Uwe, wenn du das willst, dann kannst du das schon schaffen.« Aber man kam nicht mehr an ihn ran. Er lehnte jegliche Hilfe ab. Es war aussichtslos. Er pennte die Nacht bei mir, zog am nächsten Tag weiter. Danach habe ich ihn nie wieder gesehen.

Leute erzählten mir später, dass Uwe sie am Hamburger Hauptbahnhof um Geld angeschnorrt hätte. Ich habe immer mal wieder an Uwe gedacht, mich gefragt, was wohl aus ihm geworden ist. Auch Jojo verlor ich aus den Augen. Er wurde wohl noch mal rückfällig, machte eine Therapie. Auch das ist schon über 20 Jahre her. Wo er jetzt steckt, weiß ich nicht.

Bei meinem Bruder fing es ähnlich an wie bei Uwe. Er war unsicher, wollte sich betäuben, kiffte und trank. Später, wenn ich ihn sah, war er immer vollgesoffen. Mein Bruder und ich hatten durch die Scheidung meiner Eltern nicht gerade eine glückliche Kindheit. Man muss das irgendwann verarbeiten. Wenn man das nicht schafft, sind Alkohol oder Drogen ein Mittel, um sich die Welt rosa anzumalen. Mein Bruder floh in den Alkoholismus. Mit meiner Mutter war ich beim Blauen Kreuz. Die Mitarbeiterin sagte zu uns: »Es mag für Sie ganz, ganz hart klingen. Aber er ist schon in einem solchen Stadium, dass ihm nicht mehr zu helfen ist. Wir Therapeuten nennen das »in Liebe fallen lassen«. Sie können ihn beherbergen oder 14 Tage einsperren. Wenn er rauskommt, fängt er wieder an. Er muss an einen Punkt kommen, an dem er selbst nicht mehr will. Wenn er den nicht erreicht, geht er unter.«

Mein Bruder ist untergegangen. Uwe ist untergegangen.

Ich denke jetzt oft an Uwe, gucke mir Fotos von ihm an. Es ist echt ein Jammer. Viele Suchtkranke bauen ja eine Mauer um sich auf und leben dann in ihrer eigenen Welt. Uwe hat nie begriffen, dass er ein echtes Problem hat. Das macht mich immer noch betroffen und vor allem wütend auf diese Scheiß-Drogen. Was mich entsetzt: Dass ein Mensch, der einem so nahesteht, durch dieses Dreckszeug plötzlich so weit weg ist. Und dass du nicht mehr an ihn rankommst. Das ist eine Lebenserfahrung, auf die ich gerne verzichtet hätte.

Das Gespräch mit Ingo ist in mehrfacher Hinsicht aufschlussreich. Nicht nur, weil ich jetzt weiß, wann und mit wem Uwe das erste Mal Heroin geschnupft hat. Uwe war am Boden zerstört, als Vater Strolchi einschläfern ließ, aber er zeigte es nicht. Nach der Scheidung hatte er das Gefühl, »obdachlos« zu sein. Er riss sich die Ärmel hoch, zeigte seine zerstochenen Arme. Ein Schrei nach Aufmerksamkeit. Oder Hilfe.

Pepsi – Uwes letzter cleaner Freund

Uwe und ich waren Kollegen bei Lada. Ich war in der Endkontrolle, Uwe schraubte. Ihm war der Lappen abgenommen worden, weil er betrunken gefahren war. So kam er zu uns in die Fahrgemeinschaft, wir fuhren morgens zusammen zur Arbeit und lernten uns näher kennen. Kurz darauf bin ich von zu Hause ausgezogen; meine Frau und ich hatten uns getrennt. Uwe nahm mich auf, so habe ich ein paar Monate bei ihm gewohnt. Damals ging das mit dem Kiffen bei ihm los. Erst kiffte er nur am Wochenende, dann auch unter der Woche. Ich habe Uwe nie darauf angesprochen, warum er so viel kiffte. Wenn ich ehrlich bin, interessierte mich das nicht. Ich lebte in Scheidung, hatte mit mir genug zu tun. Uwe bewarb sich dann bei der Technikerschule und kündigte. Die Arbeit war ihm zu stupide. Ich bin wieder nach Berlin gezogen.

Von Ingo hörte ich, dass Uwe an der Nadel hing. Das konnte ich gar nicht glauben.

Nach Jahren rief Uwe mich abends an. Er war in Berlin, wohnte bei seiner Schwester. Ich bin hin, wir haben uns tierisch gefreut. Ich habe Uwe angeboten, gleich am nächsten Morgen mit zu der Werkstatt zu kommen, bei der ich arbeitete. Der Chef suchte noch jemanden. Ich dachte, dann hat er eine Aufgabe. Uwe war froh, dass er da arbeiten konnte. Am Wochenende war Uwe damals oft bei mir. Da nahm er keine Drogen. Oder ich habe es nicht gemerkt. Mit dem Job ging es nicht lange gut. Der Meister soff, saß im Knast, war Freigänger und kam nur zum Arbeiten raus. Warum er gesessen hat, weiß ich nicht mehr. Das Klientel der Werkstatt war auch so halb kriminell. Mit der Kohle kam er auch nicht rüber.

Ich habe mir einen neuen Job gesucht. Uwe wurde rückfällig, hatte ganz große Pupillen, man sah sofort, dass er was genommen hatte.

Das letzte Mal habe ich ihn gesehen, als wir ihn ins Krankenhaus brachten. Sein Arm war dick wie ein Fußball, gesagt hat er nichts. Ich habe ab und zu an ihn gedacht, wusste aber nicht, ob er überhaupt noch in Berlin lebte. Als ich ihn im Sarg liegen sah, habe ich ihn nicht mehr erkannt, so fertig sah er aus.

Uwes »neue Familie«

Zottel

Ich habe Uwe in den 1990er Jahren auf der Reeperbahn in St. Pauli das erste Mal getroffen. Ich war 17 und gerade von zu Hause abgehauen, weil mein Stiefvater gewalttätig war, er hat mich übelst geschlagen und psychisch fertiggemacht. Ich brach die Lehre ab, gammelte in Hamburg auf der Straße rum, Leute brachten mir das Schnorren bei. Mit einem Mal war Uwe da. Er hing meistens gegenüber von der berühmten Tankstelle auf St. Pauli mit Leuten ab. Da saßen wir und unterhielten uns. Uwe lud mich ins »Cloquard« ein. Er gab mir Tipps für die Straße. Von welchen Leuten ich mich am besten fernhalten sollte. Wie gesagt, ich war 17 und frisch von zu Hause abgehauen. Uwe sagte mir auch, dass ich die Finger von harten Drogen lassen solle. Kiffen, trinken, kein Problem, meinte er. Aber keine harten Drogen. Er hat das echt gut rübergebracht, aber leider ist es trotzdem so gekommen, dass ich auf Hero kam.

Wir haben über Gott und die Welt gesprochen. Ich weiß noch, dass er mir sehr viele Ratschläge gegeben hat. Wo man essen, wo man schlafen kann, wie ich lerne, in Menschen zu lesen. Ob einer falsch oder korrekt ist. Ich sollte mir die Leute genau angucken. Das habe ich mir gemerkt. Später hat mir das sehr oft den Arsch gerettet, und das habe ich Uwe zu verdanken.

Wir haben uns noch ab und zu gesehen, mal auf dem Kiez oder am Hauptbahnhof. Dann haben wir uns aus den Augen verloren. Ich bin mit ein paar Punks weiter nach Hannover und dann nach Berlin, hing am Alex rum.

Im Oktober 2018 zog ich hier ins Wohnheim. Auf der Straße ging es nicht mehr. Uwe war schon lange hier. Ich habe ihn erkannt, aber nicht gleich angesprochen. Aber bald danach saßen wir zusammen, haben über Hamburg gequatscht.

Wir sind dann richtig gute Kumpel geworden. Ich wohnte direkt über ihm. Er hat oft aus dem Fenster gerufen: »Zottel, komm mal runter.« Oder Uwe hat mit dem Besen an die Decke geklopft. Wenn ich was von ihm wollte, habe ich auf den Fußboden gebollert. Das war unser Haustelefon. Wenn er Ärger hatte, stand ich hinter ihm. Er konnte jederzeit zu mir oder meiner Frau kommen. Ärger ist auch nicht das richtige Wort. Er hatte keinen Ärger. Aber da waren halt so Sachen, die hier so vorfallen. Die für uns normal sind, aber für die andere Welt da draußen eben nicht. Uwe hat sich zum Beispiel über Simon aufgeregt, weil er ihm Geld für Drogen gegeben hatte und Simon ohne Drogen wiederkam. Er war angeblich abgezogen worden. Es ist nicht in Schlägereien oder Gewalt ausgeartet. Aber weil Uwe halt so dünn war, habe ich ihm den Rücken gestärkt. So war es auch kurz vor seinem Tod, als er mal wieder Stress mit Simon hatte, der Geld kassiert, aber keine Drogen angebracht hatte.

Uwe hat regelmäßig Geld gekriegt. Ob Arbeitslosenhilfe oder Hartz IV, weiß ich nicht. Außerdem hat er die Obdachlosenzeitungen »Motz« und »Straßenfeger« verkauft. Und er hat geschnorrt, stand vor Aldi oder Lidl. Ihm hat schon ein Zehner gereicht. Er war ja nicht mehr so hardcore drauf wie früher. Er hat vielleicht eine Kugel am Tag gekauft. Die kriegt man schon für zehn Euro. Die hat er sich dann mit Simon geteilt oder mit wem auch immer. Uwe und Simon haben eine Nase genommen oder Heroin auf Folie geraucht. Den Drachen jagen. Ich bin, wenn die es unten bei Uwe geraucht haben, rausgegangen. Es gibt Zeiten, da kann ich mir das angucken, aber es gibt Zeiten, da kann ich es nicht. Weil ich seit zehn Jahren clean bin, nur mein Methadon nehme. Ich trink noch nicht mal mehr Alkohol seit Mai diesen Jahres, weil ich damals fast dran gestorben wäre.

Ansonsten haben wir hier gesessen, uns unterhalten, viel gelacht, laut Musik gehört. Manchmal bis zwei, drei Uhr morgens. Wir hatten hier eine gute Zeit. Entweder haben wir gekifft oder getrunken. Was anderes gab es bei mir ja sowieso nicht.

Uwe hat mir erzählt, dass seine Mutter in Spanien lebt, wohin er gerne wollte. Er hatte ja regelmäßig Kontakt mit seiner Familie. Ich habe ihn auch öfters mal telefonieren sehen, wenn ich aus dem Haus gegangen bin. Er stand dann unten im Büro mit dem Telefon in der Hand. Dann wusste ich immer, dass er wieder mit seiner Family spricht. Danach hatte er immer gute Laune.

Wenn er nüchtern war, sagte Uwe: »Scheiße, wie es gelaufen ist.« Wenn er eine Zeitmaschine hätte, würde er einiges besser machen. Aber wenn er breit war, kam wieder: »Alles okay, einiges traurig, aber einiges ist auch gut, schöne Stunden gehabt, schön breit gewesen.«

Drogen sind einfach scheiße. Es heißt ja immer, wenn man breit ist, sagt man eher die Wahrheit. Aber ich fand, wenn Uwe nüchtern war, kam das raus, was er wirklich gedacht hat. Er sagte, beim Kiffen würde er bleiben, wenn er die Zeit zurückdrehen könnte. Aber harte Drogen würde er auf gar keinen Fall mehr nehmen. Geht mir auch so. Würde ich auch nicht mehr nehmen.

Er hat auch mal von mir Methadon bekommen, weil er entzugig war. Uwe war nicht im Methadon-Programm. Wir haben versucht, ihn zu überreden, meine Frau und ich, da reinzugehen. Aber Uwe wollte nicht. Er sagte: »Hab kein Bock, vom Arzt abhängig zu sein und jeden Tag da hinzugehen.« Ich antwortete: »Du musst doch auch jeden Tag zum Dealer!« Aber es war nichts zu machen.

Wenn er keine Kohle hatte, hat er einen Entzug gemacht, das ist mehrmals vorgekommen. Dann hat er gesagt: »Scheiß auf das Hero. Das ist eh eine Scheiß-Droge, gar kein Bock drauf, zieht mich wieder runter.« Und dann hatte er wieder seine Phase, da nahm er Hero täglich, dann war ihm wieder alles egal. Wir haben gesagt: »Komm, wir reden mit unserem Arzt, Alter.« Wir haben versucht, ihm das schmackhaft zu machen, aber er sagte, wenn, dann schafft er das auch alleine.

Silvester haben wir noch zusammen gefeiert. Da habe ich ihn noch aus einem anderen Zimmer geholt, weil wir hier auf ihn gewartet haben. Er hatte sich bei Klaus festgeschnackt. Weihnachten haben wir auch zusammen verbracht, glaube ich. Und wenn er nur eine Stunde hier war.

Ich bin mir nicht mehr sicher, wann ich Uwe vor seinem Tod das letzte Mal gesehen habe, vielleicht ein, zwei Tage vorher. Kann sein, dass wir nur so aneinander vorbeigegangen sind. Dass er zwei Tage vor seinem Tod Geburtstag hatte, wusste ich nicht. In der Zeit vor seinem Tod war er nur noch selten hier oben. Er war mehr mit Sascha und anderen unterwegs.

Mir ist einigermaßen klar, dass Uwe an einer Überdosis gestorben ist. Er hat es hier im Haus auch verlauten lassen, nicht zu mir, aber ich habe es von anderen gehört: »Wenn es passiert, passiert es, ich hau mir einen rin.«

Ina: »Heroin war sein Leben.«

Seit dem 6. Juli 2017 wohne ich hier. Zwei Tage später, am 8. Juli, habe ich mit Uwe das erste Bier getrunken. Wir waren fast jeden Tag zusammen, morgens haben wir oft ein Sixpack leer gemacht. Er war ein freundlicher, lustiger, intelligenter Mensch. Ich habe ziemlich schnell gesehen, was mit ihm los war. Sucht erkennt Sucht. Uwe hat mir erzählt, dass er durch einen Kumpel draufgekommen ist. Er hatte damals noch eine Freundin, die nicht mitkriegen sollte, dass er Drogen nahm. Sie hat es aber gemerkt, ihn vor die Wahl gestellt, sich noch ein, zwei Mal belügen lassen, dann war es aus. Das war wohl seine ganz große Liebe. Danach ist er so richtig abgestürzt. Sein ganzes Leben hat er mir erzählt, dass er in Hamburg am Hauptbahnhof gelebt und was er alles angestellt hat, wie er Dealer betrogen hat und so.

Heroin ist eine Droge, die muss der Teufel selbst zusammengerührt haben. Ich war zuerst auf Amphetaminen. Mit zwölf schon. Ich war immer im »Sound«, bin ja die Altersklasse von Christiane F. Auf Heroin bin ich erst sehr spät gekommen, mit 45. Drei Tage habe ich Folie geraucht, nicht mal viel, am vierten Tag hatte ich schon Entzugserscheinungen. Man wird wahnsinnig schnell süchtig von Heroin. Das sollte man nicht ein einziges Mal probieren. Ein Mal ist schon zu viel. Wirklich. Ich bin damals sofort ins Substitutionsprogramm gegangen, weil ich kein Heroin mehr anfassen wollte.

Aber Uwe hat jeden Rausch genossen, das muss man sagen, wie es ist. Heroin war sein Leben. Uwe hat immer gefeiert, als wenn es der letzte Tag wäre. »Wer weiß, was morgen ist«, war so ein Spruch von ihm. Über seine Kindheit hat er nie geredet. Kein Wort. Von seinem Vater hat er nie gesprochen. Dass seine Mutter in Spanien lebt, wusste ich. Er wäre gerne dorthin gegangen, um wieder Fuß zu fassen, aber er hat es einfach nicht gepackt.

Seit ich Uwe kenne, hat er mindestens zehn Mal eine Entgiftung gemacht. Aber er wollte danach nie in die Therapie. So wurde er immer wieder rückfällig. Er hat zwar aufgehört zu spritzen, das hat er wirklich. Aber in die Substitution wollte er nicht. Ich habe ihm sogar angeboten, ihn im Rollstuhl da hinzufahren. Uwe lehnte ab: »Ich will machen, was ich will. Ich bin sowieso schon wieder drei Tage weg von dem Zeug.« Das war sein Standardsatz: »Ich habe schon drei Tage nichts genommen.« Es stimmte nie. Er hat sich selbst belogen. Das war das Schlimmste. Einmal habe ich ihn in die Entgiftung mit dem Rollstuhl ins Neuköllner Krankenhaus gefahren. Er kam wieder, hatte ein paar Kilo zugenommen, war fit. Aber es musste nur irgendein Schwachmat kommen und ihn fragen, ob er sich mit ihm eine Murmel teilen wolle und Uwe war wieder drauf.

Wir sind oft zusammen los, ich habe ihn im Rollstuhl geschoben. Ich muss heute noch lachen. Wir sind an den Cafés vorbei. Uwe hat die Leute in Gespräche verwickelt, er sei obdachlos, bräuchte ein bisschen Geld. Die Leute haben nicht nur einen Fünfer rausgerückt, sondern ihm 20-Euro-Scheine in die Hand gedrückt, einfach, weil er so eine offene, nette Art hatte. Uwe hat es echt geschafft, in einer halben Stunde manchmal 80 Euro einzunehmen.

Er hat alles genommen, wenn er kein Braunes hatte, um die Gier zu stillen. Er selbst konnte gar nicht mehr zur Schönleinstraße laufen, um sich was zu holen. Lange bin ich es gewesen, die ihm morgens eine Murmel geholt hat. Mir war es lieber, dass ich es mache, bevor ein anderer ihn bescheißt. Aber irgendwann habe ich zu ihm gesagt: »Uwe ich habe schon so viele Vorstrafen, ich kann das nicht mehr machen.«

Dass er umgekippt ist und zu lange auf seinem Bein gelegen hat, habe ich nie geglaubt. Er hat sich das Heroin in die Leiste geballert, bis sich ein Abszess gebildet hat. Dazu passten auch die Narben, die er hatte. Das habe ich ihm auch mal auf den Kopf zugesagt. Er schwieg.

Uwe war ja total eitel, ein hübscher Kerl, hätte locker 30 Frauen abschleppen können. Zu Frauen war er galant und höflich, ein unglaublicher Charmeur. Er hat sich immer schnieke gemacht, wenn wir ausgegangen sind. »Sehe ich so gut aus, steht mir das?« Der ist nicht ausgegangen, bevor da nicht eins zum anderen gepasst hat.

Und dann dieses Bein. Er hat sich selbst ein paar Schuhe zusammengebastelt. Aus Halbstiefeln, die er mit Gummi gepolstert hat. Von außen war nichts zu sehen. Uwe konnte in diesen Schuhen auch laufen, aber eben nicht lange. Am Ende hat er es endlich geschafft, den Schuhmacher kommen zu lassen, der ihm diese orthopädischen Schuhe angepasst hat. Er war ganz euphorisch, hat erzählt, dass er sich drei Paar aussuchen dürfe. Wir haben noch beratschlagt, ob sie aus Wildleder sein sollten. Und dann kamen die Dinger. Boah, er hatte Tränen in den Augen. »Wie sehe ich denn aus? Alptraum.« Er hat sich die Schuhe ganz anders vorgestellt. Ich habe gesagt: »Mensch, Uwe. Du kannst doch weite Hosen tragen. Dann sieht man die Schuhe nicht. Ist doch toll, wenn du jetzt wieder laufen kannst.« Aber er war todunglücklich. Er wollte gar nicht mehr rausgehen. Danach ging es voll bergab.

Sein Zimmer war früher immer ordentlich, er hat abgewaschen, bei ihm konnte man immer auf die Toilette gehen. In den letzten Wochen vor seinem Tod hat er sich total gehen lassen. Morgens, wenn ich an seine Tür klopfte, hat er noch geschlafen, schickte mich weg, sagte, ich solle später wieder kommen. Uwe hatte keine Lust mehr, wollte nicht mehr. Früher hatte er Träume. Von einem Wohnmobil, mit dem er wegfahren wollte. »Kommst du mit?«, hat er mich gefragt. »Klar«, habe ich geantwortet. So blöd sich das anhört, die Schuhe haben ihm den Rest gegeben. Nicht, weil sie schlecht gewesen wären, sondern weil ihm klar wurde, dass nichts mehr geht. Dass es vorbei war, irgendwie. Er saß in seinem Zimmer, hörte Dire Straits, starrte aus dem Fenster. Ich hatte einen Fernseher, den ich ihm geben wollte. Er lehnte ab. »Uwe, du kannst hier nicht den ganzen Tag sitzen, aus dem Fenster starren und Musik hören, da wirst du irgendwann voll depressiv.« So ist es auch passiert.

Und dann ist auch noch Tina aus dem Heim geflogen, weil sie Stress hatte. Die haben oft zusammen gekifft, gequatscht bis in die Morgenstunden. Uwe war in sie verliebt, aber für sie war da nicht mehr. Er hat dann auch schon morgens härtere Sachen getrunken, hatte einen Eimer neben sich, weil er das Kotzen kriegte. Früher war er so pingelig, nun war ihm das egal. Es war voll traurig. Ich habe gesehen, dass irgendwas mit ihm von innen passiert. Wenn das mit seinem Bein nicht passiert wäre, würde Uwe heute noch da sein. Es hat ihn so belastet, weil er ein eitler Fratz war. Das meine ich lieb. Er ist immer dünner geworden. Ich habe ihm oft Essen nach unten gebracht. Aber ich glaube nicht, dass er es je angerührt hat.

Eine Woche vor seinem Tod habe ich ihn noch gesehen. Es ging ihm nicht gut. Er lag am hellichten Tage zitternd unter seiner Bettdecke, hatte aber keinen Turkey. Ich habe ihn gefragt: »Uwe, wollen wir rausgehen?« Nee. Wollte er nicht.

Ich habe dann noch ein paar Mal bei ihm geklopft und mich gewundert, dass er nicht mehr aufgemacht hat. Dann war ich ein paar Tage weg. Letztes Jahr haben wir seinen Geburtstag noch zusammen gefeiert. Als ich wiederkam, hat Miriam mich am Tor abgefangen und mir gesagt, dass Uwe tot ist. Es hat mich ganz furchtbar mitgenommen. Er war doch hier mein Halt. Dass er sich einen fetten Knaller gemacht hat, passt zu ihm. Uwe wusste, dass das eine tödliche Mischung ist. Das weiß jeder Junkie. Vor ein paar Tagen ist sein Kumpel Klaus gestorben. Gleiche Mischung.

Miriam: »Die Sucht holte Uwe immer wieder ein.«

Als ich hier im Wohnheim anfing zu arbeiten, wohnte Uwe schon hier. Damals noch mit seiner Hündin Judy – die er über alles liebte. Ich mochte Uwe von Anfang an, er war lustig, immer sehr freundlich, ich konnte mich gut mit ihm unterhalten, und er war eine total ehrliche Haut. Ich wusste, wenn ich ihn allein in meinem Büro sitzen lasse, würde er mich niemals beklauen – obwohl er damals noch voll auf Heroin war.

Irgendwann hat er mal wieder einen Entzug im Krankenhaus gemacht. Er war dann relativ lange weg vom Heroin. Jedenfalls sagte er das. Dafür hat er seinen Alkoholkonsum in dieser Zeit massiv gesteigert und alles genommen, was er in die Finger bekam, Uppers und Downers, also Amphetamine zum Aufputschen und Benzodiazepine zum Runterkommen. Irgendwann wurde er wieder rückfällig, auch wenn er mir versicherte, dass er kein Heroin mehr konsumiere. Daran stimmte höchstens, dass er sich das Zeug nicht mehr spritzte, aber auf Folie hat er definitiv geraucht.

Er hat zig Entzüge im Neuköllner Krankenhaus gemacht. Er war dann immer eine Woche stationär untergebracht. Wenn er wiederkam, hatte er die Sucht immer eine Zeit lang im Griff. Dann hatte er große Pläne, wollte sich einen VW Bus kaufen und ab nach Spanien. Das war sein großer Traum. Ich habe ihn immer ermuntert und gesagt, wie toll ich es finde, dass er noch Träume hat. Viele hier im Wohnheim haben keine Träume mehr. Er solle seine Energie nutzen und was draus machen. Einmal konnte ich Uwe überzeugen, zum Entzug in ein anderes Krankenhaus zu gehen. Durch meine vielen Besuche im Neuköllner Krankenhaus hatte ich den Eindruck, dass es dort eher um das Absitzen der Woche mit altbekannten Gesichtern geht. Er ging ins Jüdische Krankenhaus, aber leider musste ich Uwe bei meinem ersten Besuch gleich wieder mitnehmen – er hatte gegen die Rauchzeiten verstoßen. Das war total schade, weil Uwe so motiviert und gut drauf war. Auch mein Versuch, die Stationsärztin davon zu überzeugen, ihm noch eine Chance zu geben, brachte nichts. Sie meinte, es wäre unfair den anderen Patienten gegenüber.

Die Sucht holte Uwe immer wieder ein. Über kurz oder lang wurde er rückfällig. Eine Langzeittherapie wollte er nie machen. Er hätte danach aus dem Wohnheim ausziehen müssen. Das wollte er auf keinen Fall, weil hier sein Zuhause war. Er hat auch den Starken markiert und gesagt, dass er alles alleine in den Griff bekommt. »Ist doch gar nüscht los«, war immer so sein Spruch. Der körperliche Entzug bzw. die Entgiftung ist aber nur der Anfang. Eine Anschlusstherapie ist die logische Konsequenz – wenn man wirklich ein Leben ohne Drogen führen will. Dafür ist es auch zwingend notwendig, seinem alten Umfeld den Rücken zu kehren und nochmal bei null anzufangen. Unser Heim ist mitten im Milieu, da standhaft zu bleiben, ist fast unmöglich.

Im Haus war Uwe mega beliebt. Die meiste Zeit verbrachte er in seinem Zimmer, hörte viel Musik und empfing Besuch. Das war sein Leben.

Eine Zeit lang ist er »arbeiten gegangen«, wie er es genannt hat. Er raffte sich dann nachmittags nochmal auf, ging zu Lidl oder Aldi um die Ecke, setzte sich in einen geborgten Rollstuhl und schnorrte. Er ist nicht losgezogen, um sich Drogen zu besorgen. Das hat er anderen überlassen.

Ich glaube, der Unfall mit seinem Bein war 2014. Uwe konnte sich nicht mehr erinnern, was mit ihm passiert war. Wir vermuten, dass er nachts einen Krampfanfall hatte. Er lag jedenfalls in einer völlig verdrehten Körperhaltung, als wir ihn fanden, sodass über viele Stunden eine Arterie in der Leiste abgeklemmt war. Uwe hätte beinahe sein Bein verloren, war lange im Krankenhaus. Nach diesem Unfall hatte er immer große Schmerzen beim Laufen.

Uwe hatte auch unzählige Krampfanfälle. Immer wieder riefen wir die Feuerwehr, aber er weigerte sich grundsätzlich, mit ins Krankenhaus zu fahren. Er behauptete immer, er sei Epileptiker. Aber das war Quatsch, er hatte die Anfälle, weil er auf Entzug war. Das wusste Uwe natürlich auch. Nur einmal haben wir ihn überzeugt, ins Krankenhaus zu fahren, da hat er phantasiert, er wäre die Nacht zuvor in Hamburg gewesen und von einem Baugerüst gefallen. Ob ich die grünen Leguane sehen würde, die über unseren Hof laufen. »Uwe, du warst nicht in Hamburg, und hier laufen auch keine Leguane über den Hof«, sagte ich zu ihm. Da war er bereit, ins Krankenhaus zu gehen, aber sobald er konnte, ist er wieder raus.

Während er hier wohnte, hatte er Kontakt zu seiner Mutter in Spanien. Sie rief regelmäßig an, um sicherzugehen, dass es ihm gut ging. Er rief sie nur an, wenn er Geld brauchte. Er war sehr sauer, wenn er kein Geld bekam, beendete daraufhin schnell das Telefonat und beschwerte sich bei mir. Er meinte, dass könne doch nicht wahr sein, er bekäme nichts, obwohl da genug Geld sei. Irgendwie hat er immer gehofft, dass seine Mutter ihn nach Spanien holt. Er war enttäuscht, dass sie das nicht getan hat. Das war ein großes Thema. Ich kann gut verstehen, dass seine Mutter ihn nicht zu sich nach Spanien geholt hat.

Zu seiner Schwester, auf die er super stolz war, wollte er nicht ziehen. Das wäre vielleicht die Chance gewesen, wie man ihn aus dem Sumpf hätte rausziehen können. Aber er wollte es einfach nicht.

Uwe machte auf mich keinen depressiven Eindruck. Manche Tage war er verzweifelt, weil es mit dem Laufen so schwierig war. Als er nach Monaten des Wartens seine orthopädischen

Schuhe bekam, freute er sich und meinte »endlich kann ich wieder richtig laufen«. Das war kurz vor seinem Tod.

Am Dienstag dröhnte gegen Mittag laute Musik aus seinem Zimmer. Deshalb bin ich rein, als er auf mein Klopfen nicht reagierte. Und dann lag er da, auf dem Boden. Mir war gleich klar, dass er nicht mehr am Leben war. Ich habe sofort die Feuerwehr angerufen und meinen Kollegen geholt. Die Feuerwehr weiß ja nicht, dass wir hier leider schon viele tote Menschen finden mussten. Sie gab uns deswegen am Telefon Anweisungen, Uwe wiederzubeleben. Das war total furchtbar. Uwe lag mit dem Gesicht auf dem Boden und sie meinten, wir sollten ihn umdrehen und die Vitalfunktionen prüfen. Wir taten das, aber da war nichts mehr. In diesem Moment funktioniert man einfach nur. Der Schock kommt erst danach. Zuerst kommen unglaublich viele Menschen, Feuerwehr, Notarzt, Polizei, Amtsarzt, der entscheidet, ob ein natürlicher oder unnatürlicher Tod vorliegt. Bei letzterem kommt die Kripo.

Natürlich haben wir bei Uwe immer Angst gehabt, dass wir ihn eines Tages so auffinden würden. Trotzdem ist man darauf nie vorbereitet. Leider haben wir keine psychologische Betreuung und müssen das mit uns selbst ausmachen. Meistens sprechen wir erst Monate später darüber – untereinander –, wenn man wieder Worte hat. Aber es bleibt schwer.

Der Hausmeister

Uwe war ein feiner Mensch, aber er hatte seine Probleme. Er hat oft erzählt, dass er eine Autowerkstatt in Spanien hatte. Ich habe ihn sehr gemocht. Das ist nicht mit allen Bewohnern so. Ich habe gegen niemanden was. Aber es gibt Leute, zu denen hat man mehr Kontakt, bei Uwe war das so. Uwe wohnte zuerst im dritten Stock. Damals hatte er einen Hund. Judy. Wir sind in der glücklichen Lage, den Leuten einen Wohnplatz mit Hund anbieten zu können. In den meisten Wohnheimen ist Tierhaltung ja nicht gestattet.

Der Hund war Uwe wichtig. Aber irgendwann war Judy nicht mehr in der Lage, die Treppen zu steigen. Sie war zu alt und schwach. Wir haben hier einen Fahrstuhl, aber der war manchmal kaputt, und der Hund musste auch mal raus. Uwe saß dann hinten in der Gartenanlage mit Judy. Irgendwann war der Hund so schwach, dass er nicht mehr in der Lage war, auf vier Pfoten zu stehen. Er hat sich die Schubkarre genommen und den Hund reingehoben. Ich sehe das Bild noch vor mir, wie er seinen Hund in der Schubkarre über die Straße geschoben hat. Er ist dann mit Judy zum Tierarzt. Der Tierarzt wäre auch gekommen. Aber Uwe hat den Hund mit der Schubkarre gefahren. Der Hund war alt und schwach. Das Ende war abzusehen.

Vor Jahren stand Uwe kurz vorm Rausschmiss. Das war auch kein Leben mehr, das er da geführt hat. Er hat sich so gehen lassen. Sein Zimmer war in einem nicht bewohnbaren Zustand. Jede Woche war irgendwas mit ihm. Entweder kam die Feuerwehr oder der Notarzt. Wir haben gesagt: »Uwe, so geht das nicht weiter. Du musst was tun. Sonst fliegst du hier raus, dann bist du auf der Straße. Das will ja wirklich keiner.« Uwe war halt krank. Dann haben wir die Möglichkeit gefunden, ihn ins Parterre ziehen zu lassen. Damit hatten wir ihn näher bei uns.

Er hat sich schon was sagen lassen. Wenn ich ihn ermahnte: »Uwe, bis hierhin und nicht weiter. Ende der Fahnenstange. Wir helfen dir, wo wir können, aber ein bisschen musst du auch schon selber machen«, dann war er einsichtig. »Ja, mach ich«. Wie gesagt, ich habe ihn gemocht.

Seine Beine waren ja nicht gleich lang. Deshalb hat er Schonhaltung eingenommen und humpelte. Man dachte, der hat was mit der Hüfte. Er hatte oft Schmerzen, war wetterfühlig. Dann hat er sich unkontrolliert Schmerzmittel eingeworfen. Die Tabletten lagen auf dem Tisch, in der Schublade, überall. So viele Schmerztabletten, da wäre ein Pferd gestorben. Und dann noch diese Kombination: Schmerztabletten, Drogen und Alkohol, das passt natürlich überhaupt nicht. Trotzdem war ich überrascht, dass es dann so schnell ging. Er hatte keinen Lebensmut mehr. Er war trotzdem ein feiner Mensch.

Auf seine orthopädischen Schuhe hat er ein paar Wochen warten müssen. Dann hat er sie mir gezeigt. Er sagte: »Wie das aussieht?!« Ich sagte: »Ich finde die gar nicht schlecht. Die passen genau.« Die waren maßgeschneidert.

Es war immer so ein Auf und Ab mit ihm. Mal hat er gesagt: »Ich trink jetzt weniger.« Ein paar Mal war er auch auf Entzug. Es gab einen Mitbewohner, der hat ihn richtig runtergezogen. Die haben jeden Tag zusammengesessen. Sein Kumpel hatte mal fünf Promille, lag im Koma. Die Ärzte haben ihn zurückgeholt. Der hat am Tag mindestens eine Flasche Schnaps getrunken. Uwe hat gerne mal einen Sangria getrunken. Er hat gesagt: »Ich trinke jetzt keine harten Sachen mehr.« Aber ich habe ihn oft genug morgens um zehn gesehen, wie er mit der Bierpulle in der Hand in seinem Zimmer saß. Er war der Meinung, dass das ja nicht so schlimm ist. Ich habe Uwe auch mal mit meinem Privatwagen ins Krankenhaus zur Entgiftung gefahren. Die wollten ihn gar nicht aufnehmen. Da habe ich gesagt: »Ich fahre jetzt nicht ohne ihn zurück. Der wird jetzt hier stationär aufgenommen.« Das ist drei, vier Jahre her. Da habe ich mich hingesetzt, zwei, drei Stunden in die Notaufnahme und gewartet.

Ich glaube, er hat sich bei uns ganz wohl gefühlt. Eine eigene Wohnung hätte er nicht mehr geschafft. Das war für ihn hier wie eine Familie. Die meisten Bewohner haben drei Probleme:

Ein Alkoholproblem, ein Drogenproblem, manche haben diese Probleme gleichzeitig, und dann haben sie das Problem der Langeweile. Die wissen den ganzen Tag mit ihrer Zeit nichts anzufangen. Wie schlägt man den Tag tot? Wenn man den Bewohner besucht, weil man was erledigen muss oder eine Unterschrift braucht, kommt man mitten in der Nacht. Viele sind nachtaktiv, am Tage schlafen sie meistens. Wenn sie morgens aufwachen, ist für sie das Wichtigste, wie sie ihre Sucht befriedigen. Woher kriege ich was? Die haben Angst, dass sie in den Schrank gucken und keine Drogen mehr finden. Dann werden die ganz hippelig. Sie denken von morgens bis abends an nichts anderes.

Ich habe Uwe am letzten Morgen nicht mehr lebend gesehen. Miriam kam gegen Mittag angelaufen und meinte: »Komm mal ganz schnell mit«. Dann haben wir ihn gefunden.

Der Wachmann

Ich kannte Uwe vier Jahre. Er hat unten im Parterre gewohnt, gleich bei uns in der Nähe des Büros. Er war öfter vorne bei mir, wenn ich Nachtdienst hatte, hat gefragt, ob ich mal eine Zigarette hätte, wenn er am Monatsende klamm war. Dann war er immer easy. Manchmal hat er zu mir gesagt: »Ich habe die Woche erst zwei Bier getrunken.« »Uwe, ist doch klasse, bist doch auf einem guten Weg«, habe ich gesagt, ohne ihm zu glauben. Manchmal war er so betrunken, dass er auf dem Flur gelegen hat. Dann haben wir ihn ins Zimmer getragen und aufs Bett gelegt. Wir haben drei Mal am Tag nach ihm gesehen. Es war auch ein Pflegedienst da, der nach ihm geschaut hat.

Er hatte schon zu ein paar Leuten Kontakt. Aber das wechselt hier im Haus ständig. Mal verstehen sich zwei, am nächsten Tag gehen sie mit dem Messer oder abgeschlagenen Flaschenhals aufeinander los, und dann sind sie wieder die besten Freunde. Uwe hat mit niemandem Stress gehabt. Er war, das meine ich jetzt nicht despektierlich, ein kleiner dünner Mann, der in seinem Zimmer saß und Musik hörte. Viele Leute sind zu ihm hingegangen, weil er eine Musikanlage hatte. Ich weiß noch, dass er mit fünf, sechs Kumpels im Januar fünf große Stiegen mit Glühwein, so 40, 50 Flaschen, leer gemacht hat. Das war schon heftig. Die saßen in seinem Zimmer und tranken Glühwein. Der Wein stammte von der Tafel, wenn ich es recht erinnere.

Mal ist er vorbeigekommen, hat eine Zigarette geraucht. »Mir geht's grad nicht so gut, aber das wird schon wieder«, hat er dann gesagt. Kaum kam einer und sagte: »Uwe, ich habe Bier«, war er weg.

Wenn Pakete kamen, hat er sich immer riesig gefreut. Er hatte wohl mal das Angebot, nach Lübeck zu gehen. Aber das wollte er nicht. »Nee, von Berlin gehe ich nicht weg. Ich bleibe hier. Da oben habe ich niemanden«, hat er gesagt. Wenn die in so einer Schleife sind, dann wollen sie die nicht verlassen.

Aber im Großen und Ganzen war er in sich gekehrt, verschlossen. Es gab Tage, da hat man ihn gar nicht gesehen. Es gab Tage, da war er top. Und dann lag er wieder betrunken auf dem Flur. Manchmal ist er morgens hier vorbeigelaufen. Er ist dann raus, ging einkaufen, kam zurück. Dann ist er in sein Zimmer und war stundenlang verschwunden. Im Großen und Ganzen darf hier jeder frei leben, wie er möchte, und das soll auch so sein. Wir passen auf, dass sich die Leute nicht gegenseitig den Schädel einhauen oder dass sie das Haus abfackeln.

Darüber, wie er abgerutscht ist, hat er nie geredet, da hat er sich vollkommen bedeckt gehalten. Ich habe ihn einmal nach seinem Fuß gefragt, da hatte er Tränen in den Augen und ist abgehauen. Darüber wollte er nicht sprechen.

Als er gefunden wurde, hatte ich Spätdienst. Draußen stand der Krankenwagen. Ich dachte, was ist denn nun schon wieder los? Als ich ins Büro kam, habe ich nur die Information bekommen: Uwe ist tot. Ich bin hin, die Tür stand offen. Die Polizei war da und der Gerichtsmediziner. Die konnten Fremdverschulden nicht ausschließen, weil das Fenster offen stand. Ich habe ihn dann da liegen sehen, aber ich bin weggegangen.

Erst abends um kurz vor elf haben sie ihn abgeholt. Die Tür wurde versiegelt.

Heimbewohner meinten später: »Wir haben ihn doch heute Morgen noch gesehen. Beim Rausgehen.«

21 *Stunden. Uwes Tod*

»Ich knall mir einen. Und wenn es vorbei ist, ist es auch gut.« Am Abend seines Geburtstags war Uwe so weggetreten, dass er den Weg zurück in sein Zimmer nicht fand. Zwei Mal stürzte er im Hof auf den Wäscheständer. Miriam, die Sozialarbeiterin, fragte ihn, ob sie den Rettungswagen rufen solle. Uwe wollte nicht gerettet werden. Am nächsten Tag sah der Wachmann, wie Uwe gegen 17 Uhr mit einer Flasche Bier über den Hof wankte. Er hatte seinen Geburtstagsrausch überlebt, ging in sein Zimmer und wurde nicht mehr gesehen.

Am nächsten Tag, es war der 18. Februar, klopfte Miriam gegen 14 Uhr an seine Tür. Musik dröhnte aus seinem Zimmer. Keine Reaktion. Mit ihrem Generalschlüssel schloss Miriam die Tür auf. Uwe lag direkt dahinter. Sie hatte Mühe, die Tür aufzuschieben. Miriam rief die Feuerwehr. Um 14.02 Uhr ging der Notruf ein. Sechs Minuten später, um 14.08 Uhr, war der Rettungswagen da, zwei Minuten später kümmerten sich Notarzt und Sanitäter um Uwe. Er lag auf dem Boden, auf der linken Seite, eingerollt wie ein Embryo. In der Hand einen Döner in Alufolie. Seine Herzstromkurve blieb flach. Um 14.12 Uhr stellte der Notarzt seinen Tod fest. Die Polizei wurde alarmiert.

Um 15.25 Uhr kam ein Kriminalkommissar mit einer Polizeianwärterin. Uwe hatte eine Platzwunde über dem rechten Auge, das Fenster stand offen. Die Ermittlungen zogen sich bis um 23 Uhr hin. Der Leichenwagen kam. In der Zwischenzeit waren die Polizisten bei mir gewesen.

Zwei Tage später beantragte der Staatsanwalt die Obduktion und ließ die Akte als »UJS-Sache gegen Unbekannt wegen Tötung« eintragen. Am gleichen Tag ordnete der Ermittlungsrichter die Obduktion an. Uwes Leichnam kam in die Gerichtsmedizin. Sein Körper war übersät von Narben, eine Landkarte von Sucht und Leid. Am rechten Oberschenkel hatte er eine Narbe, »stichförmig, bis zu acht Zentimeter lang«. Von der Leiste links zog sich eine 25 Zentimeter lange Narbe über die Innenseite des Oberschenkels. Von der Operation am Bein. Uwe hatte Narben an den Unterarmen, eine 18 Zentimeter lang. Die Ärzte hatten ihm den Arm aufgeschnitten, als der nach einer Blutvergiftung auf Fußballgröße angeschwollen war. Vernarbte Einstichstellen, sogar zwischen den Zehen. Seine Ellenbeugen waren zerstochen, vernarbt, vertrocknet.

Bis auf eine chronische Lungenkrankheit, die vielleicht daher rührte, dass Uwe Heroin auf Alufolie geraucht hatte, konnten die Gerichtsmediziner nichts feststellen. Zwar fanden sie Hinweise auf eine Vergiftung, doch die Todesursache blieb »unklar«. Die Todesart »ungewiss«. Ein toxikologisches Gutachten sollte Klarheit bringen.

Vaters Reaktion

Nach Uwes Tod rief ich meinen Großcousin an. Er übernahm es, meinem Vater die Todesnachricht zu überbringen. Vater überwinterte gerade im Ausland, rief mich wenig später zurück. »Hier ist Papa«, sagte er. Mich schüttelte es, seine Stimme zu hören. Nach Jahrzehnten. Brüchig, das Alter, fast 80, war ihm anzuhören. Ich erzählte ihm kurz, was ich wusste. Mein Vater bedankte sich. »Mir geht das ja auch nahe«, sagte er. Jeden Tag habe er an Uwe gedacht. Ich konnte mich nur schwer beherrschen, nicht in den Hörer zu schreien. Uwe war fast 25 Jahre drogensüchtig gewesen. Mein Vater hatte nicht ein einziges Mal versucht, ihm zu helfen. Der Hausmeister des Obdachlosenheims hatte Uwe mit seinem Privatwagen in die Klinik gefahren. Das wäre der Job eines Vaters gewesen. Uwe war sein Prinz gewesen, der zum Bettler geworden war. Mit einem Bettler wollte mein Vater nichts mehr zu tun haben. »Ich muss arbeiten«, sagte ich knapp und legte auf. Kurz darauf schickte ich ihm Uwes Sterbeurkunde per Mail. Das Original steckte ich in einen Umschlag, wollte es mit der Post schicken. »Die PDF-Datei reicht mir«, schrieb mein Vater. Er wollte kein Original der Sterbeurkunde seines Sohnes, wünschte mir »alles Gute« und unterschrieb seine Mail mit Vor- und Nachnamen.

Der Dealer in unserer Straße

Und dann passiert ein paar Monate nach Uwes Tod auch noch das: In der Straße, in der wir wohnen, versorgt ein Dealer seine Kunden. Die Käufer, es sind nur Männer, verraten sich, weil sie Passanten fragen, ob sie mal kurz ihr Handy nutzen dürfen. Ein Notfall. Die Leute sind erstaunlich hilfsbereit, rücken leichtsinnig ihre Handys raus. Die Süchtigen rufen dann den Dealer an, der kurz darauf, wenn die Handyverleiher wieder weggegangen sind, angeradelt kommt. Der Dealer ist höchstens Anfang 20, hat schwarze Haare, trägt meist ein blaues T-Shirt. Alles geht blitzschnell. Er nimmt die Scheine, holt den Stoff aus der Hosentasche seiner Jeans. Sekunden später ist alles erledigt. Unsere Nachbarn, sie haben zwei Kinder an der Schwelle zum Teenageralter, sind alarmiert, rufen die Polizei wieder und wieder. Die Polizei kommt zwar, verpasst den Dealer aber ständig. Seltsame Szenen spielen sich ab. Ein Junkie gräbt mit den Fingern in der Erde. Der Dealer ist gerade mit seinem Geld verschwunden. »Hat er dich gelinkt?«, frage ich ihn. Der Junkie blickt mich an. Obwohl es warm ist, trägt er einen langen dunklen Mantel, der mich an den von Uwe erinnert. Er sieht mich an, mit diesem merkwürdig entrückten Blick, den ich so gut kenne, er scheint alles gesehen zu haben und ist doch leer. Die eingefallenen Augen, die dunklen Schatten, die Haut, gelblich, ungesund, diese Gleichgültigkeit, dieses Versunkensein. Der Junkie wendet sich ab und gräbt weiter.

Ein Junkie, der nicht schnell genug ist, wird von den Polizisten kontrolliert. Am nächsten Tag ist der Dealer wieder da. Wir beobachten ihn von unserem Balkon aus. Nach dem Deal verfolge ich ihn. Mein Mann, der viele Jahre Polizist war, hält das für keine gute Idee, aber ich höre nicht. Fuck you, Drogendealer dieser Erde. Fuck you.

Der Dealer radelt nur ein paar Schritte in einen kleinen Park. Die Stadtverwaltung hat hier die Bäume und Gestrüpp zurückgeschnitten, um den Dealern das Geschäft zu verderben.

Der Dealer setzt sich auf eine Skulptur aus Granit, raucht eine Zigarette. Mittagspause. Ich könnte diesem Typen die Augen auskratzen. Ohne Übertreibung, genau das, ihm mit meinen Nägeln durchs Gesicht fahren und … Ich muss mich beherrschen. Wahrscheinlich ist er nur ein kleines Licht am Ende einer langen, langen Verwertungskette, selbst abhängig und ein armes Schwein. »Hör mal, mein Lieber«, sage ich mit einer Stimme, als wäre ich seine große Schwester, die es nur gut mit ihm meint. Ein Ton, der Uwe auf die Palme gebracht hätte. »Du musst dir fürs Dealen einen anderen Platz suchen. Die Anwohner haben dich schon zigmal gefilmt und fotografiert. In dieser Straße wohnen lauter Bullen.« Ich drehe ihm den Rücken zu, will gehen. Der Dealer sagt etwas, was ich nicht verstehe. Ich gehe ein paar Schritte zurück: »Was hast du gesagt?«, frage ich lauernd. Vielleicht haue ich ihm doch noch eins in die Fresse. Die kleine Geldstrafe sollte mir das doch wert sein. Er sagt: »Dankeschön.«

»Gern geschehen«, antworte ich. Und wundere mich, wie ruhig ich bin.

Der Dealer hat sich nicht wieder blicken lassen.

»Mein Bruder übrigens auch ...«

Nils kenne ich mein halbes Leben, nein, länger. Als wir uns kennenlernten, war ich 19. Wir sind beide Journalisten. Unsere Freundschaft hat viele Jahre und Funkstillen überdauert. Auch sein kleiner Bruder – in diesem Buch soll er Ole heißen – war drogensüchtig, kam vom Alkohol zum Kiffen, zum Koks und zum Heroin. Er starb mit 44. Ich kannte Ole, habe ihn ein paar Mal auf Parties gesehen, ein cooler, blonder Typ. Dass Ole drogensüchtig war, sagte mir Nils eines Tages fast beiläufig.

»Du kennst doch meinen Bruder? Er ist heroinabhängig.«

Ich antwortete: »Oh, das tut mir leid. Mein Bruder übrigens auch.«

»Oh ...«

So in etwa lief das Gespräch; trotz des Austauschs von Hiobsbotschaften erstaunlich nüchtern. Wir hätten reden können, schwiegen aber. Mir war es zu schmerzhaft und Nils wahrscheinlich auch. Danach warfen wir uns jahrelang ab und an ein paar Sätze zu.

»Ich habe Ole aus dem Knast ausgelöst.«

»Habe ich bei Uwe auch machen müssen.«

Beide nickten wir. Es bedurfte keiner weiteren Erklärung.

»Ole ist übrigens gestorben.«

»Oh, das tut mir leid, herzliches Beileid.«

»Danke. Und dein Bruder?«

»Nichts Neues. Wie immer. Traurig.«

So ähnlich liefen unsere »Gespräche« ab.

»Mein Bruder ist gestorben. Überdosis.«

»Oh, das tut mir leid, herzliches Beileid, war ja leider zu erwarten.«

»Ja, leider.«

Die Sprachlosigkeit zweier Angehöriger.

Erst jetzt, nach Uwes Tod und mit dem Plan, das Buch zu schreiben, denke ich: Verdammt nochmal, warum habe ich Nils nie genauer gefragt? Aber es war wie eine Wunde, an die man besser nicht rührt, weil sie so schmerzt.

Nun reden wir. Über drei Stunden. Und sind erstaunt, wie viele Parallelen es gibt: Unsere Brüder haben Kfz-Mechaniker gelernt. Ole motzte Oldtimer auf, Uwe Ami-Schlitten. Unsere Mütter fuhren beide nach St. Georg, wenn ihre Söhne auf Entzug waren. Beide wurden schwer krank. Nils' Mutter starb. Beide fühlten wir uns zurückgesetzt, weil sich alles immer nur um unsere Brüder zu drehen schien. Wir nahmen unsere Brüder auf. Nils beschäftigte Ole in seiner Firma. Nils brachte seinen Bruder in die Psychiatrie nach Hamburg-Ochsenzoll. Ich kaufte Uwe die Fahrkarte nach Bokholt in die Suchtklinik. Wir fühlten uns für unsere kleinen Brüder verantwortlich, hofften, wurden enttäuscht und werden heute noch von Schuldgefühlen geplagt.

Vermutlich geht es vielen Angehörigen so wie uns. Das Gespräch mit Nils hat mir sehr geholfen, weil ich weiß, dass ich nicht alleine bin mit meiner Erfahrung. Mit meinem Schmerz, mit meinen Schuldgefühlen.

Nils: »Shit brachte es wohl nicht mehr, Koks auch nicht, und dann kam eben Heroin.«

Ich habe meinen kleinen Bruder mit großgezogen. Er war sieben Jahre jünger. Als er 1961 zur Welt kam, habe ich ziemlich schnell Verantwortung für ihn übernommen. Unser Vater war ausgezogen, Mutter musste arbeiten. Früher war es so, dass die älteren Geschwister auf die jüngeren aufpassten. Mein kleiner Bruder spielte unten in der Sandkiste. Ich saß oben in der Wohnung über meinen Hausaufgaben, guckte runter. Er war ein Sonnenschein, wirklich ein Sonnenschein, der niemandem Ärger machte. Ich habe ihn geliebt, meinen kleinen Bruder, und wenn man dann so miterlebt, wie er so absackt …

Beim Reden merke ich jetzt, dass ich zögere. Meine Nichten und Neffen und auch meine Kinder wissen, woran mein Bruder zugrunde gegangen ist. Trotzdem gibt es da so einen komischen Reflex, Rücksicht zu nehmen. Auch seiner letzten Freundin habe ich versprochen, dass ihre Eltern nichts von den Drogen erfahren. Jetzt frage ich mich, warum eigentlich nicht? Was haben die beiden ihren Eltern vorgespielt?

Es ist eigenartig, dass man immer irgendwen schützen will, dabei ist eigentlich gar keiner mehr da, den man schützen müsste. Mein Bruder ist tot. Meine Mutter ist tot. Es wäre sogar richtig, Leute zu schützen, und zwar in dem Sinne, dass man sie vor diesem Weg warnt. Deshalb sollte ich Tacheles reden, weil das, was ich erlebt habe, so furchtbar war.

Mein Bruder hatte in seinem Leben einiges geschafft. Er war ein sehr guter Handballer gewesen, hatte in der Bundesliga gespielt, Kfz-Mechaniker gelernt, das Abitur nachgeholt. Er war Kamera-Assistent und schließlich Kameramann geworden. Ich verstehe nicht, wann und warum er von seinem Weg abgekommen ist und wo das gekippt ist. Diesen Punkt kann ich nicht lokalisieren. Und weil das so im Ungewissen ist, mache ich mir natürlich Vorwürfe und denke, dass ich ihn nicht genügend gefördert habe.

Ich hatte eine Filmproduktionsfirma, für die mein Bruder viele Jahre gearbeitet hat. Als Kameramann reiste er ein Jahr lang durch Südamerika. Als er zurückkam, merkte ich, dass er kokste. Wir waren vorher schon einmal zusammen in Südamerika auf Drehreise gewesen. Da hatte er sich Shit besorgt und geraucht. Irgendwann kam wohl Appetit auf mehr und er besorgte sich Koks. Das muss 1990 gewesen sein. Ole war 29.

Mein Bruder wurde dann immer unzuverlässiger im Job. Er bekam Schweißausbrüche. Auch Kunden fragten mich: »Was ist denn mit dem los? Der ist irgendwie komisch unterwegs, kommt so schnell ins Schwitzen und aus der Puste.«

Es wurde immer schlimmer. Ole war fahrig und unkonzentriert, verpennte Flüge zu Drehterminen ins Ausland, sodass ich ihn nicht mehr richtig einsetzen konnte. Ich versuchte mit ihm zu reden, fragte, ob da zum Kiffen noch was dazugekommen war. Doch darauf hat er nicht geantwortet.

Heute glaube ich, dass er schon als Kind Suchtverhalten gezeigt hat. Wenn ich aus der Schule kam, saß er oft vor der Glotze, trank Cola, Salzstangen standen auf dem Tisch. Ich sagte zu meiner Mutter: »Der futtert den ganzen Tag Salzstangen und trinkt Cola, das kann doch nicht gut sein.« Aber sie war alleinerziehend, berufstätig und froh, wenn er sich beschäftigte. Das war vielleicht schon der Anfang. Gekifft haben später ja dann alle. Ich auch. Überall wurde gekifft, sogar in der Pause auf der Schultoilette. Über meine Kinder weiß ich, dass sich das bis in die heutige Zeit durchzieht. Kiffen ist normal. Die Diskussion, ob Kiffen eine Einstiegsdroge ist oder nicht, halte ich für fragwürdig. Ich bin auch nicht vom Shit zum Kokain übergegangen, sondern habe es beim Kiffen belassen. Es ist nicht zwangsläufig so, dass man erst kifft und dann zu harten Drogen greift. Das ist Quatsch, da müssen mehrere Faktoren zusammenkommen. Bei mir hat das mit dem Kiffen von selbst aufgehört, so mit Mitte, Ende 20. Härtere Drogen habe ich nie genommen. In meiner Jugend sind zwei Leute an den Folgen ihres Drogenkonsums gestorben. Sie hatten Unfälle auf LSD. LSD war damals eine angesagte Droge, von der heute kein Mensch mehr redet. Einer der beiden ist mit seinem Moped auf der falschen Fahrspur unter einen Lkw gerast, als er auf irgendeinem Trip war. Ich wusste schon früh: Leute, die diesen Weg gehen, verlieren die Kontrolle und sterben, wenn es ganz schlecht läuft. Ich bin jemand, der nicht gerne die Kontrolle verliert.

Richtig klar, dass es um meinen Bruder schlimm stand, wurde mir das 1992, kurz bevor mein erstes Kind zur Welt kam. Da habe ich miterlebt, wie sich mein Bruder prügelte. Ein richtiger Gewaltexzess. Er wurde zunehmend aggressiv. Vielleicht waren das Entzugserscheinungen. Ich kannte meinen Bruder ja immer nur als Sonnenschein. Aber als ich nachfragte, was mit ihm los sei, schwieg er. Es blieb so eine Ahnung. Er spielte es runter, war ja auch noch ein Stück weit arbeitsfähig und hat irgendwelche Jobs gemacht. Aber dann ist er so furchtbar abgerutscht. Shit brachte es wohl nicht mehr, Koks auch nicht, und dann kam eben Heroin. Und wenn er dafür kein Geld hatte, trank er. Mein Bruder war ständig besoffen, bis er wieder Geld hatte für den nächsten Heroin-Kick.

Was ich da alles miterlebt habe …

Einmal bin ich am Hamburger Hauptbahnhof mit meinem Fahrrad in den Zug gestiegen. Das Rad hatte ich meinem Bruder abgekauft, ein schönes stabiles Tourenrad. Ein Mann kam auf mich zu und sagte: »Das ist mein Fahrrad, das Sie da haben.« Ich antwortete: »Nein, das ist mein Fahrrad, das habe ich gebraucht gekauft.« Doch der Mann ließ sich nicht beirren. »Nein, das ist mein Fahrrad. Das erkenne ich ganz genau. Ich kann Ihnen das beweisen«, sagte er. »Die Schrauben hier habe ich unterschiedlich angemalt in grün, blau und rot, um das Fahrrad zu markieren. Das ist meins. Es wurde mir geklaut.« Der Mann lenkte dann ein. »Es ist jetzt auch egal. Ich habe den Diebstahl der Versicherung gemeldet. Viel Spaß mit dem Rad, werden Sie glücklich damit. Aber fragen Sie den Verkäufer, woher er das Rad hat.« Ich stand da wie ein begossener Pudel, war geschockt, richtig stinksauer. Ich dachte, ich fahre jetzt hier mit einem Fahrrad rum, das mein Bruder geklaut hat, um es mir zu verkaufen. Ich habe meinen Bruder gefragt. Er meinte, er hätte das Rad von einem Kumpel gekauft. Tja, was soll man da sagen? Und auch von unseren Großeltern hat er einige zehntausend Euro geliehen bekommen und nie zurückgezahlt.

Damals hat er schon nicht mehr für mich gearbeitet. Er war auf so einer abschüssigen Rampe, auf der es kein Halten mehr gab. Er hatte auch ständig Blessuren von Schlägereien. Diese Drogenfreaks kloppen sich am laufenden Band. Wenn du deinen Dealer nicht bezahlen kannst, kriegst du halt richtig auf die Fresse. Mir tat das natürlich leid, aber ich fühlte mich machtlos. Ole lebte sein eigenes Leben. Einmal habe ich ihn aus dem Knast ausgelöst, hatte Geld gesammelt, weil ich ihn da rausholen wollte. Er war im Emsland bei so einer Torfstecher-Truppe. Das gibt es wirklich noch, dass Häftlinge Torf stechen. Zuerst hat er gesagt: »Nein, mir geht's doch hier gut. Ich habe eine warme trockene Zelle, kriege Taschengeld und regelmäßig zu essen, alles super.« Das Geld habe ich trotzdem eingezahlt und er ist freigekommen. Da dachte ich wieder: Jetzt kriegt er die Kurve. Aber das ist nicht passiert. Irgendwann habe ich die Hoffnung aufgegeben und trotzdem hatte ich immer noch Schuldgefühle, weil er ja mein kleiner Bruder war und ich nicht gut genug auf ihn aufgepasst habe.

Der Hamburger Hauptbahnhof ist für mich der Megahorror bis zum heutigen Tag. Da kommen die Erinnerungen hoch. Nicht nur daran, dass mein Bruder da hingefahren ist, um sich Stoff zu besorgen. Ich habe ihm keinen Stoff besorgt. Bei mir wusste er genau, ich würde das nie tun. Aber wenn er zu Hause seinen Affen schob, dann hat er unsere Mutter losgeschickt. Und sie ist zum Hamburger Hauptbahnhof gefahren, hat Stoff für meinen Bruder gekauft und es ihm gebracht, weil er nicht mehr konnte. Unsere Mutter war total co-abhängig. Sie kriegte Bluthochdruck, weil sie sich immer so aufregte.

Eines Tages rief sie mich an und fragte: »Brauchst du noch irgendwas?« Sie ahnte, dass es ihr schlecht ging. Ich antwortete: »Das ist ja toll, dass du mich auch mal fragst. In den letzten zehn Jahren ging es doch nur um meinen kleinen Bruder. Nach mir hast du doch nie gefragt.« Sie fing dann sofort wieder von meinem Bruder an, sagte: »Ole hat Ärger mit der Künstlersozialkasse. Kannst du ihm nicht helfen?« Ich antwortete: »Lass mich in Ruhe. Ich helfe nicht mehr. Ich will das nicht mehr.«

Es war unser letztes Telefonat. Kurz darauf war meine Mutter tot. Sie hatte ein Hirnaneurysma gehabt, das geplatzt war. Sie ist innerlich verblutet.

Gerade schreibe ich meine Erinnerungen auf, wobei ich mich lange um das Thema gedrückt habe. Mir sind manche Dinge unangenehm vor meinen Kindern. Aber ich habe mich entschlossen, die Geschichte meines Bruders ungeschminkt aufzuschreiben und sie meinen Kindern zuzumuten. Ich habe ihnen schon mal erzählt, dass ihr Onkel an Drogen zugrunde gegangen ist. Ihnen standen die Tränen in den Augen. »Das haben wir nicht gewusst«, meinten sie. Ich habe geantwortet: »Jetzt wisst ihr es. Haltet euch fern von diesem Dreck, weil man das irgendwann nicht mehr unter Kontrolle hat.« Sie sagten: »Da brauchst du dir keine Sorgen zu machen.« Es ist vielleicht auch gar nicht hilfreich, dass die Gesellschaft so diskret mit den Süchten umgeht. Im Moment wird das Thema Alkohol ja endlich diskutiert. Das ist die erlaubte Droge, dabei ist Alkohol ein Nervengift. Ich habe vor sechs Jahren aufgehört, Alkohol zu trinken. Wenn ich merke, etwas schadet mir, dann höre ich auf. Auch mit dem Rauchen habe ich aufgehört, als mein erstes Kind zur Welt kam. Das ist jetzt fast 28 Jahre her. Wenn ich merke, etwas tut mir nicht gut, kann ich damit aufhören.

Was mir oft hochkommt, ist die Frage, ob ich meinem kleinen Bruder gegenüber immer gerecht war. Ob ich ihn hier und da nicht ein bisschen hart angegangen bin? Habe ich irgendwas Böses zu ihm gesagt? Habe ich ihn gereizt zu Ausbrüchen, die er vielleicht gar nicht wollte?

Er hat mal zu mir gesagt: »Du bist gar nicht mehr mein großes Vorbild. Das hast du gründlich zerstört«. Das hat mir natürlich wehgetan. Aber vielleicht ist es auch wichtig für die Abnabelung von kleineren Geschwistern. Manchmal frage ich mich noch heute: Wolltest du denn immer das große Vorbild bleiben? Das kann man ja auch nicht wollen. Aber ich habe ab einem bestimmten Punkt keine besondere Verbundenheit mehr gespürt, weil ich merkte, dass mein Bruder in einer anderen Welt unterwegs war. Ich habe damals zu ihm gesagt: »Jedes Mal, wenn ich dich sehe, bist du doch angetrunken. Was sagt denn deine Freundin dazu?« Er meinte nur: »Ach, die kommt damit klar. Für die ist das okay.« Mein Bruder hatte eigenartigerweise immer eine Freundin, die zu ihm gehalten hat. Er war halt ein Sunnyboy.

Natürlich sorge ich mich jetzt um meine Söhne, denke manchmal, warum rauchen die? Und dann trinken sie auch gerne ein, zwei Bier. Und ich denke, okay, drei Bier, aber nicht mehr. Wenn ich das anspreche, grinsen meine Söhne mich milde an. Dann merke ich, dass ich keinen Einfluss mehr nehmen kann. Ja, ab einem bestimmten Punkt muss man loslassen. Die Söhne leben jetzt ihr eigenes Leben. Mein kleiner Bruder war ja das Kind für mich, auf das ich immer aufgepasst habe.

Ich habe mit meinem kleinen Bruder nie wirklich über seine Drogensucht geredet. Es gab nur Ermahnungen von mir oder besorgte Nachfragen. Aber keine Antworten. Ich habe nie von ihm gehört: »Ich will das nicht mehr.« Oder: »Ich will davon loskommen.« Eigentlich wusste ich nie genau, woran ich war.

Letztendlich hat er Lungenkrebs bekommen, weil er beim Autolackieren keinen Atemschutz benutzt und gekifft und geraucht hat. Aber sie haben auch Heroin in seinem Körper nachgewiesen. Er ist elendig zugrunde gegangen, mir kommen heute noch die Tränen, wenn ich daran denke. Das hätte nicht sein müssen. Seine Freundin hat mich angerufen und gesagt, dass er tot ist. Ich bin dann ins Krankenhaus gefahren. Er lag aufgebahrt in einem extra Zimmer. Er tat mir so leid, das werde ich nie vergessen, meinen toten Bruder so zu sehen, bis zum Schluss habe nicht daran geglaubt, dass es ihn so erwischen würde. Oles Niedergang hatte sich über 15 Jahre hingezogen. Als meine Freundin mich jetzt gefragt hat, wann ich Ole aufgegeben habe, musste ich lange überlegen. Ich habe ihn wohl erst in den letzten zwei Jahren aufgegeben, in denen eine normale Kommunikation mit ihm nicht mehr ging. Meine Kinder wollten da schon längst nichts mehr mit ihrem Onkel zu tun haben, die hatten auch gar keine Beziehung mehr zu ihm.

Auf seiner Beerdigung habe ich die Trauerrede gehalten. Die Drogen habe ich nicht erwähnt. Da saßen ja auch die Eltern seiner Freundin. Ich habe meinen kleinen Bruder in ein mildes Licht gerückt.

Mutters Sicht

Neulich sah ich einen jungen Mann vor dem Lidl stehen. Er bettelte. Ich konnte nicht anders und sprach ihn an. »Ich hatte einen Sohn, der hat so gelebt wie du. Jetzt ist er tot.« Ihm kamen die Tränen. Mir liefen die Tränen. Ich gab ihm Geld.

An den Wänden in Uwes Zimmer sind noch immer Blutspuren zu sehen. Gesund bin ich heute noch nicht. Der Augeninnendruck ist noch immer hoch. Ich habe noch zu kämpfen, muss ständig zum Arzt. Das hat mit dem Kortison zu tun, das ich nehmen musste.

Früher war ich genervt, wenn Uwe anrief und Geld wollte. Heute sehe ich sein Foto an und denke, wenn er doch bloß wieder anrufen würde, um nach Geld zu fragen.

Ein Zeichen

Jetzt, da mein Bruder tot ist, denke ich jeden Tag an ihn, wünschte, ich hätte mehr Zeit mit ihm verbracht. Nun stecke ich viel Zeit in dieses Buch. Zeit, die ich mit Uwe hätte verbringen sollen. Ich hätte härter ringen sollen um ihn. »Du willst mich ja kontrollieren«, höre ich ihn an unserem letzten Abend sagen. Erst jetzt fällt mir ein, was ich hätte antworten sollen. »Dich kann man doch gar nicht kontrollieren. Du kannst dich doch nicht mal selbst kontrollieren. Aber ich bin schneller für dich da, wenn du Hilfe brauchst.« Zu spät.

Es sind Kleinigkeiten, die mir einfallen. Wie Uwe und ich als Kinder über »La Linea« gelacht haben – das weiße Männchen, das aus einem Zeichenstrich aufersteht und meckernd über den Bildschirm läuft. Wie wir zusammen Ostern im Garten mit Strolchi nach Eiern suchten, obwohl ich mich als Teenager zu alt dafür fühlte, aber mitmachte, weil Uwe sich so freute, wenn Strolchi die Ostereier zuerst fand. Als Kinder schnüffelten wir ein Mal Fliegenspray auf dem Campingplatz im Zelt, weil es so interessant roch. Und waren high. Unser einziger gemeinsamer Rausch. Am nächsten Tag ging es uns so schlecht, dass wir das Spray nie wieder anrührten.

Ich stelle mir vor, wie es wäre, wenn er überlebt hätte, gefunden und reanimiert worden wäre. Doch Uwe begegnet mir nicht mal in meinen Träumen.

Vor Jahren schenkte Uwe mir eine blaue Mokkatasse, die er aus Ägypten mitgebracht hatte. Ich habe sie aus dem Keller geholt. Das Foto von seiner Einschulung steht auf meinem Schreibtisch. Als Uwe noch lebte, gilbte es in der Schublade, die Tasse verstaubte im Keller. War ich wirklich eine gute Schwester?

Heute ist es ein Jahr her, dass wir uns in Berlin zum letzten Mal getroffen haben. Ich wollte nie über Uwe schreiben. Nun hat das Manuskript über 200 Seiten, entstanden im Trauerjahr, begünstigt durch den harten Corona-Lockdown, in dem alles geschlossen war, die Abende und Nächte lang. Das Schreiben hat mir geholfen, aber die Traurigkeit ist noch da. Und das Gefühl, versagt zu haben. Hätte ich seinen Tod verhindern können?

Ich, die Atheistin, erwische mich bei der Frage, ob es nicht doch ein Leben nach dem Tod gibt. Auf Netflix sehe ich mir die Serie »Jenseits des Todes« an, Stunde um Stunde, kann nicht aufhören. Zwei Töchter nehmen ihrer sterbenden Mutter das Versprechen ab, sich zu melden, wenn sie »drüben« angekommen ist. Sie soll ihnen einen roten Cardinal, eine virginische Nachtigall, schicken. Tatsächlich fliegt ihnen dieser Vogel nach dem Tod der Mutter zu. Als er sich auf die Schulter der Tochter setzt, gibt es kein Halten mehr. Ich weine und weine und weine. Die Geschichte kann nicht wahr sein. Denn warum sind gerade Fernsehkameras zugegen, wenn der Vogel angeflogen kommt? Aller Vernunft zum Trotz spreche ich mit Uwes Foto, sage in die Stille hinein: »Uwe, gib mir mal ein Zeichen. Nur ein kleines. Irgendeines.« Stille. Nichts.

Wieder und wieder stelle ich mir vor, wie es gewesen wäre, wenn er seinen letzten Rausch überlebt hätte. Ich wäre nach Berlin gefahren, hätte an seinem Krankenbett gesessen. »Uwe, was machst du denn für Sachen? Nun wird alles gut.« Wenn ich aus dem Fenster im Esszimmer nach draußen sehe, lese ich das Schild am Nachbarblock. »Zu vermieten. 1 u. 2 Zimmerwhg.« Da hätte er wohnen können.

Meine Geschichten vom Turnaround im letzten Moment sind naiv, ich weiß. Ich vermisse Uwe, wie ich ihn zu Lebzeiten nie vermisst habe.

Die Vergangenheit ist nicht tot …

Spielte die feindliche Atmosphäre, in der wir aufwuchsen, eine Rolle? Warum wurden so viele Kinder aus der Nachbarschaft später süchtig: Corinna, die nach jahrelanger Alkoholsucht plötzlich tot zusammenbrach. Finn, der sich ebenfalls zu Tode soff. Beide Anfang 50 – wie Uwe. Die beiden Jungen, auf deren Sucht ich mit Rücksicht auf ihre Eltern nicht eingehe. Sie starben mit Anfang 20. Strenge Hausmeister und Lehrer, verschollene oder vom Krieg traumatisierte Großväter und Großmütter prägten unsere Kindheit und Jugend. Im Krieg geborene Eltern, die im Wirtschaftswunderland von Abstiegsängsten gequält wurden und den Druck an ihre Kinder weitergaben.

Übertrugen sich die Ängste der Eltern, ausgelöst durch eine Kindheit in Armut, auf die nächste Generation? War diese Angst Nährboden für die Feindseligkeit unter den Erwachsenen? Übertrug sich das auf die Kinder, die sich gegenseitig mobbten? War es diese Kindheit im Fieslingsland, die betäubt werden musste, als sie erwachsen wurden?

Corinnas Bruder hat keine Ahnung, warum seine Schwester trank. Sie war verheiratet, hatte keine Kinder, arbeitete nicht. »Vielleicht war es die Langeweile, weil sie keine rechte Aufgabe hatte«, sagt er. Finn, Ingos Bruder, war Scheidungskind, aber das sind viele. Kann man ihre Geschichten überhaupt miteinander vergleichen? Sehe ich Gespenster? Wahrscheinlich.

Uwe hatte was gegen »Ossis«, erzählt Miriam. Dabei war er selbst halber »Ossi«, unsere Vorfahren väterlicherseits stammen alle aus Sachsen. Und er war rüde zur Putzfrau. Das tut mir leid. Auch Uwe brauchte offenbar jemanden, der vermeintlich »unter« ihm stand, um sich besser zu fühlen. Schlimm.

Achim, einer meiner ältesten und liebsten Freunde, ist aus Hamburg zurückgekehrt nach Obbens. Er war geflohen, auch weil er auf Männer steht. Nun wohnt er mit seinem Ehemann, einem Tänzer aus Brasilien, im Dorf. Für die Leute sei das kein Thema, sagt er.

Im Rat hat noch immer die CDU die Mehrheit, aber neben ihr sitzen viele Freie und Unabhängige. Auf Wikipedia steht »der liebe Heinz« noch heute unter »Persönlichkeiten« des Ortes. Ohne Zusatz. Er geht auf die 100 zu. Aber es gibt auch eine »Bürgerinitiative für Asylbewerber«. Ihr Name: »Miteinander statt nebeneinander«. In unser Elternhaus, das ist überhaupt das Größte, ist ein Verlag eingezogen. Er hat einen Titel im Programm. Der Titel heißt: »Resilienz – Schutzschirm für die Seele«.

Und was wurde aus Jojo?

Es dauert eine Weile, bis ich ihn gefunden habe. Er tarnt sich gut im Netz. Wegen Corona können wir nur telefonieren. Es wird ein langes Gespräch. Die Idee mit dem Buch findet er gut. Aber er will anonym bleiben. Wenn man seine Geschichte hört, wird klar, warum.

Jojo: »Ich wusste, wie gefährlich das Zeug ist.«

Ich kannte Uwe seit meiner Jugend. Ich bin im Heim aufgewachsen und wir waren Freunde. Meine Eltern haben sich früh scheiden lassen. Meine Mutter war, die übliche Geschichte, Alkoholikerin. Sie kam nicht mehr mit mir zurecht, wählte den einfachsten Weg, steckte mich ins Heim.

Man geht ja als Kind nicht freiwillig ins Heim. Ich hatte nichts gemacht. Ich war ein normaler Junge, habe Fußball gespielt, nie was geklaut, trotzdem musste ich ins Heim, weil meine Mutter trank.

Mit dem Heim hatte ich Glück. Wir fuhren mit den Erziehern in den Urlaub, ich durfte auf eine normale Schule. Ich war 15, vielleicht 16, als ich Uwe kennenlernte. Er fuhr schon ein Leichtkraftrad. Seine Eltern waren zuerst dagegen, dass wir Kontakt hatten, weil ich ja im Heim wohnte, ich sei kein Umgang für ihn. Uwe war das egal.

Zu seiner Mutter hatte er einen guten Draht. Das Verhältnis zu seinem Vater war eher schwierig. Wir haben viel zusammen gemacht, auch mit Ingo. Uwe war ein sympathischer Mensch, ein cooler Typ. Er war lustig. Jeden Tag nach der Arbeit machte Uwe bei mir Halt, wir tranken dann ein Bierchen und schnackten. Uwe bekam einen schweren Knacks, als seine Eltern sich scheiden ließen. Das haute ihn wirklich um, daran erinnere ich mich genau.

Später, da war ich schon aus dem Heim ausgezogen, hatte eine Lehre gemacht und arbeitete, war eigentlich auf einem guten Weg, aber dann fing ich mit dem weißen Pulver an. Das war damals todschick in Hamburg. Man hat sich frei gefühlt, was totaler Blödsinn war, wenn ich heute drüber nachdenke.

Ich weiß nicht mehr, wie wir auf die bescheuerte Idee kamen, Heroin auszuprobieren. Das kriege ich nicht mehr zusammen. In der Therapie musste ich das aufschreiben, aber ich konnte mich nicht erinnern. Ich weiß noch, dass ich das Zeug mal aus Thailand nach Deutschland geschmuggelt habe, aber ich weiß auch, dass wir es schon vorher mal ausprobiert hatten.

Ich wusste, wie gefährlich das Zeug ist. Ich hatte »Christiane F.« gelesen. Aber ich konnte mir diese Konsequenz nicht vorstellen. Da war ich nachher selbst erschrocken.

Ich will jetzt meinen Eltern nicht die Schuld geben oder dass ich im Heim war, aber ich hatte schon das Gefühl, die Droge hilft mir, nicht mehr über den Mist nachzudenken, der hinter mir lag. Und dann bin ich da hineingerutscht. Aber zuerst konnte ich immer noch aufhören, das ging irgendwie. Bis es irgendwann nicht mehr ging.

Zuerst war ich mehr vom Kokain abhängig als vom Heroin. Das war eher meine Sucht. Ich habe nachher auch fast alles ausprobiert, aber eben nie Pillen. Ich wollte mich einfach nur betäuben, nicht über mein Leben nachdenken.

Heroin ist eigentlich eklig. Wenn du das nimmst, musst du kotzen. Dir ist ganz komisch, und trotzdem nimmst du es wieder. Es ist so eine Art Wärme. Die willst du immer wieder haben. Aber du erreichst sie nicht, nur das eine Mal. Aber du willst immer wieder das Gefühl haben, wie beim ersten Mal, aber das bekommst du nicht. Du brauchst Heroin dann, um deine Schmerzen zu betäuben, die du relativ schnell kriegst.

Uwe zog nach Hamburg. Am Anfang war er ganz euphorisch, dass er nun auf die Technikerschule ging. Ingo und ich besuchten ihn. Damals merkte man noch nicht, dass er auf Droge war. Dann schmiss er die Schule, fand alles scheiße. Da merkte ich, dass er abhängig war. Danach hatten wir nur noch sporadisch Kontakt.

Ich traf ihn später ab und an in Hamburg. Er erzählte mir, dass er drauf sei, Pillen nähme und immer so komische Anfälle bekäme. Er erzählte auch, dass er sich Diazepam von zig Ärzten verschreiben ließe. Das hat er dann verkauft. Er stand morgens auf, fuhr zu drei Ärzten, holte sich Rezepte, klapperte die Apotheken ab, vertickte das Zeug – Diazepam und Flunis. Flunitrazepam macht aus Menschen lebende Leichen, das sind die, die am Hauptbahnhof auf dem Boden kriechen, nicht mehr wissen, wer sie sind, weil sie das Zeug mit Alkohol mixen. Das ist eine brutale Welt. Die Leute in der Szene prügeln sich, stechen sich ab, das ist ganz normal. In Filmen wie »Four Blocks« wird suggeriert, wie toll die Rauschgiftszene ist: Dicke Autos fahren, frei sein ... das ist bla, bla, bla. Diese Welt gibt es nicht. Es gibt in dieser Welt auch keine Ehre. Jeder scheißt den anderen an für den eigenen Vorteil. Den Preis zahlt jeder, der das betreibt und immer weitermacht. Das ist einfach so.

Ich rutschte dann selbst immer tiefer rein, verlor Uwe aus den Augen. Es gab nichts, das ich nicht ausprobiert habe, nur Tabletten, so wie Uwe, habe ich nie genommen. Ingo hat mich mal erwischt, als ich drauf war. Er hat gesagt: »So, Freundchen, wir ziehen jetzt den Entzug durch.« Das haben wir dann auch gemacht. Aber irgendwann war ich wieder drauf. Das war eine harte Zeit. Und dann macht man natürlich auch alles Mögliche. Irgendwann habe ich gedealt, nicht um Geld zu verdienen und teure Autos zu fahren, sondern um meine Sucht zu finanzieren. Die Polizei hat uns überwacht und dann war's irgendwann vorbei. Ich bin nur ein Mal erwischt worden, aber es hat gelangt, sodass ich eine recht hohe Strafe bekommen habe: vier Jahre Haft.

Für mich war es fürchterlich, eingesperrt zu sein. Da laufen ganz arme Seelen im Gefängnis rum. Die sitzen für irgendeinen Scheiß, den sie gemacht haben. Das sind ja nicht alles Mörder, die meisten sind arme Gestalten.

Ich wollte da einfach nur wieder raus. Ich dachte: Jetzt ist Feierabend. Ich hatte damals schon eine Tochter. Mit der Mutter hatte ich wieder Kontakt, als ich im Gefängnis saß. Sie schickte mir Fotos von unserem Kind. Ich sah mir die Bilder an und dachte: Ich muss aufhören. Ich muss mein Leben ändern. Ich kann meiner Tochter doch nicht so ein Vater sein.

Anderthalb Jahre habe ich gesessen. Dann habe ich das Glück gehabt, eine Therapie machen zu können. Vielleicht musste es erstmal soweit kommen. Das war mein Weg nach draußen, weil ich mir gesagt habe, ich will nie wieder ins Gefängnis. Ich hatte einfach nur Glück mit der Therapie. Ich war clean, habe mich beworben, wurde aufgenommen und war fast ein Jahr in Ahrensburg. Jeden Tag Therapie. Ich habe es nur geschafft, weil ich einen Top-Psychologen hatte. Man hört immer, Therapie ist nur so Gequatsche, aber der Psychologe hat mich gebrochen und neu aufgebaut. Vorher war ich auch schon mal in einer Therapie, aber das war nichts. Typen wie Uwe und ich, die mauern, die lassen niemanden an sich ran, würden niemals ihre Gefühle preisgeben. Und das hat dieser Typ in Ahrensburg geschafft. Er ist zu mir durchgedrungen. Es war schmerzhaft, aber gut. Ich hatte auch Unterstützung von draußen. Die Mutter meiner Tochter hat damals gesagt, ich solle nach der Entlassung aus dem Knast erstmal zu ihr kommen. Sie wolle mir helfen. Ich habe mir dann einen Job auf dem Bau gesucht. Zementsäcke geschleppt. Scheißarbeit. Aber es nützte nichts, ich musste Geld verdienen, konnte keine großen Ansprüche stellen. Auf dem Bau wusste niemand, dass ich gesessen hatte. Später haben sie es herausgefunden, das war dann nicht so einfach für mich.

Ich bin gleich in den Fußballverein eingetreten. Man muss sein Leben wieder strukturieren. Ich bin auch froh, dass ich gesund bin. Die meisten Ex-Junkies haben Hepatitis, HIV oder sonst irgendwelche körperlichen Schäden. Ich habe wirklich Glück gehabt.

Vom Hamburger Hauptbahnhof halte ich mich heute fern. Es ist erschreckend, wie viele Menschen da rumirren und taumeln. Grausam. Ich will das gar nicht sehen. Drogennehmen ist mittlerweile für viele ein Hobby. Heute kauft man ein Gramm Kokain für 70 Euro. Früher hat das 300 oder 400 Mark gekostet. Heute kann sich das jeder Jugendliche vom Taschengeld kaufen.

Vor 16 Jahren habe ich meine Frau kennengelernt. Ich führe jetzt ein ganz bürgerliches Leben. Das wollte ich immer: Familie, Hund, Gartenzaun, so ein richtiges Spießerleben. Seit zwölf Jahren arbeite ich in einem großen Unternehmen, leite eine Abteilung mit 22 Leuten. Seit 20 Jahren bin ich clean und nie rückfällig geworden.

Ich habe immer mal wieder an Uwe gedacht. Aber nicht mal Ingo konnte ich ausfindig machen. Uwes Weg ist der normale Werdegang. Es geht immer nur nach unten. Es gibt keinen Weg mehr nach oben. Ich war auch am Ende. Vielleicht musste es erst soweit kommen. Meine Ex-Partnerin, mit der ich die Tochter habe, sagt auch immer, sie hätte nie gedacht, dass ich da rauskomme. Das hätte ich Uwe auch gewünscht. Ich muss dir ehrlich sagen, ich bin jetzt ziemlich fertig. Meine Vergangenheit holt mich gerade ein.

»Zauberhafte Wirkung«

Nach dem Gespräch mit Jojo habe ich einen Kloß im Hals. Ich bin froh, dass er es geschafft hat. Wenigstens er. Auch wenn die Bilanz jenes Nachmittages im Sommer 1995 traurig bleibt. Drei junge Männer probierten Heroin. Einfach so. Es kribbelte die Neugier, die Abenteuerlust, man hatte hinterher was zu erzählen, konnte sich bewundern lassen für den Mut, ein Tänzchen mit dem Teufel gewagt zu haben.

Zwei wurden schwer abhängig: Jojos Weg führte in den Knast, Uwes endete im Obdachlosenheim und mit dem Tod.

Der Berliner Arzt Michael de Ridder hat ein erhellendes Buch über die Geschichte von Heroin geschrieben. Der Stoff kam »nicht als Droge in die Welt«, sondern als Medikament. Felix Hoffmann, Chemiker beim Pharmariesen Bayer, mixte es 1897 zusammen. Er war auf der Suche nach einem Ersatz für Morphin, das süchtig macht. Bayer testete den neuen Stoff erstmal an seinen Angestellten und ihren Kindern, die ahnungslos waren. Wegen seiner »zauberhaften Wirkung« wurde Heroin zum weltweiten Verkaufsschlager. Ärzte verschrieben Heroin als Hustenmittel, gegen Wehenschmerzen, bei Atembeschwerden. Für Frauen gab es Tampons, die mit Heroin versetzt waren – gegen Menstruationsschmerzen. Kritiker, die auf Giftigkeit und Suchtgefahr hinwiesen, machte Bayers »Propagandamaschine« mundtot.

Bis in die 1930er Jahre verkaufte Bayer weltweit reines Heroin, verdiente Millionen und Abermillionen. Allerdings rauchten, spritzen oder schnupften die Leute das Zeug nicht, sie schluckten es und auch nur wenige Milligramm. Bis sich die Nachteile allmählich offenbarten und Heroin vom »zauberhaften Allheilmittel« zum Teufelszeug wurde. De Ridder urteilt milder. Heroin könne »wie keine andere Arznei Todesangst lindern und das Sterben erleichtern«, sagte er dem »Spiegel«. »Weil die unverzichtbaren Opiate jetzt insgesamt zu restriktiv gehandhabt würden, müssten Schwerstkranke und Sterbende in Deutschland oft Schmerzen durchstehen, die ihnen mit Leichtigkeit zu nehmen wären.« Nachvollziehbar. Aber: In dem Kapitel über Fakten und Mythen führt de Ridder Untersuchungen an, mit denen er belegen will, dass nur »eine Minderheit von etwa 10 Prozent der drei bis vier Millionen geschätzten Opiatkonsumenten in den USA im klassischen Sinn als abhängig zu betrachten« seien. »Auch die Vorstellung, ›einmal süchtig, immer süchtig‹ ist eine Fiktion«, schreibt der Arzt.

Bei allem Respekt: Ich halte das für eine gefährliche Verharmlosung, weil sie Menschen, die neugierig auf Heroin sind, suggeriert, dass man es ruhig mal wagen könne. Wird ja schließlich nicht jeder abhängig. Und wenn doch, kommt man schon wieder raus.

Genau das hat Uwe geglaubt. Die kleine private Bilanz jenes Nachmittags erzählt eine andere Geschichte: Zwei von drei jungen Männern wurden schwer abhängig.

Ob ich Jojo böse bin? Nein. Wäre Uwe ein Teenager gewesen, würde ich Jojo jetzt verfluchen. Aber Uwe war erwachsen, Mitte 20 – und er verführte Ingo.

Auch Jojo ist Opfer seiner Geschichte. Er kam ins Heim, weil seine Mutter trank. Später betäubte er sich mit Drogen. Uwe mit ihm – seine Angst vor dem Leben war so groß, dass er keine Angst hatte, sich mit Heroin zu betäuben.

Zottel, Uwes Kumpel aus dem Obdachlosenheim, floh von Zuhause, weil sein Stiefvater ihn schlug, und betäubte sich mit Drogen.

In den USA erforschen Wissenschaftler einen Impfstoff, der Heroinabhängige erlösen, ihre Hirne immun machen soll gegen die Sucht. Sollte es ihnen gelingen, wäre ihnen der Nobelpreis für Medizin wohl sicher. Die Wunden der Kindheit heilt dieser Impfstoff nicht.

Erster Todestag

Mir graute vor Uwes Geburtstag, dem ersten nach seinem Tod. Und seinem Todestag, einen Tag später. Arbeit sollte mich ablenken. Draußen lag zentimeterhoch Schnee. Zu Fuß ging ich ins Amtsgericht Lübeck, konzentrierte mich darauf, nicht auszurutschen, weil es so glatt war, versuchte die Traurigkeit in Schach zu halten, zählte meine Schritte, kam immer wieder aus dem Takt. Vor einem Jahr um diese Zeit war Uwe noch am Leben. Was wäre gewesen, wenn ich ihn an seinem Geburtstag besucht hätte, anstatt ihn anzurufen? Hätte ich ihn retten können? Wir gratulierten uns höchstens am Telefon, und das nicht mal jedes Jahr. Oft vergaßen wir einander an unseren Geburtstagen. Und nicht nur dann. Wir hatten uns verloren.

An diesem Morgen stand eine Krankenschwester wegen fahrlässiger Tötung vor Gericht. Laut Anklage hatte sie die Morphindosis eines Patienten zu hoch dosiert. Der Mann war gestorben. Die Krankenschwester, eine resolut wirkende Frau, bestritt, Fehler gemacht zu haben. Während ihrer Schicht sei der Perfusor, der das Morphin in die Venen des Patienten pumpt, korrekt eingestellt gewesen. Die Verhandlung zog sich über Stunden hin, viele Zeugen wurden vernommen.

In der Pause rief ich meine Mails ab. Ingo hatte mir geschrieben. »Es wird wohl in meinem Leben nicht mehr viele Menschen geben, die mir näher stehen werden … Nach einem Jahr beschleicht mich noch eine tiefe Traurigkeit (auch gerade wo ich diese Zeilen schreibe), aber inzwischen auch Dankbarkeit für die schönen Erlebnisse und Erinnerungen mit meinem Lebensfreund …« Er hatte Fotos von Uwe angehängt. Eines zeigte ihn in Ägypten. Uwe hielt ein Baby im Arm, lachte. Ich musste die Tränen runterschlucken; der Prozess ging weiter. Bruchstücke der Lebensgeschichte des Toten kamen zur Sprache. Mir wurde flau. Sein Schicksal ähnelte dem von Uwe. Es war gespenstisch. In der Pressemitteilung waren, wie üblich, mit wenigen Sätzen nur die Tatvorwürfe gegen die Krankenschwester beschrieben worden. Sie enthielt keine Informationen über den Toten. Ich hatte nicht ahnen können, was mich hier erwartete.

Andreas C. war 55 Jahre alt geworden, ein paar Jahre älter als Uwe. Auch er war süchtig gewesen, jahrzehntelang. Seine Droge: Alkohol. Sie hatte sein Gehirn geschädigt und epileptische Anfälle ausgelöst. Er war ein paar Tage vor Weihnachten 2016 vom Pflegedienst bewusstlos in seiner Wohnung gefunden worden. Der Rettungsdienst hatte ihn reanimiert und in die Uniklinik gebracht. Nach ein paar Tagen war Andreas C. von der Intensiv auf die Station für Schwerkranke verlegt worden. Er lag im Sterben, vegetierte vor sich hin, »schmerzgeplagt« konnte er sich nicht mal mehr alleine im Bett umdrehen. »Ich fand, das war Gequäle«, sagte eine Krankenschwester im Zeugenstand. Das Personal bemühte sich darum, sein Leid zu lindern. Am Ende war nicht klar, ob das Morphin wirklich überdosiert worden war. Die Krankenschwester wurde freigesprochen.

Als ich am späten Nachmittag aus dem Gericht kam, war ich seltsam erleichtert. Der Prozess hatte mir gezeigt, wie es Uwe ergangen wäre, wenn er gefunden und reanimiert worden wäre. An Schläuchen hätte er sich womöglich bis zum Tod gequält. Das hätte er nicht gewollt.

An Uwes Todestag schrieb ich den Artikel über den Prozess und konnte endlich loslassen. Ein Ende wie das von Andreas C. war Uwe erspart geblieben. So traurig das Schicksal dieses Mannes war, der Prozess über seinen Tod half mir über die schweren Tage hinweg. War es das? Das Zeichen, auf das ich gewartet hatte?

Die Ermittlungsakte

Die Staatsanwaltschaft Berlin ermittelte Uwes Todesumstände sehr gründlich. Es ist kaum auszuhalten, den Obduktionsbericht des eigenen Bruders zu lesen. Viele Passagen überflog ich, weil ich die Einzelheiten nicht an mich heranlassen wollte. Das toxikologische Gutachten studierte ich aufmerksam. Es offenbarte das Ausmaß von Uwes Drogensucht. Über 30 Substanzen waren in seinen Haaren nachgewiesen worden, darunter Heroin, Kokain, Amphetamine, Methadon, Diazepam, THC. Er rauchte Cannabis, dröhnte sich ab und an mit Ecstasy zu, konsumierte Kokain, wenn auch selten. Uwe war seiner Droge Heroin treu geblieben, die er regelmäßig konsumierte, genauso wie Methadon. Er war schwer alkoholkrank, nahm regelmäßig ein Antidepressivum namens Dopexin, das auch beim sogenannten »halbwarmen« Drogenentzug eingenommen wird. Er starb an einem Mix aus Heroin, Alkohol und Diazepam. Als er starb, war er sturzbetrunken, rauschte in den Tod. Es hat mich lange beschäftigt, wann Uwe gestorben ist. Inzwischen glaube ich, dass er am Abend oder in der Nacht des 17. Februar gestorben ist. Er aß gerade einen Döner, als er starb, hatte 2,4 Promille. Die Leichenstarre war, als er gefunden wurde, voll ausgeprägt. Bis das soweit ist, dauert es etwa sechs Stunden. Vermutlich hat er sich am Abend oder in der Nacht einen Döner geholt.

Nachdem ich die Ermittlungsakte gelesen hatte, war mir klar, dass die Vorstellung, Uwe würde eines Tages aus einem

Bus steigen und in Lübeck ein neues Leben anfangen, eine fixe Idee von mir gewesen war. Mit seinem Mischkonsum wäre er überall rausgeflogen. Im Wohnheim konnte er über den Hof torkeln, Musik aufdrehen und sich in seinem Zimmer dem Rausch hingeben. Sein Konsum wurde geduldet. Er hatte sein Nest gefunden und eine Familie, die ihn in Ruhe ließ.

Mit welchem Recht habe ich mir für ihn ein cleanes Leben gewünscht? Es war sein Leben, nicht meines.

Nach all den Jahren war Uwe nicht mehr zu retten gewesen. Ich hätte nichts mehr tun können. Außer ab und an vorbeischauen, mit ihm Essen gehen, ihm ein Päckchen Tabak kaufen und ein bisschen Geld in die Hand drücken für den nächsten Rausch, seine Flucht vor diesem Leben.

Uwe war einer von 1581 Menschen, die 2020 in Deutschland an illegalen Drogen starben. 183 mehr als im Jahr davor. Im Schnitt starben etwa vier Menschen am Tag.

In Berlin gab es im ersten Halbjahr 88 Drogentote. Einer davon war Uwe. Schon 2019 war die Zahl der Drogentoten mit 1398 auf den höchsten Stand seit 2009 gestiegen. Das sichergestellte Kokain in Europa ist auf »Rekordniveau«. Die beschlagnahmte Menge an Heroin hat sich fast verdoppelt. Zahlen, Zahlen, Zahlen. Dahinter verbergen sich menschliche Schicksale. Schicksale wie das von Uwe.

Ich denke oft an unseren letzten Abend und den Abschied im U-Bahn-Tunnel. Ein unbarmherziger Ort. Kaltes Licht, gekachelte Wände, vernarbter Beton. Plakate, für die wir keinen Blick hatten. Kalter Fahrtwind, den die U-Bahn in den Tunnel wehte. Das Dröhnen, drei Mal, welches das Ende unserer Geschwisterbeziehung besiegelte. Dieses Dröhnen wird für mich mit unserem Abschied verbunden bleiben.

Es war an einem Sonntag, als das Mittelmeer Uwe aufnahm. Das Meer war unruhig. Doch als seine Asche sich mit dem Wasser mischte, hörten die Wellen einen Moment lang auf zu tosen. Es wurde still. Kurz darauf donnerte es. Ein Mal. Die Wolken stoben auseinander. Die Sonne zeigte sich.

Vier Monate nach Uwes Tod stellte die Staatsanwaltschaft Berlin das Ermittlungsverfahren ein.

Kein Fremdverschulden.

Epilog

Als ich dieses Buch zu schreiben anfing, war ich sicher, dass Cannabis Uwes Einstiegsdroge gewesen sei. Tatsächlich fängt fast jeder Junkie mit dem Kiffen an, aber nicht jeder Kiffer wird zum Junkie. Uwe kiffte. Doch seine Einstiegsdroge war Alkohol. Damit fing er an, beim Schrauben in den Dorfgaragen mit anderen Jungs. Es gibt kaum ein Foto aus dieser Zeit, auf dem er nicht mit einem Bier in der Hand zu sehen ist. Ein Foto zeigt ihn mit seinem Kumpel in der Werkstatt, im Hintergrund ein aufgebocktes Auto. Uwe sitzt auf einem Reifen. Blaumann, kariertes Hemd, Bierdose in der rechten Hand, Zigarette in der linken. Sein Overall ist ölverschmiert am Bauch, an den Knien staubig. Neben ihm sein Kumpel, gleiches Setting. Bierdose in der rechten, in der linken eine Fluppe. Uwe zeigt die Zähne, grinst, sein Kumpel blickt zu Boden, auch er grinst. Echte Kerle, sie schuften und saufen. Sein Kumpel, so erzählten mir Freunde von Uwe, hatte später ein Alkoholproblem.

Ein anderes Foto. Uwe sitzt auf dem Sofa, prostet dem Fotografen zu. Er wirkt entrückt, seine Augen sind halb geöffnet. Er scheint sturzbetrunken.

Experten streiten, welches die gefährlichste Droge der Welt ist. Womöglich ist Alkohol die schädlichste: Alle 12 Sekunden tötet Alkohol einen Menschen auf der Welt. Das sind »mehr als durch Verbrechen, Verkehrsunfälle und illegale Drogen zusammen«, liest man im Abspann des sehenswerten Films »Alkohol. Der globale Rausch« von Andreas Pichler. Trotz seiner zerstörerischen Wirkung gilt Alkohol nicht als Droge. Die Lobbyisten der Alkoholwirtschaft sind mächtig und überall. 1,2 Billionen Euro macht die Alkoholwirtschaft pro Jahr an Umsatz. 2019 nahm der deutsche Fiskus 2,12 Milliarden Euro Alkoholsteuer ein. Der Staat als Drogendealer. In Deutschland gelten 1,6 Millionen Menschen als alkoholabhängig und behandlungsbedürftig. Dagegen sind die Abhängigen harter Drogen geradezu ein kleiner Club: Die Drogenbeauftragte der letzten Bundesregierung ging von etwa 200 000 Menschen aus.

Die Kosten, um Alkoholkranke zu behandeln oder sie zu rehabilitieren, drückt der Staat seinen Bürgern und Bürgerinnen auf, die in die Kranken- und Rentenkassen einzahlen. Der Staat kassiert die Steuer für seine legale Droge Alkohol, die Behandlung der Sucht lässt er das Volk zahlen. Womöglich lohnt es sich, beim Alkohol anzufangen, will man verhindern, dass Menschen später zu härteren Drogen greifen.

Im Schnitt sind Menschen in Deutschland noch keine 15, wenn sie das erste Mal Alkohol trinken. Wie bei uns im Dorf.

In Island war Jugendalkoholismus lange ein Problem. Vor 20 Jahren tranken über 50 Prozent der 16-Jährigen. Inzwischen ist der Konsum so niedrig wie nirgendwo sonst in Europa. Statt früher 17 Prozent haben heute nur noch sieben Prozent jemals Cannabis probiert. Lediglich drei Prozent rauchen täglich Zigaretten, schreibt »Spektrum der Wissenschaft«.

Was haben die Isländer getan, um Jugendliche vom Alkohol fernzuhalten? Das Land hat in die Freizeit der Jugend investiert. Sie soll Sport treiben, ein Instrument lernen, eine Band gründen, Interessen entwickeln, die sie möglichst spät zur Droge Alkohol greifen lassen. Erst wer 20 Jahre alt ist, darf in Island Alkohol kaufen. Witziger Nebeneffekt: Isländer dürfen mit 18 heiraten, müssen also ihre Eltern losschicken, um Schampus fürs Anstoßen zu besorgen. Und die müssen weit laufen: Alkohol gibt es nur in wenigen Staatsläden oder Geschäften mit spezieller Lizenz.

In unserem Dorf gab es so gut wie keine Freizeitmöglichkeiten für Jugendliche – Alkohol gehörte dazu, war schick, der Inbegriff von Geselligkeit und Erwachsensein. Die Jungs schraubten, die Bierpulle neben sich. Keine Fete ohne Alkohol. Mit 14 war ich das erste Mal betrunken, passe gut in die Statistik. Die erste Dosis Nervengift, denn das ist Alkohol, im Teenageralter.

Später war für mich das Glas Rotwein am Abend über Jahre ein Ritual. Gerne Champagner, wenn schon, denn schon. Irgendwann, als ich am Abend fast eine Flasche getrunken hatte, zog ich die Notbremse, vereinbarte mit meinem Mann Abstinenz unter der Woche. Ich freute mich auf den Rotwein am Freitagabend, konnte aber immer weniger ab, sodass ich immer weniger trank.

Als Uwe starb, habe ich mich ein paar Mal mit Alkohol betäubt. Inzwischen trinke ich keinen Tropfen mehr. Seit über einem Jahr nicht. Mir ist die Lust auf diese Droge vergangen, seitdem mir klar geworden ist, was sie anrichtet. Angerichtet hat in unserer Familie.

Mir gefällt diese Klarheit im Kopf, die sich schon nach ein paar Wochen ohne Alkohol einstellt. Sie ist besser als jeder Rausch, den ich je erlebt habe.

Aber Menschen wollen sich berauschen. Das hat das Scheitern der amerikanischen Prohibition von 1920 bis 1933 gezeigt. Das »noble Experiment« geriet mit seinen gut gemeinten Absichten zum Desaster. Illegale Schnapsbrenner verdienten sich eine goldene Nase. Organisierte Kriminalität, Schmuggler, Schutzgelderpresser hatten Hochkonjunktur. Unbescholtene Bürger wurden kriminalisiert, weil sie trinken wollten. In Michigan galt die »three strike rule«. Wer drei Mal beim Trinken von Alkohol erwischt wurde, kam ins Gefängnis. Lebenslang.

Die Leute soffen sich mit »Moonshines«, also selbstdestilliertem hochprozentigen Whiskey, ins Grab. Heute stirbt niemand mehr an selbstgebranntem Fusel. Oder erblindet, weil es Alkohol in bester Qualität legal zu kaufen gibt. Er ist billig und an fast jeder Straßenecke zu haben.

Ich will es nicht verschweigen: In Island verdienen sich Bierdealer auf dem Schwarzmarkt eine goldene Nase. Immer, wenn ein Stoff illegal ist, floriert der Schwarzmarkt und mit ihm die organisierte Kriminalität. So ist es mit Cannabis, so ist es mit harten Drogen.

Ich habe miterlebt, wie Drogen einen Menschen zugrunde richten. Trotzdem spricht viel dafür, über die Legalisierung bestimmter Drogen nachzudenken: Die Dealer hätten dann keine Geschäftsgrundlage mehr. Oder?

In Kanada dürfen Erwachsene ab 19 Jahren kiffen. In Kanada und Uruguay ist Anbau und Verkauf von Cannabis legal. In den Niederlanden duldet der Staat die Coffeeshops nur. Studien zeigen, dass die Quasi-Legalisierung in den Niederlanden »nicht zu einer Explosion des Drogenkonsums geführt« hat. Die Drogenpolitik der Niederlande führte sogar »zu einem Rückgang der Konsumenten harter Drogen auf ein Niveau, das unterhalb des Niveaus der meisten Länder Westeuropas und den USA lag«, wie der wissenschaftliche Dienst des Bundestages schreibt. In Kanada stieg die Zahl der Cannabis-Konsumenten nach der Legalisierung dagegen sprunghaft an. Der Schwarzmarkt für Cannabis floriert trotzdem. In Deutschland war Cannabis bisher die beliebteste illegale Droge. Nun soll sie legal werden.

Vor Jahren sprach mich der Chefarzt einer psychiatrischen Klinik an. »Cannabis ist Teufelszeug. Und ihr Journalisten werdet nicht müde, es zu verharmlosen«, sagte er und erzählte von den vielen Teenagern, die zu ihm in die Klinik kämen, Psychosen entwickelten, weil ihre Hirne geschädigt seien. Inzwischen höre ich immer mehr Geschichten aus meinem nahen Umfeld von Leuten, die jemanden kennen, der kifft und kifft und nicht mehr aufhören kann. Nach dem Alkohol war Cannabis die zweite Stufe auf Uwes Karriere zum Junkie.

Neulich sprach ich mit einer alten Schulfreundin, die mir erzählte, dass sie regelmäßig kiffen würde. Sie könne dann ihre Tiere – sie hat Katzen, Pferde, Schafe – verstehen und mit ihnen sprechen. Cannabis erweitere ihr Bewusstsein. Sie hat eine interessante Biografie, auf die ich hier nicht eingehen will, um sie nicht identifizierbar zu machen. Gerne würde sie ein Buch über ihr bewegtes Leben schreiben, sagte sie mir, aber sie habe so vieles vergessen. »Mein Gedächtnis«, sagte sie. Tja, dachte ich. Ob es da einen Zusammenhang gibt?

Eine Frau erzählt mir von ihrem Freund, der nicht aufhören kann zu kiffen. Es habe langsam angefangen, nun kiffe er täglich und könne sich nicht mehr aufraffen, seine Umschulung in Angriff zu nehmen. Das Kiffen habe »die Regie in seinem Leben« übernommen. Fast die gleiche Geschichte höre ich von einem Kollegen, der Segler und eher in gut situierten Kreisen unterwegs ist. Er hat zwei Freunde, die irgendwann angefangen haben zu kiffen. Nun planen sie in jedem Hafen Zeit fürs Kiffen ein. Der eine hat inzwischen seinen Job verloren, betriebsbedingt gekündigt, sagt er. Auch ihm fehlt die Kraft für die Umschulung. Ich kenne die Geschichte eines Polizisten, der immer für die Legalisierung von Cannabis war. Bis sein Sohn im Teenageralter anfing zu kiffen, psychotisch wurde und es blieb.

Kürzlich erzählte der Schriftsteller Heinz Strunk der »Süddeutschen Zeitung«, dass er mit 18 eine Psychose durchlitt, ausgelöst durch Cannabis. »Ich war zwölf Stunden lang akut verrückt und hatte Erstickungsanfälle und Todesängste. Erst nach Monaten besserte sich mein Zustand.« Strunk zog ein Jahr später noch mal an einem Joint. Ein »Riesenfehler«. »Das hat mich so nachhaltig beschädigt, dass ich weder studierfähig war noch in der Lage, so was wie eine Ausbildung anzugehen.« In den »Lübecker Nachrichten« berichtete ein junger Mann, dass er nach ein paar Zügen Cannabis anderthalb Jahre das Gefühl hatte, sein Hirn würde gegen die Schädeldecke drücken.

Kiffer reagieren allergisch auf solche Geschichten. Die Suchtstoffkommission der Vereinten Nationen hat Cannabis und Haschisch Ende 2020 aus der Liste der gefährlichsten Drogen gestrichen. Sie folgte der Empfehlung der Weltgesundheitsorganisation WHO. Aber die Abstimmung fiel knapp aus. 25 zu 27 Stimmen. Weltweit rauchen fast 182 Millionen Menschen Cannabis aus Spaß, also nicht aus medizinischen Gründen. In Deutschland soll es rund zwei Millionen Konsumenten geben.

Menschen wollen sich berauschen. Der Staat muss sich dazu verhalten. Alkohol und Zigaretten verkauft er schon. Wenn der Staat Cannabis verkaufen würde, könnte er den THC-Gehalt, also den der pychoaktiven Substanz Tetrahydrocannabinol, der sich in den letzten Jahrzehnten verdoppelt hat, kontrollieren. Und den Dealern das Geschäft verderben. Daniela Ludwig (CSU), Drogenbeauftragte der letzten Bundesregierung, wollte davon nichts hören. »Nur weil Alkohol gefährlich ist – unbestritten –, ist Cannabis kein Brokkoli. Okay?«, sagt sie. Glaubte sie allen Ernstes, dass solche Sätze die Menschen erreichen? Die neue Bundesregierung will Cannabis nun endlich legalisieren. Sie sollte einen Ex-Junkie als Drogenbeauftragten einsetzen. Der weiß wenigstens, wovon er redet.

Eine Drogenpolitik, die auf Strafen setzt, fordert mehr Opfer, bindet Kräfte bei Polizei und Justiz. Sie ist gescheitert. Die meisten Drogentoten gibt es in … nein, nicht in Berlin, sondern in Bayern. Schuld ist die restriktive Drogenpolitik. Klassische Drogen wie Heroin und Kokain sind im Freistaat schwer zu beschaffen. Auf der Suche nach Alternativen kochen die Süchtigen Schmerzpflaster aus, um Fentanyl zu gewinnen, das sie sich spritzen. Von den bayerischen Drogentoten haben zwischen 15 und 30 Prozent Fentanyl im Blut. Im restlichen Bundesgebiet sind es nur sechs bis acht Prozent. Drogenkonsumräume gibt es in Bayern nicht. Die finden Junkies nur in Berlin, Hamburg, Hessen, Niedersachsen, Nordrhein-Westfalen, dem Saarland und in Baden-Württemberg. Der Staat missbraucht das Strafrecht für seine »Gesundheitspolitik«. Leute, die ihre Sucht befriedigen, werden bestraft, jedenfalls wenn sie Drogen konsumieren, die Vater Staat nicht im Angebot hat.

Im sonst als so liberal geltenden Schweden steigt die Zahl der Drogentoten trotz restriktiver Politik. Restriktion bedeutet mehr Tote. Nachdem die Zahl der Drogentoten im ersten Halbjahr 2020 erneut gestiegen war, forderte Karl Lauterbach die Legalisierung von Drogen. »Das sollte man stufenweise einführen, erst mit leichten und dann mit härteren Drogen. Zunächst für Cannabis und Marihuana, später vielleicht auch für Kokain. Damit sollte man testen, wie das funktioniert.« Ob das der richtige Weg ist? Lauterbach ist nun Bundesgesundheitsminister.

Portugal hat den Besitz von harten Drogen für den privaten Gebrauch legalisiert. Bei Verstößen setzen die Portugiesen auf Therapie statt Strafe. Der Besitz für den Eigenkonsum wird in etwa so geahndet wie wenn jemand Auto fährt, ohne angeschnallt zu sein. Dafür drohen Bußgelder, die eine sogenannte Vermeidungskommission verhängen kann. Gleichzeitig machen sich deren Mitglieder Gedanken, wie es mit dem Konsumenten weitergehen könnte, ob und welche Hilfsangebote ihm gemacht werden sollten. Studien scheinen dieser Strategie recht zu geben. Die Zahl der Drogentoten ist gesunken, liegt mit vier Todesfällen pro eine Million Einwohner weit unter dem europäischen Durchschnitt. Zudem sinkt die Zahl der

Neuinfektionen bei HIV. Die Zahl der Süchtigen, die sich in Therapie begeben haben, ist um über 60 Prozent gestiegen. All das spricht für die Entkriminalisierung. Therapie statt Strafe.

Und keine Verharmlosung von Drogen. Dass Maßnahmen der Politik erfolgreich sein können, zeigt das Beispiel Tabak. Im Jahr 2000 rauchten noch 22 Millionen Menschen in Deutschland. Inzwischen sind es knapp 13 Millionen. Früher wurde in Kneipen, Restaurants und auf Konferenzen selbstverständlich geraucht, im Kino und im Fernsehen für Zigaretten geworben. Vorbei. Rauch ist nicht mehr der »Duft der großen, weiten Welt«. Vor 20 Jahren rauchten noch 20 Prozent aller Jugendlichen, heute sind es noch acht.

Rauchen ist uncool.

Drogen aber sind irgendwie schick. Man hüte sich davor zuzugeben, dass man nie welche genommen hat. Man gilt als spießig, als gehörten Drogen zur Lebenserfahrung. Promis spielen eine unrühmlich Rolle. »Trotz aller Aufrufe, die Finger von den illegalen Substanzen zu lassen, entsteht der Eindruck, dass unter Prominenten ein Lebensstil mit Drogen befürwortet wird«, kritisiert das International Narcotics Control Board der Vereinten Nationen. Besonders problematisch sei das, »wenn es um die Abschreckung von Jugendlichen geht, die häufig sehr anfällig sind für den Promi-Kult und den dazugehörigen Glanz.«

Auf die Frage, ob sie schon mal gekifft habe, antwortete Tatort-Kommissarin Maria Furtwängler: »Doch, klar. Ich habe sogar angebaut.« Im Garten ihrer Mutter habe sie zehn »recht stattliche Exemplare« hochgezogen, die ihr aber leider, leider geklaut worden seien. Zwischen den Zeilen liest man: Klar habe ich gekifft, bin ja nicht von Gestern.

Auch der kiffende Papa im Münster-Tatort ist doch cool. Sein Polizisten-Sohn, der ihn dafür tadelt, der reinste Spießer.

Zum Glück gibt es andere Beispiele. Nicolas Cage sagte über seine Drogenerfahrungen: »Ich verspürte dieses Gefühl von Verschmutzung, dieses Gefühl von Rastlosigkeit … Deshalb war es mir auch so wichtig, Drogen in unserem Film nicht zu glorifizieren, sondern so von ihnen zu erzählen, wie es ist: als etwas Widerwärtiges, was man am besten nie anrühren sollte.« Oder Elton John über Kokain: »Es ist eine fürchterliche Droge … Sie macht Menschen zu Arschlöchern.«

Frank Zappa rauchte wie ein Schlot, Tabak war sein »Lieblingsgemüse«, von harten Drogen hielt er nichts, warf ein Bandmitglied raus, das kokste, drehte Anti-Drogen-Spots.

Solche Vorbilder sind wichtig. Anderen zu gefallen, ist auch ein Motiv, warum Menschen zu Drogen greifen. »Plötzlich warst du cool. Einer von den Wilden. Einer, den ein Geheimnis umgibt. Und die Mädchen haben plötzlich nach einem geschaut«, erzählte Ex-Junkie Ary Witte der »Süddeutschen Zeitung«. Witte ist fast so alt wie Uwe, 51, auch er wurde drei Monate zu früh geboren. Witte schaffte es, vom Heroin loszukommen, wurde Suchtberater. Heute will er, dass die Menschen begreifen, »dass die Heroinsucht nichts Heroisches oder Faszinierendes an sich hat. Nichts von dem leicht Anrüchigen einer Christiane F., nichts, worauf man stolz sein könnte. Wenn du das nimmst, bist du nicht mehr du selbst. Am Ende gehst du verloren.«

Als Uwe süchtig wurde, war es schwer, einen Therapieplatz zu bekommen. Dabei hat jeder Süchtige in Deutschland ein Recht auf Behandlung. Von rund 166 000 Opiatabhängigen werden gerade mal 81 300 – also nicht mal die Hälfte – subsituiert. Zottel, nur ein Beispiel, muss quer durch die Stadt fahren, um an sein Methadon zu kommen. Uwe, der nicht mehr so gut laufen konnte, war der Weg zu weit. Er schickte Freunde zum Drogenholen, überließ ihnen das Risiko, sodass er selbst bei der

Berliner Polizei »nicht mit Btm-Delikten in Erscheinung« trat. Kleines Schlitzohr.

Gerade in ländlichen Gegenden ist es schwer, einen Arzt, eine Ärztin zu finden, die Süchtige behandelt. Die »Wege zurück ins Leben« sind in Deutschland noch immer steinig. Als Uwe vor Gericht stand, gab ihm der Richter Bewährung, keinen Therapieplatz. Als Uwe endlich einen Platz gefunden und die Therapie abgeschlossen hatte, stand er auf der Straße, ohne rechte Perspektive. Nachsorge? Fehlanzeige. So geriet er immer tiefer in die Sucht, bis es kein Zurück mehr gab.

Acht Wochen nach Uwes Tod erschien im »Berliner Tagesspiegel« ein Nachruf, geschrieben von dem Schriftsteller Gregor Eisenhauser (»Liebe ohne Leiden«). Eisenhauer, mit dem ich über zwei Stunden sprach, zeichnete Uwes Weg vom Kiffer zum Heroinabhängigen nach (»Einfach nur mal schnupfen«). Der Nachruf gehörte, als er im Netz erschien, zu den meistgelesenen Artikeln. Nur »Merkel fordert schnelle Umsetzung der EU-Finanzhilfen« wurde häufiger angeklickt. Die Kommentarspalte wurde länger und länger. Nie hat ein Nachruf mehr Kommentare provoziert. Über 80 Leser und Leserinnen meldeten sich zu Wort. Stritten über Drogenpolitik. Ein Kommentator brachte es so auf den Punkt: »Was die Politik seit Jahrzehnten als ›Drogenpolitik‹ verkauft, ist nur mit unfassbarer Dummheit oder unendlicher Boshaftigkeit zu erklären.« Und »Triola« schrieb: »Dieser Nachruf … muss zur Pflichtlektüre für Mitarbeiter/innen von Jugendämtern gehören. Man liest selten O-Töne aus dieser Welt der als Kinder Gedemütigten und welche Folgen auch nur eine einzige Demütigung haben kann. Der Verstorbene möge in Frieden ruhen.«

Bedanken möchte ich mich bei …

… meiner Mutter, meinem Mann Martin, Pepsi, Ingo, Miriam und allen MitarbeiterInnen des Wohnheims. Seinen Freunden dort: Ina, Klaus, der Uwe inzwischen gefolgt ist, Zottel, den DrogenberaterInnen, die mich unterstützten. Meinem Schwager Hans, der seinen Bruder auch an Heroin verlor und mir einen lieben Brief schrieb. Nils, Joachim Meilahn-Ferreira, Dagmar Calais, Kerstin Hellberg, Andrea Sell, die in den Tagen nach Uwes Tod darüber wachten, dass ich mit ihnen in die Kantine ging. Nina Poelchau, Dagmar Gassen, Joachim Rienhardt, Frank Ochmann, Walter Wüllenweber, Michaela Pfeifer, Gregor Eisenhauer, Frank Zabel, Britta Nagel, Timmi, der mir das Suppen beibrachte und mir damit bei der Trauerarbeit mehr half, als er ahnte, Andrea, Daniela, Raoul Kanon (Mr. Raoul K.), dessen Musik mich durch schwere Stunden trug, den Polizeibeamten in Lübeck und Berlin, meinem Anwalt Thomas Zeeh, Michael Fischer. Frau Reuter, die das Chaos in meinem Leben in Schach hält. Der Gesellschaft für Familienforschung »Die Maus«, Bremen, dem Bundesarchiv in Berlin, dem Staatsarchiv Bremen, Birgit Scheffler und Eric Wrede.

Literaturverzeichnis

Monographien:

Abke, Stephanie: Sichtbare Zeichen unsichtbarer Kräfte. Denunziationsmuster und Denunziationsverhalten 1933 – 1949. Tübingen 2003.

Auf dem Garten, Klaus: Boote, Yachten und Kleinschiffe aus Bremen. Ein (fast) vergessenes Kapitel Industriegeschichte 1847 – 1997. Bremen 2012.

Bollinger, Doris et al.: Arme Leute. Armut und ihre Verwaltung 1875 – 1920. Beiträge zur Sozialgeschichte Bremens, Heft 2. Bremen 1981.

Bourdieu, Pierre: Die feinen Unterschiede. Frankfurt 2003.

Chickering, Roger: Das Deutsche Reich und der Erste Weltkrieg. München 2002.

Dantz, Carl: Peter Stoll. Berlin 1980.

Elias, Norbert et al.: Etablierte und Außenseiter. Frankfurt 1993.

Festinger, Leon: Theorie der kognitiven Dissonanz. Göttingen 2012.

Hesse, Hans: Konstruktion der Unschuld. Die Entnazifizierung am Beispiel von Bremen und Bremerhaven 1945 – 1953. Bremen 2005.

Köhler, Hannes: Ein mögliches Leben. Berlin 2017.

Kramer, Johann: Sturmflut 1962. Norden 1987.

Lieb, Peter: Krieg in Nordafrika 1940 – 1943. Leipzig 2018.

Pfeifer, Wolfgang: Bremen im Schutz seiner Deiche. Bremen 1963.
Ridder de, Michael: Heroin. Vom Arzneimittel zur Droge. Frankfurt 2000.
Schneider, Kerstin: Marias Akte. Frankfurt 2008.
Scholl, Lars U. (Hrsg.): Bremen und der Erste Weltkrieg. Kriegsalltag in der Hansestadt. Bremen 2014.
Seebacher, Wendelin: » … das tun wir nicht wieder. Bremen Osterholz-Tenever. Geschichte eines Demonstrativbauvorhabens. Bremen 2013.
Teuschel, Peter: Das schwarze Schaf. Benachteiligung und Ausgrenzung in der Familie. Stuttgart 2014.
Teuschel, Peter: Der Ahnen-Faktor. Das emotionale Familienerbe als Auftrag und Chance. Stuttgart 2016.
Waters, Michael et al.: Lone Star Stalag: German Prisoners of War at Camp Hearne. Texas 2006.
Weber-Kellermann, Ingeborg: Die deutsche Familie. Versuch einer Sozialgeschichte. Frankfurt 1975.
Zollenkopf Böner, Marlies et al.: Grabe, wo Du stehst! Geschichten um den Buntentorfriedhof. Bremen 2007.

Artikel und Internetquellen

Ahrens, Peter: Ein Landwirt mit Gefühl. In: taz, 15.11.2000 (https://taz.de/!1201921/, letzter Abruf: 26.12.2020)
Althaus, Johann: Nicht arbeitende Kriegsgefangene haben zu hungern. In: Welt, 6.2.2018 (https://www.welt.de/geschichte/zweiter-weltkrieg/article173239044/Kriegsverbrechen-Nicht-arbeitende-Kriegsgefangene-haben-zu-verhungern.html, letzter Abruf: 9.5.2021)
Anonymus: »Der Stoff versaut das Land«. In: Spiegel 8.7.1990 (https://www.spiegel.de/politik/der-stoff-versaut-das-land-a-35b92e4c-0002-0001-0000-000013500292, letzter Abruf: 5.8.2021)

Anonymus: Es regnet Herointütchen. In: Weser Kurier, 30.9.2013 (https://www.weser-kurier.de/bremen/es-regnet-herointuetchen-doc7e3lpe4wzco36bmq2pe, letzter Abruf: 11.7.2021)

Anonymus: »Liebe Mutter, werde hart!« In: Spiegel, 3/2017, 29.5.2017 (https://www.spiegel.de/geschichte/liebe-mutter-werde-hart-a-f653a3ba-0002-0001-0000-000151330215, letzter Abruf: 7.7.2021)

Anonyma: Missbrauch – zu lange ein Tabu. In: Emma, 1.1.2010 (https://www.emma.de/artikel/sexueller-missbrauch-264637, letzter Abruf: 29.6.2021)

Anonymus: Offenes Feuer. Rechthaber können in der Bundeswehr auch dann suspendiert werden, wenn sie recht haben. In: Spiegel, 30.4.1982

Anonymus: Rau ehrt Veteranen der Waffen-SS. In: Spiegel, 13.11.2000 (https://www.spiegel.de/politik/deutschland/bundesverdienstkreuz-rau-ehrt-veteranen-der-waffen-ss-a-102618.html, letzter Abruf: 6.4.2021)

Anonymus: Wenn das interessieren sollte. In: Spiegel, 18.9.1951 (https://www.spiegel.de/politik/wenn-das-interessieren-sollte-a-1e18f662-0002-0001-0000-000029194786?context=issue, letzter Abruf: 8.7.21)

Anonymus: Wir sind durch die Hölle gegangen. Weltmacht Droge VIII. Wie Familien um ihre süchtigen Kinder kämpfen. In: Spiegel, 26.12.1988 (https://www.spiegel.de/spiegel/print/d-13532113.html, letzter Abruf: 26.12.2020)

Artelt, Philip: Wie Vati die Demokratie lernte. In: Deutschlandfunk, 22.7.2015 (https://www.deutschlandfunkkultur.de/familie-in-der-nachkriegszeit-wie-vati-die-demokratie-lernte.976.de.html?dram:article_id=326144, letzter Abruf: 26.12.2020)

Aschmann, Matthias: Nichts als die Wahrheit. In: Deister- und Weserzeitung (Dewezet), 13.6.2017 (https://www.dewezet.de/

region/hintergrund/hintergrund-seite_artikel,-prof-neubauer-erklaert-wie-ein-geruecht-entsteht-_arid,2373842.html, letzter Abruf: 7.4.2021)

Bergmann, Julia: Endlich Frei. In: Süddeutsche Zeitung Online, 10.1.2020 (https://www.sueddeutsche.de/muenchen/heroinsucht-endlich-frei-1.4752730, letzter Abruf: 27.12.20).

Bonke, Johannes: »Filme sind Exorzismus«. In: Zeit-Online, 25.2.2010 (https://www.zeit.de/kultur/film/2010-02/nicolas-cage-interview/komplettansicht, letzter Abruf: 26.12.2020)

Bruns, Werner: Sozialneid wissenschaftlich erforscht. In: NZZ, 21.3.2019 (https://www.nzz.ch/international/sozialneid-wissenschaftlich-erforscht-ld.1463246, letzter Abruf: 26.12.20)

Buehring, Petra: Diamorphingestützte Substitutionsbehandlung. Die tägliche Spritze. In: Deutsches Ärzteblatt-Online, 2020 (https://www.aerzteblatt.de/archiv/211759/Diamorphingestuetzte-Substitutionsbehandlung-Die-taegliche-Spritze, letzter Abruf: 27.12.2020)

Bundesregierung, Drucksache 19/21484, Antwort auf eine kleine Anfrage der Grünen. Entwicklungen der Nutzung von Cannabis als Genussmittel sowie der medizinischen und gewerblichen Nutzung (https://dipbt.bundestag.de/dip21/btd/19/226/1922651.pdf, letzter Abruf: 13.2.2021)

Coulin-Riegger, Ulla: Wenn Mama nicht lieben kann. Spiegel-Online, 6.1.2021 (https://www.spiegel.de/psychologie/kinder-narzisstischer-eltern-auf-der-suche-nach-ein-klein-wenig-liebe-a-00000000-0002-0001-0000-000173732125, letzter Abruf: 6.1.2121)

Dahms, Ulrike: Zur Geschichte von Kind und Tod. In: Ohlsdorf – Zeitschrift für Trauerkultur, Nr. 74, Ausgabe 3, August 2001 (https://www.fof-ohlsdorf.de/2001/thema/74s05_geschichte.htm, letzter Abruf: 27.5.2021)

Deutscher Bundestag: Legalisierung von Cannabis

Auswirkungen auf die Zahl der Konsumenten in ausgewählten Ländern. Wissenschaftliche Dienste 2019 (https://www.bundestag.de/resource/blob/675688/4ba9aed6de8e9633685a1cdc2d823525/WD-9-072-19-pdf-data.pdf, letzter Abruf: 13.2.2021)

Drogenbeauftragte der Bundesregierung (Hrsg.): Drogen- und Suchtbericht 2019. Berlin 2019 (https://www.bundesgesundheitsministerium.de/fileadmin/Dateien/5_Publikationen/Drogen_und_Sucht/Berichte/Broschuere/Drogen-_und_Suchtbericht_2019_barr.pdf, letzter Abruf: 26.12.20).

Engel, Sarah Heidi: »Überbehütung ist eine Form von Vernachlässigung«. In: Zeit-Online, 31.5.2021 (https://www.zeit.de/zeit-magazin/leben/2021-05/kinder-erziehung-beduerfnisse-ueberbehuetung-vernachlaessigung-paedagogin-beate-letschert-grabbe/komplettansicht, letzter Abruf: 2.6.2021)

Europäische Union: Drogenbericht 2020: »Rekordmengen an Kokain und Heroin beschlagnahmt«. (https://ec.europa.eu/germany/news/20200922-eu-drogenbericht-2020_de, letzter Abruf: 27.12.2020).

Euronews: Wie Island Alkoholkonsum unter Jugendlichen vorbeugt. (https://de.euronews.com/2019/07/31/wie-island-alkoholkonsum-unter-jugendlichen-vorbeugt, letzter Abruf: 13.2.2021)

Europäische Beobachtungsstelle für Drogen und Drogensucht: Europäischer Drogenbericht (https://www.emcdda.europa.eu/system/files/publications/11364/20191724_TDAT19001DEN_PDF.pdf, letzter Abruf: 13.2.2021)

Evers, Marco: Viel Spaß mit Heroin. In: Der Spiegel, 26/2000 (https://magazin.spiegel.de/EpubDelivery/spiegel/pdf/16748368, letzter Abruf: 21.8.2020)

Fahrun, Joachim: Jagd nach Provisionen am Bankschalter. In: taz-bremen, 28.10.1997

Fasel, Andreas: Das Prinzip Demütigung. In: Welt-Online (https://www.welt.de/regionales/duesseldorf/article13879135/Das-Prinzip-Demuetigung.html, letzter Abruf: 11.1.21)

Heier, Magnus: Tot! Was jetzt? In: FAZ-Online, 31.8.2016 (https://www.faz.net/aktuell/wissen/geist-soziales/aufbahrung-zu-hause-tot-was-jetzt-14386544.html?printPagedArticle=true#pageIndex_2, letzter Abruf: 29.12.2020)

Heine, Hannes: Berlin hat den Kampf gegen die Drogen verloren. In: Tagesspiegel-Online (https://www.tagesspiegel.de/berlin/im-rausch-durch-die-nacht-berlin-hat-den-kampf-gegen-die-drogen-verloren/24478152.html, letzter Aufruf: 12.2.2021)

Helms, Nadine: Hamburgs Untergang. Sturmflut 1962. In: Spiegel-Online (https://www.spiegel.de/geschichte/sturmflut-1962-hamburgs-untergang-a-947482.html, letzter Abruf: 4.5.2021)

Hennemann, Laura: Heroin. In: Planet Wissen, 7.5.2020 (https://www.planet-wissen.de/gesellschaft/rauschmittel/drogen/pwieheroin100.html, letzter Abruf: 26.12.2020)

Herrmann, Sebastian: Erziehungsstil erhöht Mobbingrisiko. In: Süddeutsche Zeitung Online, 29.4.2013 (https://www.sueddeutsche.de/wissen/psychologie-erziehungsstil-erhoeht-mobbing-risiko-1.1661036, letzter Abruf: 6.2.2021)

Heß, Andreas: Frank Zappa. Genie und Bürgerschreck. In: Lübecker Nachrichten, 4.12.2018 (https://www.ln-online.de/Nachrichten/Kultur/Kultur-im-Norden/Frank-Zappa-Genie-und-Buergerschreck-ist-vor-25-Jahren-gestorben, letzter Abruf: 1.8.2021)

Hommel, Thomas: Suchtforscher fordern kontrollierte Abgabe illegaler Substanzen. In: Ärzteblatt-Online, 7.10.2020 (https://www.aerztezeitung.de/Politik/Suchtforscher-fordern-kontrollierte-Abgabe-illegaler-Substanzen-413509.html, letzter Abruf: 28.12.2020)

Huetten, Felix: Forscher entwickeln Impfstoff gegen Heroin. In: Süddeutsche-Online (https://www.sueddeutsche.de/gesundheit/heroin-sucht-forscher-entwickeln-impfstoff-gegen-heroin-1.3537231, letzter Abruf: 9.1.2121)

Keine Macht den Drogen (https://www.kmdd.de/infopool-und-hilfe/suchtmittel/alkohol, letzter Abruf: 13.2.2021)

Koch, Matthias: Ehemaliger US-Sicherheitsberater Bolton: ›In Afghanistan drohen neue nukleare Risiken‹. In: Redaktionsnetzwerk Deutschland, 19.8.2021 (https://www.rnd.de/politik/john-bolton-in-afghanistan-drohen-neue-nukleare-risiken-VXPCLQTWCFFZPB5VDUAAK5YEFI.html, letzter Abruf: 19.8.2021)

Kratzer, Anne: Erziehung für den Führer. In: Spektrum, 17.1.2019 (https://www.spektrum.de/news/paedagogik-die-folgen-der-ns-erziehung/1555862, letzter Abruf: 6.4.2021)

Lauterbach, Jörn: Ich musste mich vor Straßenbanden fürchten. In: Die Welt, 5.1.2020 (https://www.welt.de/regionales/hamburg/article204741478/Peter-Tschentscher-Ich-musste-mich-vor-den-Strassenbanden-fuerchten.html, letzter Abruf: 29.6.21)

Lutz, Martin: Lauterbach fordert Legalisierung von Cannabis und Kokain. In: Welt-Online, 20.9.2020 (https://www.welt.de/politik/deutschland/article216113958/Mehr-Drogentote-Lauterbach-fordert-Legalisierung-von-Cannabis-und-Kokain.html, letzter Abruf: 13.2.2021)

Lutz, Martin: Zahl der Drogentoten steigt um 13 Prozent. In: Welt-Online, 20.9.2020 (https://www.welt.de/politik/deutschland/article216112708/Erstes-Halbjahr-2020-Zahl-der-Drogentoten-steigt-um-13-Prozent.html, letzter Abruf: 26.12.20)

Mahlstedt, Karin: »Hier kann ich etwas wiedergutmachen.« In: Weser Kurier, 17.9.2012 (https://www.weser-kurier.de/bremen/hier-kann-ich-etwas-wiedergutmachen-doc7e45eyxhs1f1dnhrn9ib, letzter Abruf: 1.7.2021)

Michaelsen, Sven: »Wenn das Casino schließt, bin ich oft der letzte Gast.« In: Süddeutsche Magazin, 15.7.2021 (https://sz-magazin.sueddeutsche.de/literatur/heinz-strunk-hamburg-lite ratur-musik-90424, letzter Abruf: 20.7.2021)

Neudecker, Michael: Kiffen mit Maria. In: Süddeutsche Zeitung, 22.1.2016 (https://www.sueddeutsche.de/panorama/gla morama-kiffen-mit-maria-1.2829970, letzter Abruf: 26.12.2020)

Otto, Kim (et al.): »Die Darstellung von Drogen und Sucht im Deutschen Fernsehen«. Abschlussbericht, Universität Würzburg, 2017 (https://www.bundesgesundheitsministerium.de/fileadmin/Dateien/5_Publikationen/Drogen_und_Sucht/Be richte/Abschlussbericht/Abschlussbericht_Drogenkonsum_im_Fernsehen.pdf, letzter Abruf: 26.12.2020)

Oßberger, Beatrice: Wieder mehr Drogentote in Bayern – Experten fordern Politik-Wechsel. In: Merkur-Online (https://www.merkur.de/bayern/wieder-mehr-drogentote-in-bayern-ex perten-fordern-politik-wechsel-12850566.html, letzter Abruf: 13.2.2021)

Peine, Sybille: Der kleine Finger Gottes. In: wissenschaft.de (https://www.wissenschaft.de/allgemein/der-kleine-finger-got tes, letzter Abruf: 7.4.2021)

Perrevort, Corinna, et al.: Jetzt suchen Profis die flüchtige Yasemin. In: Bild Online (https://www.bild.de/regional/bremen/bremen-aktuell/8-mio-geklaut-vor-diesen-maennern-muss-yase min-sich-jetzt-fuerchten-76972198.bild.html, letzter Abruf: 13.7.2021)

Radtke, Reiner: Produktion von Heroin weltweit bis 2019. In: Statista, 3.7.2020 (https://de.statista.com/statistik/daten/studie/199741/umfrage/potentielle-produktionsmenge-von-opium-und-heroin-weltweit/, letzter Abruf: 28.12.2020)

Rattei, Franziska: Wie Bremen-Tenever sein Image verbesserte. In: Deutschlandfunk, 17.10.2014 (https://www.deutschland

funkkultur.de/wohnen-in-deutschland-wie-bremen-tenever-sein-image.1001.de.html?dram:article_id=300349, letzter Abruf: 1.7.2021)

Rhode, Eva: Ausländer nehmen sie schneller mit. In: taz-Bremen, 27.10.1997

Ruttig, Thomas: Die Warlords als Verbündete. In: Tagesspiegel, 23.4.2021, S. 8

Schade von, Martin: Tenever war die schlimmste Bausünde. In: Bild-Online, 18.3.2013 (https://www.bild.de/regional/bremen/bauprojekte/tenever-immobilie-skandal-29565042.bild.html, letzter Abruf: 10.7.2021)

Spurensuche-Bremen: Hitler besucht die AG Weser Werft (https://www.spurensuche-bremen.de/spur/hitler-besucht-die-werft-ag-weser/, letzter Abruf: 2.8.2021)

Statistika Research Department: Anzahl der Drogentoten in Deutschland bis 2019. In: statista.com (https://de.statista.com/statistik/daten/studie/403/umfrage/todesfaelle-durch-den-kon sum-illegaler-drogen/, letzter Abruf: 28.12.2020)

Strotmann, Peter et al.: Ein Blick in die Geschichte (181): Hitlers »Privatbesuch« im Dezember 1934. In: Weser Kurier Geschichte. Das Portal für vergangene Zeiten. (https://wkge schichte.weser-kurier.de/hitler-kam-sah-und-schwieg, letzter Abruf: 2.8.2021)

Stubbe, Petra: »Hier kann ich etwas wiedergutmachen«. In: Weser Kurier, 17.9.2012 (https://www.weser-kurier.de/bre men/hier-kann-ich-etwas-wiedergutmachen-doc7e45eyxhs1f 1dnhrn9ib, letzter Abruf: 7.7.2021)

Rojkov, Alexandra: Ich lass Dich nicht los. In: Die Zeit, Mai 2017 (https://www.zeit.de/2017/19/suchterkrankung-familie-drogensucht-heroin-geschwister, letzter Abruf: 26.12.2020)

Schulte von Drach, Markus C.: Kein Pardon für Promis. In: Süddeutsche-Online, 17.5.2010 (https://www.sueddeutsche.de/wis

sen/drogen-jahresbericht-kein-pardon-fuer-promis-1.262897, letzter Abruf: 26.12.2020)

Sommer, Birgit: Heidelberger Psychiater warnt: Kiffen ist nicht schick, sondern gefährlich. In: Rhein-Neckar-Zeitung, 19.5.2016 (https://www.rnz.de/nachrichten/heidelberg_artikel,-Heidel berg-Heidelberger-Psychiater-warnt-Kiffen-ist-nicht-schick-sondern-gefaehrlich-_arid,192970.html, letzter Abruf: 26.12.20)

Stöcker, Christian: Woher der Hass kommt. Die Ratte in uns. In: Spiegel-Online (https://www.spiegel.de/wissenschaft/mensch/psychologie-woher-der-hass-kommt-kolumne-a-1122055.html, letzter Abruf: 29.1.2121)

Strüning, Lars: Das umstrittene Bundesverdienstkreuz. In: Hamburger Abendblatt, 15.11.2000 (https://www.abendblatt.de/archiv/2000/article204373947/Das-umstrittene-Bundesver dienstkreuz.html, letzter Abruf: 26.12.2020)

Rüth Ulrich (et al.): Seelische Gewalt. Leitfaden für Ärzte. In: Bayerisches Staatsministerium für Familie, Arbeit und Soziales, 2012 (https://www.aerzteleitfaden.bayern.de/diagnose/see lische-gewalt.php, letzter Abruf: 26.12.2020)

Ulrich, Andreas: Mafia wäscht Drogenmillionen in 13 Dörfern. In Bild, 5.10.1994

Weber, Barbara: Die Folgen des Cannabis-Konsums. In: Deutschlandfunk (https://www.deutschlandfunk.de/neue-studien-die-folgen-des-cannabis-konsums.1148.de.html?dram:ar ticle_id=330479, letzter Abruf: 13.2.2021)

Wieczoreck, Maximilian: Internationale Drogenpolitik. Ansätze und aktuelle Diskurse. In: Bundeszentrale für politische Bildung (https://www.bpb.de/apuz/rausch-und-drogen-2020/321822/internationale-drogenpolitik-ansaetze-und-aktuelle-diskurse, letzter Abruf: 13.2.2021)

Wiegers, Folke et al.: Hauptfeldwebel erschoss Sohn. In: Bild, 30.4.1984

Winkler, Martina: Die Schutzbefohlenen. In: Tagesspiegel, 9.6.2017 (https://www.tagesspiegel.de/wissen/eine-geschichte-der-kindheit-die-schutzbefohlenen/19903226.html, letzter Abruf: 26.5.2021)

Wittmann, Martin: Unkaputtbar. In: Süddeutsche Zeitung, 26.5.2015 (https://www.sueddeutsche.de/panorama/ferris-mc-unkaputtbar-1.2494748, letzter Abruf: 12.7.2021)

Young, Emma: Wie man Jugendliche von Alkohol und Drogen fernhält. In: Spektrum der Wissenschaft, 8.11.2017 (https://www.spektrum.de/news/suchtpraevention-in-island/1515343, letzter Abruf: 13.2.2021)

Über die Neptun-Werft: https://www.marcollect.de/chron-neptun-werft-theodor-bartels-co

Zand-Vakili, André: Altes Land. Neuer Schlag gegen Heroinmafia. In: Welt, 21.7.2000 (https://www.welt.de/print-welt/article524316/Altes-Land-Neuer-Schlag-gegen-Heroinmafia.html, letzter Abruf: 6.8.2021)

Filme:

Alkohol. Der globale Rausch, Andreas Pichler, 2020

Zeitungen:

Weser Kurier. Bremer Tageszeitung, 18. Jahrgang, Nr. 42 vom 19. Februar 1962

© Peter Meyer

Kerstin Herrnkind

geboren 1965 in Bremen, volontierte nach dem Studium bei der »Nordsee-Zeitung« und ging anschließend zur »taz«. 1999 wechselte sie zum »Stern«, wo sie seither als Reporterin arbeitet. Sie ist Autorin mehrerer Sachbücher und zweier Krimis. 2016 wurde sie mit dem Deutschen Reporterpreis ausgezeichnet. Kerstin Herrnkind wohnt in Lübeck und Hamburg.